LA BANCA ESPAÑOLA
ANÁLISIS Y EVOLUCIÓN

RAMÓN CASILDA BÉJAR

PROFESOR DE BANCA Y FINANZAS.
DIRECTOR DE ESTUDIOS Y PROMOCIÓN
DE NORSISTEMAS (GRUPO UNIÓN FENOSA)

LA BANCA ESPAÑOLA

ANÁLISIS Y EVOLUCIÓN

EDICIONES PIRÁMIDE

COLECCIÓN "EMPRESA Y GESTIÓN"

DIRECTOR DE LA COLECCIÓN:
Eduardo Bueno Campos

Realización de cubierta: Enrique Picazo

Juan Ignacio Luca de Tena, 15. 28027 Madrid
Depósito legal: M. 43.229-1996
ISBN: 84-368-0979-3
Printed in Spain
Impreso en Lavel, S. A.
Polígono Industrial Los Llanos. Gran Canaria, 12
Humanes de Madrid (Madrid)

A Paula.
Venturosa sea su llegada y su vida.

A ella, como a María
y nuestro hijo Ramón,
para que continuemos
descubriendo y viviendo
felizmente la vida.

Índice

PARTE SEGUNDA

Liberalización y transformación de la banca en España. De la regulación a la globalización

PARTE TERCERA
Notas de ampliación

Presentación

Tengo la satisfacción de presentar a los estudiosos del sector bancario el interesante libro de Ramón Casilda Béjar *La banca española. Análisis y evolución,* que actualiza la primera versión de esta obra publicada en 1993 bajo el título de *La banca en España. Opciones y tendencias* y la amplía con importantes referencias a las perspectivas del negocio bancario.

El indudable interés del estudio que el lector tiene entre sus manos radica en lo acertado de su enfoque, en el rigor y claridad de su análisis y en las valiosas aportaciones que se realizan para afrontar el futuro de la banca española.

El propio título del libro expresa el acierto de su concepción, al poner de relieve el cambio radical experimentado por las entidades y los mercados financieros en España y en todo el mundo en apenas dos décadas. Los conceptos de regulación y globalización constituyen, sin duda, los dos polos del largo camino recorrido por la banca española en este período.

Los diferentes temas que aborda son analizados de forma exhaustiva y minuciosa, pero no exenta de la claridad y amenidad que corresponde al innegable afán didáctico de la obra. El autor describe detalladamente cómo la actividad financiera y bancaria ha pasado de ser una de las más reguladas a una plena apertura a la competencia. Tras este análisis, se valoran sus consecuencias y se delimitan las principales tendencias para el sector en el futuro.

Y es en este último aspecto donde se encuentran las aportaciones más importantes del autor. La implantación del Mercado Único Europeo y las perspectivas de la Unión Económica y Monetaria plantean a la banca española unas nuevas coordenadas de competencia, al tiempo que le exigen la adopción de una estrategia adecuada. El escenario europeo será la referencia básica, el concepto de mercado doméstico en su acepción tradicional va a saltar por los aires y la globalización del mercado europeo de capitales avanzará a ritmos insospechados. Ante estas condiciones, Rámon Casilda Béjar analiza las posibles estrategias competitivas de las entidades españolas y destaca calidad, innovación, formación y tecnología como los cuatro ejes básicos que definirán el éxito o fracaso de nuestros bancos en la próxima década. Sus aportaciones sobre las nuevas tendencias en distribución, sistemas de pagos y posibilidades de las aplicaciones tecnológicas constituyen una estimable ayuda para los banqueros del futuro.

Espero y deseo que la lectura atenta de esta obra constituya un instrumento valioso para entender la profunda transformación de la banca y los mercados financieros en los últimos años y su nueva realidad, al tiempo que para valorar adecuadamente las alternativas y riesgos a los que se enfrentan nuestras entidades bancarias.

JOSÉ MARÍA AMUSÁTEGUI DE LA CIERVA
Presidente del Banco Central Hispano

Prólogo

Aquí, a continuación de esta introducción, se encuentran mis ideas, mis reflexiones, mis aciertos y mis errores.

Como bien dice Joseph Brodsky en su magnífico libro: *Marca de Agua. Apuntes Venecianos:* «Hace muchas lunas, el dólar estaba a 870 libras más bajo y yo tenía treinta y dos años y el globo terráqueo 2.500 millones de almas más ligero»[1].

Igualmente, cuando yo debía haber escrito este libro, el dólar costaba ..., y yo tenía menos años, España no era aún una economía abierta, la banca se preparaba para afrontar la liberalización del mercado y, por extensión, su plena equiparación con la banca comunitaria, mirando al horizonte de la Comunidad Europea y el Mercado Único.

Seguramente, de haberlo escrito hace muchas lunas, sería ahora más docto. O tal vez, hace muchas lunas, nunca pensé que podría escribir este libro. Como suele suceder en estos procesos de creación, a la vez que trascurría el tiempo, tanto las ideas expuestas en anteriores trabajos y publicaciones, más las recibidas, conjuntamente con todas las experiencias acumuladas, se fueron agrandando y cohesionando.

En definitiva, apreciado lector, en este nuevo libro me siento más autorizado para continuar exponiendo planteamientos y soluciones de negocio, acordes con sus ritmos, sus aconteceres y necesidades concretas de las instituciones bancarias.

En todo caso, situándome en un plano más posibilista, las ideas que alientan mis planteamientos pretenden brindar perspectivas que permitan vislumbrar, planear y emprender estrategias competitivas de éxito[2].

---

[1] Premio Nobel de Literatura, 1987. Editorial Edhasa. Barcelona, 1993. «El sol de la poesía rusa se ha apagado». Joseph Brodsky fallecía en Nueva York el 28 de enero de1996.

[2] Puede consultarse también mis libros: *Sistema Financiero Español. Banca y Cajas de Ahorro ante un entorno competitivo,* Alianza Editorial, L.B. núm. 1.574, Madrid, 1992. *Banca y Mercados Financieros,* Alianza Textos Universidad, Madrid, 1997.

Aunque, ciertamente, hay que parar mientes respecto a la competitividad imperante y acuciante que domina la escena bancaria a lo largo y ancho de los mercados financieros. A este respecto debemos reflexionar, pues la misma competitividad, enlazada por las múltiples interrelaciones económicas existentes, está provocando sus propios límites, los cuales puede que se encuentren en la propia competitividad. Competitividad que se bipolariza en torno a dos opciones; la primera que pasa por un aumento en el tamaño de las entidades como premisa para convertirse en distribuidores con menores costes (siempre hay un sitio para los productores con mejores precios). La segunda se sitúa en una clara apuesta tecnológica, que posibilite nuevos canales de distribución competitivos en precios. Aunque, también, puede considerarse una ¿tercera vía?, que sería un *mix* combinando ambas opciones: tamaño y tecnología. Sería demoledor.

De todas maneras, este reto, que en sí no deja de constituir una apasionante tarea o aventura —según se mire—, hace a los estrategas bancarios plantar cara, tensionar a sus organizaciones, estimularlas e ilusionarlas, para alcanzar los objetivos fijados en los diferentes escenarios y países en donde estén presentes, pues ya es una realidad sin retorno el hecho de la globalización de los mercados.

Todo este accionar conlleva a las entidades la necesidad de adaptarse a la idiosincrasia de cada país —mercados y culturas—. En definitiva, estamos ante unas nuevas realidades que se deben incorporar a la estrategia de las respectivas instituciones, y es aquí donde se hace evidente el factor cambio, que es quien alimenta a los equipos directivos para impulsar a sus organizaciones hacia los modelos necesarios para adaptarse a estas nuevas reglas de juego global, consiguiendo así, desprenderse de la inercia que hasta fechas bien cercanas señoreaban en las empresas bancarias.

Ciertamente, los directivos son conscientes de lo necesario que es introducir e impulsar la dinámica del cambio. No les faltan razones para preocuparse, porque es propio de la naturaleza humana resistirse al cambio, a veces por la propia desidia ante el esfuerzo que supone modificar la trayectoria del pensamiento. Se hace, pues, vitalmente necesario practicar una *management creativo,* que será el gran diferenciador de las instituciones. Aquí precisamente, en la creatividad de su equipo directivo y no en el equipamiento tecnológico —aun reconociendo su gran y vital importancia— radica la ventaja competitiva, el gran valor añadido de cada banco o caja de ahorros.

Todas estas acomodaciones o nuevas realidades que acontecen en la actividad bancaria, conllevan necesariamente la formulación de estrategias sólidas, adaptativas, efectivas, pero ante todo rentables, pues debemos tener muy presente que la empresa debe asegurarse absolutamente su rentabilidad[3], por la sencilla razón de que forzosamente corre ciertos riesgos, crea otros, que deliberadamente debe soportar, que también son, en efecto, costes para la entidad, incluso si no son contabilizados como tales. He aquí precisamente, en esta asunción de riesgos, donde se justifica además del puro beneficio empresarial, el papel asignado a la banca como intermediario financiero en el sistema económico nacional e internacional.

También hoy como ayer, deseo dejar patente mi alto agradecimiento a mi empresa, *NorSistemas Consultores*[4], y a su director general, Rafael Arroita del Campo, por las facilidades y apoyo que me ha brindado para realizar este nuevo libro. Igualmente, este reconocimiento lo hago extensivo a todas las personas que han contribuido a pasar el manuscrito; a mi secretaria, Pilar Mosquera, y Raquel del Prado, que comenzaron la andadura, y a quienes se sumaron posteriormente con la eficacia que les caracteriza Pilar Gil, Susana Goñi y Belén Castellanos.

Es esta sana inquietud por profundizar en las estrategias y vericuetos que componen la dinámica de la industria finaciera, lo que me ha llevado, nuevamente, a asumir el riesgo de mi visión, comprensión y planteamiento del negocio bancario.

También sería para mí una gran satisfacción que este libro sirviese como referente a los diversos profesionales, estudiosos y analistas bancarios de Iberoamérica. Continente para mí tan querido emocionalmente como próximo profesionalmente, entre otras razones por haber residido durante doce años en Montevideo, en donde además de una infancia feliz, afortunadamente conocí a nuestro compatriota, mi gran amigo y maestro Enrique V. Iglesias[5], figura de tanto prestigio humano e intelectual.

Finalmente, desearía que este libro tenga en su vida muchas lunas.

A todos, muchas gracias.

---

[3] Toda empresa financiera como no financiera, debe necesariamente cumplir esta premisa. Véase: «La supervivencia de la empresa», Casilda Béjar, R., diario *El País*. Suplemento negocios. Madrid, 16 enero 1994.

[4] *NorSistemas* es una compañía del ***Grupo Unión Fenosa.***

[5] Ex Ministro de Relaciones Exteriores de Uruguay. Actual presidente del Banco Interamericano de Desarrollo (BID), Washington.

Recomendaciones a los banqueros de Hugh McCulloch

En diciembre de 1863, Hugh McCulloch, por entonces interventor de la moneda, más tarde secretario del Tesoro de Estados Unidos, dirigió una carta a todos los bancos nacionales. Estas instituciones se habían organizado en fecha reciente y debemos suponer que sus ejecutivos estaban más necesitados de las venerables admoniciones del interventor de lo que pueden haberlo estado los banqueros desde entonces. He aquí algunos de sus párrafos:

• *No conceda créditos* que no estén asegurados más allá de toda contingencia razonable. No haga nada para animar o promover la especulación. Facilite solamente las transacciones que sean legítimas y prudentes. Que sus descuentos sean por un plazo tan corto como lo permita el negocio de sus clientes, e insista en que el pago de todo el papel se realice al vencimiento, tanto si usted necesita el dinero con el mismo rendimiento, en caso de que se realizase. De ninguna otra forma puede usted controlar adecuadamente su línea de descuento o hacerla permanentemente segura.

• *Distribuya sus créditos* en lugar de concentrarlos en unas pocas manos. Los créditos elevados concedidos a una firma o a un individuo únicos, aunque pueden ser en ocasiones lícitos y necesarios, son generalmente poco juiciosos y frecuentemente inseguros. Los acreedores importantes pueden tener la posibilidad de controlar el banco, y cuando se produce esta relación entre un banco y su cliente, no es difícil decidir quién sufrirá las consecuencias al final. Cada dólar que un banco presta por encima de su capital y reservas, lo debe, y sus gerentes tienen, por consiguiente, la obligación más estricta hacia sus acreedores, así como hacia sus accionistas, de mantener sus descuentos permanentemente controlados.

• *Trate a sus clientes* con desprendimiento, no olvidando nunca que un banco prospera si sus clientes prosperan, pero nunca les permita que le dicten su política.

• *Si duda de la conveniencia de un descuento,* déle al banco el beneficio de la duda y rechácelo; no realice nunca un descuento si duda de su conveniencia. Si tiene razones para desconfiar de la integridad de un cliente, ciérrele su cuenta. No trate nunca con un bribón en la creencia de que usted puede impedir que le engañe. El riesgo en este caso es mayor que los beneficios.

• *Pague a sus empleados salarios que les permitan vivir con holgura y respetabilidad sin tener que robar,* y exíjales la totalidad de su tiempo. Si un empleado vive por encima de sus ingresos, despídalo; incluso, si su exceso de gastos se puede explicar en forma consistente con su integridad, aun así despídalo. La extravagancia, aunque no sea un crimen, conduce inadvertidamente al crimen. No puede ser empleado de confianza de un banco quien gasta más de lo que gana.

• *El capital de un banco debe ser una realidad,* no una ficción, y debe estar en las manos de los que tienen dinero que prestar, y no de los necesitados de él. El interventor tratará de evitar, por todos los medios a su alcance, la creación de un capital ficticio por parte de los bancos nacionales, mediante el uso de su propia circulación fiduciaria o de cualesquiera otros medios artificiales, y en sus esfuerzos para conseguirlo confía poder contar con la cooperación de todos los bancos bien dirigidos.

• *Persiga un negocio bancario directo, honesto y legítimo.* No deje que la perspectiva de grandes beneficios le tiente a hacer nada que no esté permitido por la Ley de Moneda Nacional; los espléndidos financieros, en el mundo de la banca, son generalmente o farsantes o truhanes.

PARTE PRIMERA

La banca: aproximación histórica

1 La banca, una aproximación histórica

1.1. El fenómeno bancario

1.1.1. Orígenes de la banca[1]

Muy difícil resulta a los historiadores fijar los inicios de la banca o del fenómeno bancario, pues, en cierto modo, encontramos banqueros o similares desde la más lejana antigüedad.

No nos extenderemos aquí sobre los conocidos ejemplos que los textos filosóficos y literarios nos han ofrecido de la presencia de banqueros en la Grecia clásica y del elevado rango de que gozaron dentro de la sociedad de su tiempo. Fueron los conocidos *trapezites,* entre los que cabe destacar a los de la ciudad de Atenas, cuya fama proviene de ser los primeros en iniciar el cálculo del interés.

En Roma, a los banqueros se les llamó *argentarius* y su negocio tendía a localizarse al norte del Foro en unos locales llamados *tavernas argentarias.* En ellos se negociaba dinero y se hablaba de préstamos y de reembolsos. Los *argentarii* se encargaron básicamente del cambio de monedas de todas las partes del imperio, anticiparon fondos, se ocuparon de recibir depósitos y, sobre todo, dieron servicios de custodia de bienes y objetos valiosos.

[1] Para una visión amplia sobre la historia de la banca española, puede consultarse Casilda Béjar, R.: «El nacimiento y la evolución de los primeros bancos en España», *Revista Banca Española,* núms. 234 y 235, Madrid, junio-julio, 1991.

Una parte de estos *argentarii* se especializó en las actividades crediticias recibiendo el nombre de *foeneratores*. Estuvieron presentes a lo largo de todos los testimonios de tipo económico que han llegado hasta nosotros, hacían de prestamistas cobrando un alto interés que llamaron derecho por el uso de sus capitales; de ahí la palabra *usura*, siendo por lo general mal vistos por la sociedad.

Estando de acuerdo en que los orígenes de la banca son múltiples y variados, hay quien dice que están en los orfebres que aceptaban depósitos de metales preciosos y los movilizaban cuando comprobaban que los flujos de entradas y salidas les permitían contar con un nivel permanente. Sin embargo, también se cree que los orígenes se han de buscar en los cambistas, reyes de la letra de cambio, de la transferencia de dinero de un lugar a otro y del cambio de una moneda por otra.

Otros opinan que los mismos comerciantes acaudalados y prestigiosos empezaron a utilizar sus propios capitales y los ajenos, ya que su posición inspiraba la suficiente confianza para que terceras personas les cedieran caudales para su administración. Su prestigio, conocimiento del comercio, sus vías y oportunidades, y la importancia de su propio patrimonio les hacían idóneos para la labor. Éstos, cansados de los riesgos excesivos del comercio de bienes, hábiles vadeadores de imponderables, repartían su capital e ideaban formas societarias o mancomunadas de reparto, estableciendo así los antecedentes de la sociedad anónima y del contrato de seguros. Con el tiempo hicieron posible que la gente tomase prestado bajo la garantía de sus propiedades; o viceversa, que pudiese adquirir instrumentos de riqueza, como el oro o las tierras, invirtiendo el sobrante de dinero. O el cliente podía depositar su dinero, contra un tipo de interés convenido, para que el banco prestase a otros cobrándoles un interés más alto y quedándose con la diferencia como beneficio. Los bancos también podrían transferir dinero de unas ciudades a otras con más seguridad y facilidad, y facilitar a sus clientes inversiones en otras clases de valores, como títulos de renta, por ejemplo.

No obstante, observamos siempre un denominador común: los banqueros eran gentes procedentes del comercio y actividades económicas vinculadas al mismo. Parece que el oficio del banquero sea el estadio superior de la actividad comercial. Allí donde existe un desarrollo económico y comercial importante, parece lógico esperar la existencia de una banca floreciente.

1.1.2. El objeto del banquero

El dinero circula por la economía como el agua lo hace por los ríos y canales de un sistema hidráulico. Del mismo modo, se remansa en embalses y desde ellos se distribuye y se utiliza para la generación del comercio, la industria y el consumo. Esta organización y las instituciones que componen el entramado monetario se conocen como sistema financiero. Un componente básico de los sistemas financieros conocidos hasta el momento ha sido la banca, que ha canalizado la mayor parte del volumen de crédito y dinero en circulación. Pero, también la bolsa, los mercados monetarios, de capitales, los de divisas, y demás mercados financieros; las compañías de seguros, las sociedades hipotecarias, de leasing, las instituciones de inversión colectiva y otros especialistas de parcelas del mundo del dinero actúan en este entorno.

La persona que negocia con el dinero, que lo administra, que lo traslada, que lo transforma hacia todas estas finalidades y también en su propio beneficio es el banquero.

El objeto del banquero es el comercio, el comercio de unas mercancías especiales: el dinero, el crédito, los activos financieros y todos los servicios con ellos relacionados, como es el más reciente y sobre el que trataré más adelante, por su especial significación para la banca moderna: la información.

> Desde sus inicios, es consustancial con la empresa bancaria buscar continuamente *información* sobre sus clientes y los mercados (familias, empresas, instituciones). El conocimiento que adquieren les sitúa en una posición idónea para hacer frente al problema de la información. La ventaja que les presupone contar con esta información, les capacita para vender su conocimiento de los mercados financieros a sus clientes, y viceversa.

Esta asunción de riesgos con la sociedad en su conjunto es el objeto central del banquero, lo que justifica su profesión, por tanto, su beneficio.

1.1.3. La aparición de la banca moderna

A partir de finales del siglo XI y principios del XII aparecieron, en el norte de Italia, un grupo de banqueros cristianos que, haciendo caso omiso de las prohibiciones eclesiásticas, emprendieron la valiente empresa de hacer la competencia a los judíos en los asuntos del dinero.

Durante muchos años los banqueros italianos hicieron de prestamistas de nobles, soberanos, órdenes religiosas y del mismísimo papa. Prestaban a ciertos gobiernos sumas considerables y muchos de ellos pagaron con su fortuna ciertos créditos temerarios. Así Eduardo III, que tenía a los Bardi y a los Peruzzi como banqueros de la corona inglesa, no pudo reintegrar una enorme deuda de más de un millón de florines de oro, arrastrando a la quiebra, en 1434, a buena parte de la banca florentina y produciendo un crac financiero que dejó en la ruina a amplios sectores de la sociedad.

La situación política y económica del mundo entonces conocido llegó a crear tal cantidad de monedas de todas clases que bien podríamos hablar de una auténtica babel monetaria. Estos banqueros cristianos empezaron sus actividades ejerciendo, sin duda, el oficio de cambistas. Se situaban en la calle, detrás de un mostrador (banca o tabla), con su piedra de toque, su balanza y una primaria máquina de calcular (ábaco), al tiempo que practicaban, la mayoría de ellos, la fundición de metales (oro, plata y cobre).

De hecho, a diferencia de los banqueros judíos, los cristianos ejercieron la actividad bancaria mezclándola con otras actividades comerciales. Los banqueros tenían representantes en los gremios de mercaderes y muy pronto, junto con éstos, figuraron entre las altas capas de la burguesía, luchando contra los señores feudales por el poder municipal.

Los hombres de negocios y banqueros de las ciudades estado de la Italia septentrional renacentista —especialmente en Génova, Florencia y Venecia— crearon muchas de las prácticas fundamentales de los sistemas financieros modernos. Entre sus innovaciones cabe mencionar la contabilidad por partida doble y el suministro de crédito por medio de pagarés descontados. Su innovación más importante, empero, fue el crédito comercial.

Supongamos que un fabricante florentino de textiles recibía de Barcelona un pedido, posiblemente lucrativo, y que tenía los medios para atenderlo. Dos cosas podían impedirle aceptar el negocio. En primer lugar, el importador quizá no pagara en tanto no recibiera la mercancía, quizá incluso hasta no haberla vendido. Entretanto, el exportador tenía que pagar materiales, mano de obra, almacenamiento y envío. En segundo lugar, una vez producidos y enviados los artículos, el exportador tenía que asumir el riesgo de que el importador simplemente no pagara, y no había tribunal en el mundo ante el cual el exportador pudiera hacer comparecer al mercader de Barcelona.

Para resolver tales problemas surgieron los bancos comerciales, es decir, los bancos especializados en el financiamiento del comercio. Mediante el otorgamiento de crédito a corto plazo (capital de explotación), los bancos comerciales permitían a esos mercaderes pagar los materiales y la mano de obra por adelantado. Resolvieron el segundo problema manteniendo agentes de su confianza en las ciudades importantes. Mediante el cobro de una comisión, el banco podía pagar al exportador tan pronto como se embarcase la mercancía. El importador pagaba después al agente del banco —agregando una comisión— cuando el embarque llegaba. Mediante el pago de una comisión adicional, el mismo banco podía incluso asegurar el embarque.

Con el tiempo, los bancos italianos desarrollaron esta función vital de financiamiento comercial. La familia más prominente de banqueros florentinos, los *Médici*[2], establecieron agentes o corresponsales en las grandes ciudades mercantiles de Europa y se convirtieron en un elemento indispensable del comercio continental. Probablemente en el siglo XIII o XIV, los banqueros inventaron una variante que limitaba la medida en que su propio capital quedaba inmovilizado durante el curso de una transacción: la «aceptación» o «documento de cuatro nombres».

El agente de Barcelona (nombre 1) firmaba un documento aceptando la responsabilidad del importador (nombre 2) ante el exportador (nombre 3) y el documento se transmitía al banquero de Florencia (nombre 4). El banquero hacía el desembolso (después de restar un descuento) al exportador contra esta aceptación. El banquero podía entonces vender la aceptación a descuento en el mercado financiero florentino y, de ese modo, reponer la mayor parte o la totalidad del dinero en efectivo que el banco había desembolsado. Después de algunas semanas el importador pagaba al agente, el agente pagaba al banco y el banco recompraba la aceptación, concluyendo así la operación.

1.1.4. La banca y el crédito

Las múltiples formas de mantener riqueza pueden dividirse en dos clases: objetos que tienen un valor por sí mismos y deudas. Desde el punto de vista de una comunidad cerrada sólo la primera clasificación, desde luego, tiene un papel como riqueza. Pero desde el punto de vista de un individuo, una deuda que el gobierno, una compañía o uno de sus conciudadanos le debe es, sin embargo, una parte de su riqueza, como lo puede ser la tierra o un edificio. El hombre que tiene 200 millones de pesetas en valores del Estado no es menos rico que el que posee una fábrica valorada en 200 millones de pesetas[3].

Pero no nos precipitemos, podemos definir el crédito como: la autorización de una entidad o persona a otra, para que disponga de algo propiedad

---

[2] Véase el excelente libro *Lorenzo el Magnífico,* Juan Cloulas, Vergara Editores, Buenos Aires, 1996. Especialmente: «Los Médicis banqueros del Papado. La red europea del banco Médicis».

[3] Si bien, en el caso de que necesite su dinero, está en mejor situación el tenedor de deuda del Estado, dada la liquidez y seguridad de los títulos.

del primero (un activo financiero, un depósito, un servicio, etc.), sin pagar en el momento de recibirlo. Más genéricamente, crédito es cualquier transferencia de dinero, servicios o bienes a cambio de dinero, servicios o bienes a recibir en el futuro con una retribución o interés. En su forma más desarrollada, también podemos decir que el crédito es una transferencia de dinero contra una promesa de pago en el futuro.

Estas promesas pueden ser formales y escritas, como en los billetes de banco, letras de cambio, cheques, etc.; o pueden tomar la forma de cuentas o registros. A causa de que son muy escasas las operaciones que se pagan en efectivo hoy en día (billetes, monedas), la sociedad moderna se basa fundamentalmente en el crédito o la confianza.

Crédito y confianza son términos consustanciales, pero en el caso que nos ocupa no son exactamente la misma cosa. La distribución de recursos por un banco da lugar a la creación de préstamos, pero previamente se produce un proceso esencial de determinación del crédito, que, por lo general, genera un compromiso con el posible usuario del dinero. En la práctica, esto supone el establecimiento previo de un límite a los fondos para préstamos que un banco está dispuesto a otorgar a sus clientes. Existen, pues, dos procesos: el proceso de asignación, durante el cual se llega a una determinación del crédito y se toma la decisión básica de la asignación, y el proceso del préstamo propiamente dicho, cuando los recursos previamente asignados se entregan al usuario. Aunque es obvio y cierto que los préstamos en sí son consecuencia de la asignación de fondos; lo contrario, que esa asignación siempre termina en un préstamo, no es verdad. De aquí que, por naturaleza, los bancos tienen siempre muchos más fondos asignados que préstamos acordados, según las posibilidades prácticas de que no todos esos fondos serán empleados al mismo tiempo. El proceso de asignación y el posterior control del préstamo es un difícil problema gerencial y, en ocasiones, mucho más un arte que una ciencia[4].

Lo que sí es un hecho manifiestamente aceptado es que en la eficacia y utilidad del sistema bancario descansa, en gran medida, la eficiencia del conjunto de la economía. Es decir, la banca sólo tiene sentido si consigue desarrollar su actividad, a un coste inferior a aquel en que incurrirían los agentes económicos si ésta no existiese.

El nivel de los costes de transacción, depende de su especialización, conocimientos e información y de su capacidad de tratarla ágilmente. Y,

---

[4] Particularmente en estos tiempos críticos para las entidades financieras, en donde la situación de la economía española viene pasando desde los inicios de los años noventa la factura de la morosidad, que ascendía a 2,3 billones de pesetas (1995), aunque su tendencia es a disminuir como se demuestra durante 1996.

Ante esta situación, las medidas de vigilancia que han adoptado las autoridades nacionales e internacionales para garantizar la solvencia de los bancos, se han visto reforzadas y asi fortalecer la solvencia y «evitar» las posibles crisis bancarias.

más recientemente, —como pondré de manifiesto— por el nivel de las tecnologías de la información y comunicación que incorpore.

Esta afirmación, decisiva para una economía como la española, abierta y plenamente integrada en los mercados internacionales, que reclama para sí un sistema financiero ágil y competitivo, en donde necesariamente los bancos deben ser los máximos especialistas en recoger y procesar información financiera, en evaluar proyectos de inversión, calidad de los préstamos y en orientar las actividades objeto de financiación, una vez que los préstamos hayan sido concedidos.

De esta manera, el dinero administrado por el banquero con profesionalidad, el crédito barato, suministrado en cantidades suficientes, es un arma de competitividad empresarial, que permite ampliar el margen de las inversiones y es clave en el crecimiento de un país. No hay que olvidar que los costes financieros se repercuten en el producto final y que una inversión que se aprobaría con el crédito al 11 por 100, a lo mejor, sería rechazada si el coste del dinero se situara por ejemplo, en el 13 por 100. He ahí parte de la responsabilidad social de la banca y de la necesidad de contar con un sistema financiero ágil y eficiente.

Para resumir, podemos decir que los bancos existen para administrar el sistema de medios de pagos y créditos, realizando la labor de intermediación de fondos desde las familias a las empresas (ahorradores e inversores), en un mundo en el que resulta dificultoso, por sus niveles de riesgo, establecer contactos directos entre prestamistas y prestatarios, en donde el conocimento mutuo es tan fundamental como complejo.

1.1.5. La banca y la sociedad

La banca debería mantener un desarrollo paralelo al de la sociedad en que se encuentra. Se trata de que las instituciones respondan a las necesidades existentes en función de cada momento histórico, en el sentido de la expresión: la función crea el órgano.

Se afirma, por ejemplo, que el retraso del sistema financiero francés respecto del británico fue una de las causas de las diferencias económicas entre ambas naciones. Pero también se argumenta que es al revés. El hecho de que la revolución política y la revolución industrial se produjeran con anticipación en Inglaterra fue lo que potenció el desarrollo de las instituciones financieras en ese país.

También es curioso el caso de Suecia, país donde se produjo una proliferación de instituciones bancarias en los años 1850 y 1860, considerablemente por delante del crecimiento económico que transformó el país de uno de los más pobres de Europa en uno de los más ricos en un corto período, 1870-1914.

A mediados del siglo XIX se decía que Suecia era un sofisticado empobrecido. Estaba muy por delante de Francia, por ejemplo, en el uso del papel moneda y de los depósitos bancarios, y no muy por detrás en la banca comercial y de otro tipo, con un mercado de capitales que funcionaba bien. En las dos décadas posteriores a 1850, el sistema fue reforzado con un banco industrial y con la difusión por toda Suecia de una red de sucursales bancarias. Al mismo tiempo, la mayor parte de los banqueros suecos optó por el negocio de los depósitos, abandonando la emisión de billetes.

Sin embargo, hay cierta controversia respecto a si Suecia tenía de hecho un sistema financiero altamente desarrollado a mediados de siglo y si ello estableció una diferencia en las tasas de crecimiento suecas. Sobre este último punto, se ha expresado la opinión de que las instituciones financieras no supusieron diferencia alguna para el despegue económico de Suecia. Se indica que la principal causa de este crecimiento fue la derogación por parte de Gran Bretaña de las leyes de cereales, los impuestos sobre la madera, las leyes de navegación y otros aranceles que afectaban a productos provenientes de Suecia. De este modo se defiende que los bancos fueron apoyados por casas de comercio y no a la inversa.

1.1.6. El banquero y la banca

Sin lugar a dudas existe una abultada literatura, así como variados mitos en torno a la figura del banquero. La gente suele ver en él una especie de Rey Midas o de sumo sacerdote del dinero que, históricamente, ha sido objeto de sentimientos contradictorios. Una mezcla de respeto, envidia, odio, recelo... se han dirigido hacia el banquero, al que hay que ir a pedir el crédito, al que se debe convencer de las posibilidades de un negocio o al que se confían los ahorros.

No obstante, la banca ha sido, probablemente, el más personal de los grandes negocios. Pensemos que hasta tiempos no muy lejanos no se permitió a los banqueros actuar por medio de sociedades por acciones y adquirir la responsabilidad propia de las mismas.

La banca era pues, un negocio individual donde el banquero —persona física— constituía el centro del negocio, asumiendo la responsabilidad hasta el límite de perecer con la empresa. Muchos banqueros insolventes pagaron con su cabeza el haber llegado a esta situación. De hecho, el personalismo en el negocio bancario se entendía como una garantía más y la confianza propia de la actividad radicaba en gran medida en la persona del banquero. Una frase que resume perfectamente cuál era el estado de opinión al respecto es la siguiente: La responsabilidad compartida no es ninguna responsabilidad.

Pero por más que avance la tecnificación, la sofisticación, la informática, las comunicaciones o las innovaciones financieras, la banca todavía responde a la confianza establecida según el criterio de individuos que tienen errores humanos. Claro está que ya no es aquel banquero por excelencia el que encontramos hoy en día. Ya no podemos hablar de los Rostchild, o de John Pierpont Morgan[5], o de los Füger como personalidades que concentraron a su alrededor un enorme poder. Hoy, los bancos centrales, las leyes antimonopolio, la organización de los bancos como sociedades hacen irrepetibles estas figuras. Pese a todo, actualmente observamos que aún siendo los más destacados ejecutivos de estas entidades quienes, generalmente, no son propietarios de los bancos que dirigen. Tal vez sea ésta la gran diferencia cultural entre unos y otros.

Sin embargo, se puede decir que en nuestros días, el banco ya no es el banquero. Si bien se puede comprobar que la personalización vuelve a brillar en la banca, aunque en otras coordenadas: las coordenadas del liderazgo.

1.2. La banca de nuestro tiempo

1.2.1. El cambio de rumbo

La década de los setenta marcó el cambio de rumbo en el tratamiento del negocio bancario. En efecto, el primer rasgo característico del entorno económico en los países industrializados, a partir de principios de los años setenta, ha sido, sin duda, la debilidad del crecimiento económico. Esta coyuntura habría de llevar a la crisis de bastantes sectores productivos, acentuando los riesgos del sector bancario al deteriorarse la situación económica de su clientela y empeorar la calidad de los activos del balance bancario. Por su parte, la aplicación de políticas monetarias restrictivas ante el fenó-

[5] Con John P. Morgan se termina la figura tradicional del banquero y magnate individual de la banca y de la empresa. Fue el último representante de una casta de banqueros y de grandes hombres de negocios.

meno inflacionista, combinada con la aparición de déficit públicos elevados y persistentes, originó un sensible aumento del nivel de los tipos de interés, que se fueron haciendo cada vez más volátiles. Esta sensibilidad agravaría el riesgo de interés, casi inexistente en épocas de estabilidad. La respuesta no pudo ser sino el esfuerzo y tecnificación de los sistemas de gestión de activos y pasivos, dando origen a la primacía de los departamentos de tesorería en el negocio bancario. La banca busca en ese momento trasladar su riesgo, generalizando las fórmulas de créditos con interés variable, que sigue y se acomoda a las fluctuaciones del mercado.

Los primeros afectados por los fenómenos de elevación y volatilidad de los intereses fueron los empresarios, porque el elevado nivel que alcanzaron los tipos de interés provocó, inicialmente, una notable degradación en el equilibrio financiero de las empresas. La respuesta no podía ser otra que la reducción del endeudamiento externo y el reforzamiento deliberado de la autofinanciación, facilitada por la mejora del excedente empresarial que se logra posteriormente, ya en la mitad de los años ochenta.

Esta nueva situación origina un cambio en la estructura financiera de las empresas, que se concreta en el progresivo incremento del peso de los recursos propios frente al crédito bancario. Incluso, aprovechándose el desarrollo de los mercados de valores, se provoca un acusado aumento de los títulos negociables en la financiación ajena de las empresas, en detrimento del crédito bancario.

Todo este proceso, junto al hecho de que los intereses altos y variables permiten simultáneamente la obtención de mayores rendimientos y el ahorro de costos, si los fondos se movilizan adecuadamente, genera como respuesta la gestión de los excedentes de tesorería de las empresas con unos criterios de eficacia y economicidad a los que no siempre los bancos pueden responder. En las grandes sociedades se hace común la gestión de tesorería por sus propios servicios, decisión que es un paso más en un proceso que lleva a muchas empresas, primero multinacionales y luego nacionales, a convertirse en sus propios financieros y a competir con la banca establecida.

El paso posterior a la situación en el estado actual, que se define por una desinflación acelerada, provoca una disminución de los tipos de interés, pero manteniéndose en ese marco de volatilidad que ya caracterizaba al mercado. La reducción de intereses representa, a su vez, un estímulo adecuado para el desarrollo del mercado de valores, lo que contribuye a la desviación del ahorro, en búsqueda de mayor rentabilidad hacia productos no bancarios.

Estos aconteceres siguen en el plano doméstico una tendencia bastante homogénea en todos los países industrializados. En lo que respecta al negocio internacional, dichas transformaciones son todavía más relevantes y evolucionan en paralelo, como consecuencia, en primer lugar, del alto grado de internacionalización que poseen las distintas economías y, después, porque en el entorno de desajustes de balanza de pagos, que siguió a la primera crisis petrolífera, fueron los bancos los que realizaron el reciclaje del ahorro mundial y consiguientemente la financiación de los déficit de balanza de pagos, con lo cual se expandió considerablemente su operatoria internacional.

El resultado de todos estos planteamientos no es sino la generalización del proceso de globalización bancaria, que hace común el negocio internacional en los diversos sistemas bancarios y que, apoyado en los progresos logrados en materia de comunicaciones, contribuye a acercar decisivamente todos los mercados.

1.2.2. Las transformaciones

Como ya ha quedado patente, desde los años setenta, el sistema financiero internacional está viviendo una profunda transformación. Ante los retos generados por la crisis económica iniciada en esa década, el sistema financiero ha reaccionado buscando una mayor eficacia en la prestación de sus servicios, más acorde con las necesidades del momento económico.

Por consiguiente, la revolución que se viene operando en los mercados financieros internacionales, no es del todo comprensible si tan sólo se buscan razones de orden interno. Antes bien, se trata de una respuesta a las exigencias planteadas en el conjunto de la economía mundial. El factor que mejor explica el comportamiento de los agentes económicos es el clima de incertidumbre generalizado. Y para adecuarse al mismo, el sistema financiero ha demandado mayores dosis de flexibilidad y libertad. En esta línea han aparecido los denominados nuevos productos financieros, instrumentos cuyas características principales son un aumento de la liquidez y una mayor certeza sobre su valor de recuperación en el futuro. Otro factor explicativo de los acontecimientos ocurridos en los mercados de capitales, fue el cambio de destino observado en los flujos financieros. Mientras que en los años setenta la mayoría de esos flujos discurrieron entre las naciones industrializadas y los países en desarrollo, en la década de los ochenta esta situación se modifica sustancialmente. Los desequilibrios de las balanzas de pagos se desplazan hacia los países industrializados, al tiempo que las dificultades de devolución de la deuda exterior de los países en vías de desarrollo, reducen la entrada de capitales exteriores de esas naciones. El caso es que los movimientos internacionales de capital se convierten crecientemente en flujos entre países industrializados y no tanto entre éstos y países en desarrollo.

Ante las necesidades que han ido surgiendo, las políticas gubernamentales de regulación reaccionaron en un sentido liberalizador. En concreto, se procedió a una reducción de las barreras que separan a las instituciones financieras, se suavizaron las condiciones de entrada aplicables a instituciones financieras extranjeras, se otorgó mayor libertad a los tipos de interés y se eliminaron o redujeron los controles de cambio, además de suprimir los techos cuantitativos al crédito. Como es natural, esta estrategia reguladora se ha implementado de forma gradual, con el fin de dar tiempo a los diversos agentes financieros a adaptarse a las nuevas condiciones. Un factor adicional de indudable relieve en la transformación de la fisonomía actual de los mercados financieros, ha sido el aprovechamiento de los considerables avances de las tecnologías de la información (TI)[6].

Todos estos acontecimientos han conducido hacia una profundización financiera, que en este caso se caracteriza por la proporción entre activos financieros y producto nacional bruto mediante niveles adicionales de intermediarios financieros. Pensemos, por ejemplo, en la gran cantidad de intermediarios financieros especializados que existen en las plazas de primer orden como Londres o Nueva York (bancos de negocios, bancos comerciales, casas de descuento, brokers, sociedades de valores, compañías financieras, de seguros, de capital riesgo, mercados monetarios, de capitales, de futuros, etc.).

Estos intermediarios se relacionan entre sí y algunos sólo negocian con otras instituciones del sistema financiero. Se dan superposiciones de emisiones que toman en cadena las diferentes entidades, diversificando y ajustando al máximo el sistema. Es decir, crece el nivel de intermediarios y activos financieros, haciéndose el sistema más complejo y sofisticado. Con ello se pretende reducir la incertidumbre y el riesgo del prestamista, liberando el capital de utilizaciones inferiores, mejorando la liquidez del sistema para los prestamistas —existencia de mercados secundarios y de otros agentes tomadores—, prolongando los vencimientos a los prestatarios...

1.2.3. Orígenes de la internacionalización

En efecto, si la información provoca la globalización de los mercados, no es menos cierto que ya en el siglo XIII, con las Cruzadas, los templarios provocaron la necesidad de una banca internacional, la

---

[6] Denominación que abarca un amplio sistema de tecnologías basadas en la informática y las telecomunicaciones relativas al tratamiento (reconocimiento, almacenaje y proceso).

Véase bibliografía: Quintás de Seone, J. R.: «Tecnologías y estrategias en la banca de fin de siglo».

primera que se sepa en la historia de las finanzas. Las Cruzadas constituyeron otro aspecto de la expansión económica y bancaria de los siglos XII y XIII.

Todo parece indicar que se produjeron al menos dos elementos básicos, determinantes de esta internacionalización histórica de la banca. Uno de ellos consistió en que el Temple se entregó a la tarea de ayudar a los peregrinos y cruzados. Al enriquecerse rápidamente fue llamado para financiar los viajes privados y las Cruzadas, iniciándose entonces en las diversas técnicas del préstamo. Después, y como segundo elemento, desempeñó también su papel la íntima intercomunicación de las provincias, que se tradujo en los giros, en las transferencias de fondos, en las transacciones cambiarias. Sobre estos aconteceres se injertaron las demás operaciones practicadas en aquella época. Así, los templarios se convirtieron en banqueros muy completos, que sobrepasaron a los propios lombardos en su técnica y en el ámbito geográfico.

Los lombardos eran los mercaderes italianos que, desde el siglo X, ofrecían en las regiones renanas las telas de Bizancio y los tapices de Asia comprados en Venecia. Su primera tarea importante consistió en establecer una sólida comunicación entre los centros de producción italianos y flamencos, y una vez conseguido este objetivo se dedicaron a practicar la banca. Seguramente, la misma evolución de las cosas les obligó a ello.

Este ejemplo ha demostrado que cuando el comercio alcanza ciertas dimensiones y marcha a determinado ritmo, le resulta la banca indispensable. Estas condiciones habían sido logradas. Los lombardos precisaban de los banqueros. Por tanto, se decidieron a convertirse en sus propios banqueros. Y como no había nadie que realizara la función de banqueros de las ferias, se convirtieron también en banqueros de los demás.

Los lombardos se revelaron enseguida maestros en la materia. Pero como nos demuestra igualmente la historia, no inventaron nada nuevo en el mundo financiero, sin embargo, financiaron hasta las almas, y lo que sí hicieron con maestría fue volver a reinventarlo todo.

En estas experiencias fue en donde se instruyeron los templarios, existiendo una amplia cooperación entre ellos. Los templarios, como decía, superaron el estadio de los banqueros lombardos, siendo un ejemplo el capítulo de la contabilidad y de los pagos a distancia.

Pero lo que confería ante todo su originalidad a la orden del Temple era su dimensión —su internacionalización —, la vastedad de su acción, la diversidad de sus riquezas, la flexibilidad de sus articulaciones que proporcionaban a sus provincias autonomía y eficacia. Ninguna otra compañía de mercaderes banqueros podía enorgullecerse de tal poderío mobiliario, inmobiliario y político. La Orden fue ciertamente la primera organización mundial de financiación y crédito.

1.2.4. El auge de la instrumentalización y la globalización

Sin duda, el cambio más significativo que ha tenido lugar en estos últimos años en el sistema financiero internacional ha sido la transformación de un volumen considerable de créditos bancarios en títulos negociables. Se trata de la tendencia conocida como *securitization* o instrumentalización[7].

De acuerdo con ella, los bancos comerciales se han convertido en importantes emisores y compradores de títulos, así como en organizadores y gestores de las nuevas emisiones. El abultado volumen alcanzado por la deuda externa de países en desarrollo, también ha cooperado en el desarrollo de la instrumentalización. La situación creada por el hecho de tener una parte de sus activos inmovilizados obliga a los bancos —sobre todo a los más implicados en el problema— a tratar de que el resto de sus inversiones se caracterice por la mayor liquidez y negociabilidad posible. En este contexto de grandes cambios, es donde se ha acuñado el término de globalización. Por supuesto, se quiere dar a entender que los mercados de capitales en cualquier parte del mundo están vinculados entre sí y dependen los unos de los otros. Explicado así no es un concepto demasiado notable, porque no es nuevo en realidad. Ya he indicado que hace siglos que tanto el dinero como quienes lo necesitan, cruzan las fronteras buscándose mutuamente, sin que nadie hablase de globalización. Dos ingredientes modernos que sí son nuevos, que no existían hasta hace muy poco, justifican el empleo de un término especial.

El primero es, sin duda, que ese cruzar fronteras ha dejado de ser una operación oportunista, puesto que adquiere un carácter permanente, institucionalizado, basado en los vínculos existentes entre los mercados. El segundo responde a que esos vínculos han producido un aumento significativo en el número de transacciones entre mercados, hasta el punto de que empiezan a influir en los mecanismos de fijación de precios, o tipos de interés. Según

[7] La posible acepción castellana de securitization según José A. Sánchez Asiaín, de quien recojo parte de las ideas de este punto.

Véase su libro: *Reflexiones sobre la banca. Los nuevos espacios del negocio bancario,* Real Academia de Ciencias Morales y Políticas. Discurso pronunciado con motivo de su ingreso como académico de número. Nueva versión con el profesor Enrique Fuentes Quintana, Espasa Calpe, Madrid, 1992.

va desarrollándose este proceso, los mercados vinculados acabarán integrándose, en medida limitada al principio pero luego cada vez más, en función del volumen de operaciones.

Si el único lugar en donde se hubiese producido esta integración fuese, digamos, entre los Estados Unidos y el Canadá, tendríamos que referirnos al caso mediante una expresión distinta y de alcance más limitado, como podría ser, por ejemplo, norteamericanización. Más no sucede así, sino que evidentemente la integración se produce entre los mercados de capitales de Norteamérica, Europa y Japón. Por eso hablamos de globalización de los mercados de capitales, y la palabra ha hecho fortuna en la jerga de las finanzas prefiriéndola a internacionalización, que significa otra cosa distinta, a saber, el proceso por el que las empresas se ven obligadas, si quieren expandir su posición competitiva superar los límites nacionales para buscar mercados a escala internacional (caso de los Templarios).

Todo este acontecer ya se vio reflejado por el estudio que en 1986 realizó el Banco de Pagos Internacionales[8], titulado *Innovaciones Recientes en Banca Internacional,* preparado por un grupo de expertos y estudiosos al que cada uno de los bancos centrales de los diez países miembros había aportado sus representantes.

Las consideraciones del BPI sobre la integración mundial de los mercados financieros, nos servirán perfectamente para definir lo que entendemos por globalización.

> Las raíces de la tendencia actual hacia la integración mundial de los mercados financieros provienen de los años sesenta, cuando el desarrollo de los mercados de eurodivisas y eurobonos preludió la aparición de mercados financieros verdaderamente internacionales. No obstante, y debido a las diversas disposiciones y a los controles de cambios, los lazos entre estos mercados internacionales y los diferentes mercados interiores fueron a menudo débiles o parciales. No fue sino a partir de los años setenta, y sobre todo durante el último lustro pasado (1981-1986), cuando se realizó la creciente integración de los mercados internacionales y los nacionales. Ello se ha producido como consecuencia de una evolución macroeconómica compleja, junto con las medidas de desregulación, los cambios técnicos y las innovaciones financieras. Dado que tales cambios no han sido suaves ni uniformes, el perfil de lo que podríamos llamar mercados financieros verdaderamente mundiales suele aparecer como cosido a retazos de distintos instrumentos financieros y diferentes canales de intermediación.

[8] El BPI tiene su sede en Basilea (Suiza)

Así pues, la globalización es un proceso que actualmente afecta ya a todos los mercados financieros internacionales. Los de divisas y los de materias primas llevaban bastante tiempo eficazmente integrados, en gran medida a través del sistema bancario; en cuanto a los títulos de renta fija, están mucho más integrados desde que van desapareciendo los obstáculos al flujo de capitales por encima de las fronteras.

El proceso actúa también entre instrumentos financieros denominados en otras monedas, aunque quizá aquí todavía no esté tan completo. Los mercados de acciones van retrasados en esta integración, pero incluso en éstos y teniendo en cuenta que cada acción es distinta de todas las demás, aumenta con rapidez el volumen de las transacciones a nivel mundial.

Por consiguiente, la globalización, internacionalización, mundialización, unificación o cualquier otro adjetivo para describir y darnos a entender este fenómeno, que parece únicamente perteneciente a nuestra época, no son otra cosa que una variante de lo sucedido en la historia de las finanzas.

1.2.5. Globalización de los mercados financieros

Sin duda, la proyección de la actividad financiera hacia el futuro apunta a un escenario de globalización de los mercados, con una tenue diferenciación entre los domésticos y los internacionales, en los que concurrirán conglomerados que actuarán como supermercados financieros, con filiales para ofertas específicas e incluso con entramados de empresas de otros sectores, así como otros bancos e instituciones con especialización geográfica.

En este sentido, deseo destacar que la dinámica de la actividad financiera en su conjunto, constituida por los mercados, productos y servicios, indudablemente será muy superior a la actual.

Las tecnologías de la información, sin duda, han desempeñado un papel trascendental, pues han posibilitado la existencia de un mercado global sin fronteras durante las veinticuatro horas del día. La globalización de los mercados se ve, asimismo, facilitada por la desregulación o derogación de las normas limitadas de las operaciones financieras, tanto en cuanto a condiciones como a agentes o intermediarios, lo que hace que sea difícil diferenciar instituciones; y también como consecuencia de las interrelaciones de los mercados monetarios y de capitales, nacionales e internacionales.

Es evidente que el hecho más importante en la globalización de los mercados lo constituye el Acta Única Europea, que supone, en el ámbito financiero, la liberalización de los movimientos de capitales entre los Estados miembros y la libre prestación de servicios financieros. La eliminación de esas barreras determina unas reglas competitivas nuevas. Las innovaciones financieras circularán con más facilidad y se estimulará la concurrencia.

Esta nueva situación, y consecuentemente su competitividad, permitirá bajar los costes de intermediación financiera, como consecuencia del incremento de la competencia institucional, y obtener las ventajas derivadas de las economías de escala, al tratarse de mercados más amplios y no tan segmentados como los actuales. De este modo, se rentabilizarán mejor los recursos disponibles y, además, los inversores podrán elegir entre una gama más amplia de productos financieros. La generación de nuevas oportunidades irá pareja con la capacidad de asimilación de nuevas tecnologías, aprovechables para facilitar la comunicación y gestión financiera a la totalidad de los agentes económicos productivos y de las economías domésticas.

Es decir, la bancarización de la población, viene impuesta a medida que se eleve la actividad económica. Sin embargo, el éxito de la nueva estructura dependerá sustancialmente de la operatividad entre todos los niveles de bancos. Con ello, podrán alcanzarse las dimensiones mínimas de productividad necesaria para hacer rentables las estructuras globales, y para lograr una mayor consistencia en el conjunto del sistema, con una mejor y más equilibrada asunción del riesgo. Adviértase que esta integración, junto con las posibilidades de reparto que abre toda la información financiera, permitirá, en efecto, una distribución del riesgo mucho más ágil y más eficiente. Esta configuración del sistema financiero exigirá una delicada vigilancia por parte de las autoridades supervisoras, en especial para evitar que las grandes dimensiones de algunos de los partícipes en la nueva organización provoquen un juego desigual que pudiera conducir al oligopolio.

Finalmente, el refuerzo de la tendencia a la solidez vendrá también de la consolidación de las nuevas orientaciones supervisoras entre instituciones bancarias y no bancarias. La generalización de la supervisión a todos los intermediarios, en igualdad de condiciones, hará nacer una competencia más equilibrada y menos distorsionada. La coordinación supranacional de la supervisión permitirá hacer frente a los riesgos abiertos por la entrada de todo tipo de intermediarios financieros en los diferentes mercados nacionales.

Pero, sería ingenuo pensar que a partir de 1993 desaparecerán en la Unión Europea todos los particularísimos reglamentos, así como la dispar cultura financiera en cuanto a mercados e instituciones; e igualmente, por parte de las entidades no contemplar el mercado global europeo como el nuevo entorno de actuación sería estratégicamente un grueso error.

1.2.6. Consecuencias de la globalización para la banca

Todos los cambios experimentados en el marco económico, con sus implicaciones sobre estrategias adoptadas por los distintos participantes en los mercados, han venido siendo el caldo de cultivo en el que se han gestado las transformaciones registradas en el mundo financiero durante las últimas décadas. Es cierto que los cambios señalados han podido ser en ocasiones inducidos por hechos coyunturales de distinto signo, pero, desde luego, han ido introduciendo en la actividad bancaria modificaciones que tienen, inequívocamente, un carácter estructural, que es tanto como decir permanente e irreversible, y cuya fundamental expresión —como ya he señalado— es el nacimiento de un mercado global —un solo mercado— surgido al compás de la paulatina desaparición de las barreras que en el pasado aislaban geográfica, instrumental e institucionalmente a la banca. Porque hoy se tiende a que no existan fronteras entre instituciones, entre mercados o entre naciones.

Por consiguiente, cualquier actividad financiera puede estar al alcance de cualquier institución en cualquier país. No hay más límites que la voluntad de iniciarla y la disponibilidad de personal y tecnologías adecuadas. Porque las barreras de entrada, legales o institucionales, están desapareciendo para dar paso a otras, mucho más sutiles, nacidas de la capacidad profesional o de la dimensión. Una vez superadas éstas, es posible ya competir en los diversos mercados, incluso sin estar físicamente establecido en ellos, siempre que se disponga de una adecuada red de comunicaciones a través de la cual fluyan los servicios financieros que se ofrecen.

Y es aquí, en la rápida extensión y generalización de este proceso de globalización, donde ha radicado la transformación en relación con la función bancaria, con todos los interrogantes que se abren sobre sus posibles consecuencias para la estabilidad del sistema financiero mundial. Adviértase que no se trata de un modelo teórico: estamos viviendo ya en ese marco, y trabajando en este mercado global.

Vistas las cosas desde esta perspectiva, la globalización no sólo constituye el horizonte en que deben situarse las distintas facetas del cambio a que nos hemos referido, sino el puntal de la dinámica actual de la actividad bancaria. Expresiones concretas de esa dinámica son hoy la desregulación, la innovación financiera, la incorporación masiva de la tecnología y el fenómeno de la titularización. Y porque se sufre la tensión que impone la globalización, la desregulación se aviva, la innovación y las tecnologías tienden a acelerar su proceso y la titularización se expande ante las posibilidades ofrecidas por un mundo móvil, transparente y más amplio. Todas ellas, una por una y conjuntamente, incitan a la utilización de un espacio mayor, más homogéneo, instantáneo y sin fronteras.

La globalización es, pues, el factor catalizador de las fuerzas que movilizan la actividad bancaria y de sus recíprocas interacciones. Adviértase que la globalización financiera que está actuando sobre el conjunto de los Estados con una fuerza sin precedentes, es una verdadera ola gigantesca y no simplemente una moda pasajera, como lo están demostrando las sucesivas turbulencias o crisis financieras que están afectando al sistema financiero internacional.

1.2.7. El nuevo rol de la banca[9]

Evidentemente, después de todas las consideraciones realizadas, no cabe duda de que los bancos deben cambiar y continuarán cambiando, la banca tradicional tiene que dejar paso a otros usos y modificar el esquema de negocio.

Muchas entidades han decidido evolucionar desde el puro negocio bancario hacia un negocio financiero más complejo, capaz de hacer mejorables la dimensión, las infraestructuras y las características propias de los bancos. De este modo se abre el camino de los grupos y conglomerados financieros dependientes de un centro común pero altamente diversificados, intermediando la desintermediación, ajustándose más a necesidades específicas; leasing, factoring y sociedades de capital riesgo para empresas; pensiones, seguros, gestión de patrimonios y servicios financieros, para particulares; banca de negocios e instituciones de inversión colectiva para inversores y mercados financieros, etc.

Esta evolución y los cambios del entorno conducen a los banqueros a continuar profundizando en su reflexión sobre el futuro y su nuevo rol en el mismo. Son conscientes de cómo se han transformado de intermediarios bancarios en intermediarios financieros, pero se dan cuenta de que el margen se estrecha, de que las modernas tecnologías de la información están al alcance de todos y en continua expansión, y son rápidamente asumidas por la competencia, de que las empresas, el Estado y las familias sustituyen con ventaja muchos servicios bancarios y la evolución de los mercados y las comunicaciones les permite entenderse directamente sin su intervención o con una menor participación.

---

[9] Para una ampliación, puede consultarse Casilda Béjar, R.: «El nuevo rol de los bancos en el mundo». *Revista de Icade*. Universidad de Comillas. Núm. 28. Madrid, 1993.

Por todo ello, se hace evidente que la banca tradicional es un negocio maduro, el cual no es sólo dinero. El banquero debe empezar a pensar que el negocio ya no es solo el dinero que, ciertamente, se mueve cada vez a mayor velocidad, a mayor distancia, y es recogido y asignado en grandes volúmenes y con márgenes estrechos; sino que ahora existe otra materia prima básica, implícita en la esencia misma del dinero pero que lo supera o lo convierte a un estadio superior: la información.

La información añade valor al servicio que se brinda a la clientela, y por tanto, capaz de ser facturada y proporcionar crecientes ingresos. Así las cosas, el negocio bancario se está convirtiendo cada vez más en un trasiego de datos e informaciones y menos en un cauce de circulación de fondos. El dinero es cada vez más un producto informativo, como consecuencia de las nuevas tecnologías, que han alterado incluso la noción de soberanía[10]. No obstante, llegará un momento en que la información será fácilmente accesible, estará suficientemente divulgada y la cultura financiera alcanzará un buen nivel. Y si, además, las estructuras y los sistemas de información se descentralizan y se extienden en redes de comunicaciones generales y se puede operar con una autonomía compatible, con un control y garantías comunes, la banca cambiará profundamente, pues habrá cumplido fielmente con su función.

Posiblemente, en ese momento, la banca, como la entendemos ahora, ya no existirá. El poder de la tecnología habrá alterado su imagen. De modo que cuando se pueda superar este estadio, probablemente será sustituida igual que el papel moneda sustituyó a la moneda metálica.

---

[10] Pero no hay que equivocarse al respecto. A pesar de la evolución, globalización, racionalidad del sistema, de las cifras y de las masas inmensas en juego, la influencia de la banca no será mayor de lo que es en esta década de aceleración hacia el siglo XXI.

PARTE SEGUNDA

Liberalización y transformación de la banca en España. De la regulación a la globalización

2 Liberalización y transformación de la banca en España

2.1. Liberalización y transformación de la banca en España[1]

2.1.1. La liberalización desde 1962. Unas breves notas[2]

La importancia relativa del Sistema Financiero Español (SFE) en el seno de la economía española ha aumentado de forma muy significativa en los últimos tiempos, como consecuencia del desarrollo económico y sus necesidades de financiación por parte de los agentes económicos en general.

Sorprende recordar que hasta hace muy poco tiempo, la actividad financiera y bancaria estaba sometida a los más diversos tipos de controles y regulaciones en muchos países desarrollados. España no era excepción ni escapaba a esta situación generalizada, sino más bien lo contrario. El entramado de leyes y disposiciones de menor rango que regían las actividades de las instituciones financieras resultaba complejo y, evidentemente, dificultaba el desarrollo y la eficacia del sistema financiero y bancario. Muestra bien significativa de lo que decimos, son los distintos tipos de coeficientes a que la banca estaba sometida y que llegaron a inmovilizar prácticamente la mitad de sus recursos en algún momento.

Las causas que dieron lugar al proceso de liberalización o desregulación del SFE fueron múltiples, destacando por su trascendencia el movimiento de liberalización financiera que se inscribía dentro de una onda general de mayor libertad que afectaba a otras esferas de la política y la economía.

---

[1] Véase bibliografía: Casilda Béjar, R.: *Sistema Financiero Español. Banca y cajas de ahorro ante un entorno competitivo*. Alianza Editorial, L.B. núm. 1.574. Madrid, 1992.

[2] Véase artículo citado: El nacimiento y la evolución de los primeros bancos en España: La banca privada en la década del desarrollo: 1962-1973. Las indecisiones y los problemas de aplicación de una filosofía. Período inicial del Gobierno Socialista 1982-1985.

Para describir el proceso de liberalización que ha tenido el SFE a partir de 1962, hay que comenzar por considerar muy especialmente la situación tan infradesarrollada y regulada que tenía en nuestro país a comienzos de la década de los sesenta, siendo en la segunda mitad de la década de los setenta donde se inicia una nueva fase en la evolución del SFE. En efecto, desde finales de los años setenta, el Sistema Bancario Español (SBE) comenzó una decidida transformación, evolucionando hacia lograr una mayor eficacia en las prestaciones de sus servicios, más acorde con las necesidades del momento y preferencia de los clientes. Todo ello se traduce en el inicio de un proceso de homologación con los sistemas de los países más avanzados, determinado por una gradual desregulación y liberalización que se manifestará en toda su plenitud a partir de finales de la década de los ochenta.

Han sido numerosas las medidas que las Autoridades Financieras han aplicado desde la Ley de Bases de Ordenación del Crédito y la Banca de 1962 hasta la fecha. Unas han estado promovidas directamente por la voluntad del reglamentador, pero otras han estado forzadas por los acontecimientos o la necesidad de adaptación a normas de rango superior como consecuencia de la incorporación de nuestro país a la CEE (1986).

Podemos citar tres ejemplos al respecto: la liberalización financiera —de tipos— o la normalización de operaciones han sido actuaciones directas de la Autoridad Financiera. La regularización de los seguros de depósitos ha estado directamente influida por la crisis bancaria[3], mientras que la adaptación contable obedece a imperativos y dispositivos de acuerdos con directivas de la UE.

La actuación del Banco de España en el proceso de liberalización del SFE ha tenido un papel positivo a partir de la reforma del Profesor Fuentes Quintana (1977), en su etapa de Vicepresidente Económico[4], destacando algunas de estas actuaciones como, fueron entre otras:

- Implantación de una política monetaria realista y disciplinada en un entorno de crisis económica, alta inflación, crisis de solvencia de las instituciones financieras y ausencia de instrumentos.
- Diseño de la financiación del déficit público con instrumentos y tipos de mercado.
- Desarrollo de las normas, los procedimientos y las instituciones de resolución de la crisis bancaria.
- Reforzamiento de las labores de inspección.
- Apertura hacia el exterior.

---

[3] Véase para más detalle: Casilda Béjar, R.: «Las crisis bancarias en España 1977-1983», *Boletín Económico de Información Comercial Española*, núm. 2081, Ministerio de Economía y Hacienda, Madrid, abril 1987.

Véase notas de ampliación: Administración y gestión de los bancos.

[4] Primer Gobierno de Unión de Centro Democrático (1977).

— Ejecución de la política de tipo de cambio.
— Liberalización de tipos de interés y reforma de los coeficientes obligatorios.
— Fomento de la competencia entre instituciones.
— Equiparación en la operativa de cajas y bancos.
— Autorización para la banca extranjera.

Siendo necesario resaltar que este proceso de cambios, desde el punto de vista de los clientes, les ha producido una más completa inmersión en el campo financiero, especialmente, por cuanto que en estos últimos años, su cultura financiera ha aumentado de forma muy notable. Esto, a su vez, ha contribuido a endurecer aún más el mercado como consecuencia de sus exigencias en cuanto a precios y calidad de servicio.

Todo ello ha conducido a que en estos momentos el SFE, y concretamente el Sistema Bancario, reúna unas características diametralmente diferenciadas respecto al de la década de los sesenta, caracterizándose por la existencia de unos notabilísimos niveles de competencia.

2.1.2. Cambios en la normativa

En cuanto a los cambios normativos, en primer lugar, hay que citar la homogeneización que se ha producido entre todas las entidades de crédito y ahorro (ECA). En efecto, los bancos, las cajas de ahorros y las cooperativas de crédito[5] pueden, al estar plenamente equiparadas, realizar el mismo tipo de operaciones. De esta manera, el cliente si está suficientemente informado, escogerá, tras la consideración del precio y del servicio prestado, la entidad que más le convenga.

En efecto, estos tres intermediarios de carácter privado compiten entre sí, prestando todos los servicios que integran el denominado «pasaporte comunitario» de las entidades de crédito, en lo que concierne a la captación de depósitos, concesión de créditos y préstamos, gestión de planes de pensiones, actividades de arrendamiento financiero, gestión de derechos de cobro, servicios de pago de transferencias, gestión de valores y medios de pago, etc.

---

[5] También las Cooperativas de crédito, tercera institución financiera que está adquiriendo un creciente protagonismo. Destacando el Banco Cooperativo Español.

El sector de cooperativas de crédito engloba a 82 cajas rurales y 13 cajas populares con una plantilla de 12.000 trabajadores. Estas 95 entidades consiguieron en el ejercicio de 1995 un beneficio neto de 42.000 millones de pesetas y su total de balance es de 3.778.738 millones de pesetas. Cuentan con unos depósitos de clientes de 3.158.103 millones de pesetas.

Véase notas de ampliación: El sistema de banca cooperativa.

Pero esta homogeneización presenta algunas notas a destacar. Una es la desaparición de las diferencias operativas entre bancos comerciales e industriales; otra es el establecimiento de un mercado común para bancos, cajas y cooperativas de rédito; y una tercera, es la presencia de bancos extranjeros que han adquirido bancos nacionales y que operan como tales; siendo otra nota a resaltar, la libertad de acceso a los mercados monetarios de agentes nuevos no bancarios.

En segundo lugar, señalar que el proceso liberalizador ha afectado a la totalidad del SFE, tanto en los precios —tipos de interés— como en la expansión geográfica —las cajas de ahorros desde 1989 pueden hacerlo—, la creación de empresas financieras y más particularmente crediticias, o el establecimiento de normas que, en general, han facilitado la libre competencia.

También hay que mencionar, que la Segunda Directiva Bancaria es la más importante en la reciente legislación bancaria de la Comunidad, pues crea el pasaporte común a los bancos comunitarios, ya que permite a cualquier institución con licencia, operar en un país de la UE y abrir oficinas, sin necesidad de obtener el permiso del supervisor de dichos estados. En teoría, esta legislación reduce los costes y complicaciones de los bancos con sede en la Comunidad para su expansión dentro de la UE.

2.1.3. Mayor cultura financiera del cliente[6]

Mientras estos acontecimientos se producían, los clientes —familias, empresas e instituciones— mejoraban notablemente su cultura financiera.

Este mayor conocimiento e información influye de forma considerable en lo que se denomina efecto mimético, esto es, la reacción de los ahorradores a demandar tipos más altos —los tipos de interés eran, comparativamente con los actuales, más bajos y estables— al conocer lo que pagan las entidades a sus clientes (amigos, vecinos, compañeros).

Influye también en este proceso la mayor agresividad de las entidades, que para captar pasivos ofrecen nuevos productos —que incorporan un mayor tipo de interés— o vinculan operaciones de activo a las de pasivo, u ofrecen servicios diversos que tienden a simplificar las gestiones propias del proceso productivo del cliente —empresas— como son el pago de nóminas, la gestión de impuestos y de la Seguridad Social, o la prestación de asesorías fiscales, económicas, etc.

---

[6] Retomaré este tema más adelante en el apartado 3.2.2. Las nuevas realidades del negocio bancario.

También, es preciso citar que el comportamiento de otras instituciones financieras ha contribuido a incrementar este efecto mimético, al verse obligadas para colocar sus emisiones (bonos, obligaciones, cédulas hipotecarias) a diversificar los tipos de activos financieros y mejorar las rentabilidades financiero-fiscales de los mismos.

El resultado, como ya indicábamos, ha sido una elevación del nivel cultural financiero de los clientes, que ha actuado como factor de poder negociador a la hora de relacionarse con las entidades de crédito y ahorro (ECA).

2.1.4. Aparición de nuevos productos[7]

Lo señalado en los puntos anteriores representa la base sobre la que las instituciones comenzaron a montar nuevos productos[8] y servicios. Un mercado financiero se considera completo cuando a cada contingencia posible le corresponde un producto y cuando cada segmento de mercado tiene una gama de productos que satisfacen sus necesidades, esto es, preferencias de seguridad, liquidez, rentabilidad y plazo. En este sentido, hay dos hechos fundamentales a destacar en la creación de «nuevos productos».

En primer lugar, el término «nuevo» debe entenderse restringido a la operativa de aplicación del producto, ya que en el negocio típico esas figuras existían, como ya he puesto de manifiesto, desde hace muchos años —siglos en ocasiones—. En efecto, dos de los más antiguos instrumentos financieros, los depósitos bancarios y las letras de cambio, aparecen en el siglo XIII. Tres siglos después, en el XVI, los bonos u obligaciones, y a comienzos del XVII, las acciones. Piénsese que los primeros ferrocarriles británicos de mediados del siglo XIX se financiaron, en parte, con acciones preferentes. No sería hasta un siglo después, en 1966, cuando aparece el certificado de depósito (un depósito similar a un bono u obligación) o el pagaré de interés flotante en 1969 (un bono similar a un depósito bancario).

Obsérvese que, en este sintético repaso histórico, he comenzado con saltos en el tiempo de tres siglos —de la letra de cambio al bono— y terminado con un salto de tres años —del certificado de depósito al pagaré de interés flotante—. Por supuesto que, a partir de ese momento y, especialmente, durante la década de los ochenta, la aparición de nuevos productos crece en forma exponencial, pudiéndose muy bien afirmar que cada día aparece un nuevo producto finan-

[7] Véase notas de ampliación: La innovación financiera, un proceso continuo.

[8] Resultado de la necesidad impuesta por el incremento de la competencia y las reformas fiscales.

ciero. En definitiva, igualmente se puede afirmar que sobre unas figuras financieras de larga tradición, los intermediarios financieros han ido añadiendo o quitando elementos de acuerdo con las necesidades del mercado (reinvención de productos).

En segundo lugar, estos nuevos productos han sido introducidos con frecuencia por la banca extranjera o, en alguna ocasión, por un banco nacional de clara vocación innovadora, y a continuación el resto de los agentes bancarios han acudido a aplicarlos. Recuérdese que los productos financieros no son patentables y por tanto fácilmente copiables. Esta afirmación debe ampliarse a otros intermediarios financieros no bancarios.

2.1.5. Consecuencias de la liberalización

Dos consecuencias centrales deseo resaltar del proceso liberalizador.

La primera, la sobredimensión del sector, es decir, el excesivo número de oficinas bancarias, y consecuentemente, el volumen de empleo.

En 1995[9], los bancos y las cajas de ahorros tenían 910 oficinas por cada millón de habitantes, casi el doble que la Unión Europea (505) y el triple que en Estados Unidos (casi 300). Por su parte, la aportación del sector al Producto Interior Bruto español en 1995 se situaba en más del 6%, con un volumen de empleo que representaba el 2% del total, mientras que en países como el Reino Unido el porcentaje del empleo era menor (1,8% del total) y mayor la aportación al producto total (9%).

Las causas de esta situación tienen orígenes históricos y estructurales perfectamente conocidos. El exceso de oficinas se deriva, principalmente, de que durante el proceso de liberalización del sector, se produjo antes la libertad de expansión de sucursales (1974) y que la libre determinación de los precios del dinero (iniciada a finales de los setenta y finalizada en 1987). En esta situación, las posibilidades de expandir el negocio y aumentar la rentabilidad estaban asociadas casi exclusivamente a la creación de oficinas que para el conjunto de bancos y cajas, entre 1975 y 1995, aumentaron en 18.275 (a una tasa del 5,4% interanual). Por su parte, el empleo en los bancos registró un importante aumento en los cinco años siguientes a la liberalización de apertura de oficinas, con 25.000 nuevos trabajadores equivalente al 15% en total del período.

Esta explosión de oficinas se frenó en la banca a partir de los años noventa, registrándose incluso una reducción de 700 oficinas entre 1992

[9] Estos datos seguramente no variarán demasiado durante los próximos años.

y 1994. El empleo de los bancos disminuyó —con oscilaciones— desde 1981, reduciéndose desde entonces hasta 1995 en más de 35.000 personas. No obstante, ante las posibles pérdidas de posición competitiva de las entidades bancarias, reducir el número de oficinas a niveles más moderados no era lo más aconsejable, mientras que los obstáculos de la legislación laboral dificultaban las disminuciones de empleo que habrían exigido los avances tecnológicos.

En las cajas de ahorros no se ha producido el fenómeno de contención, por efecto de la legislación vigente desde 1977, al homogeneizar la operativa entre bancos y cajas, y posteriormente al permitirles la expansión geográfica fuera de sus antiguos límites territoriales desde 1989. Así, desde 1980 hasta 1995, las cajas han proseguido su proceso expansivo sin interrupción, con un aumento en estos quince años de 6.900 oficinas y 25.000 empleados.

La situación descrita se traduce en menores ratios de productividad para la banca española y mayor peso de los costes operativos. Los créditos y depósitos por oficina se sitúan en torno a 24 millones de euros (1 euro = 157 pesetas, mayo 1996), frente a 133 millones en Alemania o 100 en el Reino Unido, mientras que por empleado, los depósitos y créditos del sistema bancario español son de 2,7 millones de euros frente a 4,2 en Alemania y 3,1 en el Reino Unido.

Por su parte, la proporción de los costes en el volumen de negocio es también más elevada en la banca española. Los gastos de explotación representaban el 2,6% de los activos totales medios en nuestro país frente a una media del 1,9% en Europa (1995).

Durante mucho tiempo la banca española ha podido sostener esta situación, ya que el elevado nivel de sus márgenes financieros (superiores a los de la banca internacional) permitía mantener la rentabilidad en valores adecuados. Bien es verdad que estos márgenes indicaban un nivel de prestación de servicios bancarios distinto, basado, en mayor medida que en otros países, en la proximidad de las oficinas y el mayor contacto directo con la clientela. Pero aun así, se distanciaban en exceso de las pautas vigentes en el conjunto de la banca europea.

Por ello, en los últimos años se está registrando un proceso de progresiva reducción de márgenes. Concretamente, en España, entre 1987 y 1995, el margen financiero sobre activos disminuyó el 30%, pasando de niveles del 4,3% a menos del 3%. En la media de la banca europea —con márgenes menores— la reducción ha sido más moderada (del 5%), pasando del 2,19% al 2,08% en el período referido.

También, en el proceso de liberalización del SFE, no hay que olvidar que se ha desarrollado a la vez que, al menos, dos acontecimientos económicos importantes se producían. Por un lado, la profundidad de la crisis económica a la que las entidades bancarias saneadas tuvieron que hacer frente. Y por otro, la propia crisis bancaria[10], que hizo que el capital de más de medio centenar de bancos cambiara de titularidad y una quinta parte aproximadamente de los depósitos bancarios se vieron afectados.

Todas estas circunstancias forzaron a los agentes bancarios a acometer procesos de saneamiento, de reestructuración y modernización, de replanteamiento de funciones, productos y servicios, y de adaptación rápida a las nuevas condiciones que imponía y sigue imponiendo el mercado.

En este intenso proceso, deseo destacar la consecuencia producida en cuanto a la desintermediación financiera, que es la manifestación última de todo proceso de liberalización e innovación. La desintermediación implica la posibilidad de que ahorradores e inversores entren en relación directa, sin que sea precisa la intervención de un agente que participe en la operación. También presupone, como es obvio, la existencia de un clima de libertad económica y financiera, que permita y estimule a la vez la creación de nuevos productos financieros[11] a la medida de las necesidades de los agentes que participan en el mercado ofreciendo y demandando fondos.

La desintermediación puede significar menores costes, con la desaparición del intermediario, pero incluso en el caso de que éste se mantenga, la competencia le obligará a ajustar a la baja el coste de su intervención. Ejemplos de la desintermediación fueron, en su día, las emisiones de letras negociables en bolsa —pioneras en España de esta tendencia—. En la actualidad lo son, entre otros activos financieros, los pagarés de empresa y los títulos de deuda pública, que pueden ser adquiridos directamente por el inversor.

El fenómeno de la desintermediación ha enriquecido la innovación financiera, dando lugar, a su vez, a la aparición de algunos instrumentos o productos, como las cesiones de créditos y las cuotas participativas, con los que los intermediarios han tratado de defender sus cuotas de mercado y evitar un perjuicio mayor de sus ingresos y cuentas de resultados.

En definitiva, la transformación producida en el SFE ha sido, por un lado relevante y, por otro, de signo claramente liberalizador. Y así, se ha producido un importante acercamiento al cumplimiento de las reglas en que se concreta el principio de libre mercado, con el deseo de que esta liberalización permita que el Sistema Financiero Español pueda llevar a cabo sus tareas básicas: de una asignación eficaz de los recursos financieros y de lograr la estabilidad monetaria y financiera.

---

[10] Artículo citado: Casilda Béjar, R. Las crisis bancarias en España. 1977-1983.

[11] Obsérvese la simetría que se produce entre la liberación de la economía española y la creación de nuevos productos.

La cuestión clave que se plantea, obviamente, es si el proceso liberalizador ha sido satisfactorio, permitiendo que aquellos objetivos se alcanzaran, sin efectos negativos o perturbadores relevantes sobre la economía nacional en su conjunto. Se trata, sin duda, de un tema complejo, sobre el que se han manifestado opiniones de muy diversos autores e instituciones y en el debate sobre él subyacen claramente los juicios de valor inevitables en cualquier aspecto de la polémica. Durante muchos años, la competencia bancaria tan sólo se veía alterada por hechos muy concretos, puntuales y espaciados en el tiempo, procedentes, en la mayor parte de los casos, de la autoridad monetaria. Actualmente, son las propias instituciones bancarias las que han tomado el protagonismo de su propia competencia. Y esto es lo verdaderamente importante, lo que marca lo positivo del proceso liberalizador llevado a cabo.

También, la liberalización del Sistema Financiero Español ha contribuido a que la trasmisión de los efectos de las políticas macroeconómicas sea más rápida y eficiente[12].

Finalmente, como se puede apreciar en el siguiente cuadro, para las entidades financieras, los acontecimientos producidos por la liberalización del SFE se han precipitado en la década de los ochenta.

2.1.6. Consecuencias de la transformación

Destacan especialmente en las transformaciones acaecidas en el SFE, las producidas en el sector bancario, en cuanto a quedar bien claro que se encuentra sobredimensionado tanto a nivel nacional como internacional, motivo este por el que se están llevando a cabo diversas actuaciones para hacer frente a este problema. La reducción del número de entidades bancarias, su concentración a través de fusiones, la tendencia de reducción de personal, junto a la disminución de los márgenes operacionales, son algunos de los indicadores de sobredimensión y de las medidas para afrontarla.

La reducción de entidades mediante fusiones o adquisiciones es evidente. Tan sólo en la última década, sólo en Europa se han producido más de 1.800 procesos de fusiones, adquisiciones y/o tomas de participación minoritarias en el sector financiero, los empleados de banca han reducido su participación en el empleo total y el margen de intermediación sobre activos

[12] Véase bibliografía: *La economía española en un escenario abierto. Intermediación financiera y transmisión de efectos de las políticas macroeconómicas.*

CUADRO 1

*El proceso de liberalización del sistema financiero español**

Etapa básica o de regulación del sistema bancario. Mínima competencia	1915	Crecimiento económico. Expansión espectacular del sector.
	1920	Inicio de la depresión económica. Quiebra de numerosos bancos.
	1921	Primera Ley de Ordenación Bancaria. Acercamiento al modelo bancario europeo.
	1931	Ley Indalecio Prieto. Intervencionismo del Estado.
	1946	Segunda Ley de Ordenación Bancaria. Refuerza el intervencionismo.
	1962	Ley de Bases de Ordenación del Crédito y de la Banca. Especialización de la Banca por actividades.
Etapa básica o de desregulación del sistema bancario. Nueva competencia	1974	Minirreforma Barrera. Mayor flexibilidad operativa y funcional. Primeros pasos para la libertad de mercado.
	1977	Reforma Fuentes Quintana. Equiparamiento de la operativa de bancos y cajas de ahorros.
	1977	Crisis bancaria. Afectó a 52 entidades.
	1977	Creación del Fondo de Garantía de Depósitos.
	1978	Real Decreto Liberalizador de la entrada de la banca extranjera.
	1981	Normas sobre la liberalización de las operaciones bancarias.
	1985	Normativa sobre la liberalización de apertura de oficinas y reforzamiento de la solvencia.
	1985	Ley de Coeficientes de Inversión y Recursos Propios.
	1987	Reducción del coeficiente de inversión.
	1987	Orden Ministerial sobre liberalización de tipos de interés y comisiones bancarias.
	1987	OPA Banco Bilbao → Banesto.

* Este cuadro se complementa con el esquema de la página 59.

CUADRO 1 *(continuación)*

Nueva etapa de desregulación del sistema bancario. Intensa competencia	1988	Real Decreto sobre creación de bancos e instalación en España de bancos extranjeros.
	1988	Libertad de expansión de las cajas de ahorros a partir de 1989.
	1989	Lanzamiento de la «supercuenta» del banco Santander.
	1989	Se establece el calendario de reducción del coeficiente de inversión obligatoria que termina el 31-12-92.
	1990	Reducción del coeficiente de caja al 5%
	1990	Competencia por la captación de fondos de pequeños ahorradores: «Superdepósitos» y «Supercuentas».
	1991	Se suprime el depósito previo del 30% para tomar préstamos en el exterior.
	1992	Nueva regulación del movimiento de capitales. Crisis financiera.
	1993	Liberalización definitiva de capitales.
	1993	Entrada en vigor del Mercado Único Europeo. Internacionalización.
	1994	Modificaciones en la normativa de recursos propios de la entidades financieras.
	1994	Adaptación de la legislación española en materia de entidades de crédito a la Segunda Directiva de Coordinación Bancaria.
	1995	Nueva Autonomía del Banco de España. (Tratado de la Unión Europea).
	1995	Refuerzo de los sistemas de garantía de depósitos.

Elaboración propia sobre la base de E. Bueno y J. M. Rodríguez: *La Banca del Futuro*, Pirámide, 1990.

totales medios ha registrado reducciones entre 1987 y 1995 del orden del 16% en el Reino Unido, el 15% en Francia y el 28% en España.

Otra cuestión es que, durante muchos años, el sector bancario español se ha caracterizado por su estabilidad, razón por la cual la transición desde un sistema altamente regulado, hacia otro desregulado, no siempre ha estado acompañada de las mejores respuestas adaptativas.

Sobre este particular, llama la atención el descenso de importancia relativa sobre el Producto Interior Bruto de los balances bancarios, de los depósitos bancarios convencionales, del descenso del crédito bancario a las grandes empresas (con el consiguiente aumento de los valores en circulación). Estas variaciones son un proceso común a la generalidad de los sistemas financieros de los países desarrollados, cuya estructura financiera se caracteriza por una elevada participación de las entidades de financiación no bancarias en el total de los activos financieros, y una mayor diversificación de las instituciones e instrumentos de crédito, así como por un alto coeficiente de intermediación financiera, generalmente por encima de la unidad[13].

Como ya he adelantado, otro rasgo clave de la transformación del SFE lo constituyó la homologación efectiva de las dos entidades más importantes: bancos y cajas de ahorro. Destacando que estas últimas, en la actualidad no sólo disponen en España de un peso específico superior al promedio de los países europeos (la Caixa lidera el ranking europeo por depósitos), sino que el correspondiente al SBE no ha dejado de aumentar en los últimos años sobre el total de depósitos en España. Las cajas de ahorros tenían a final del año 1995 una cuota ligeramente superior al total de bancos nacionales.

Estas transformaciones han maximizado la competencia entre las entidades, con la consiguiente diferenciación de sus estrategias competitivas seguidas por cada uno de ellas. La profundización de estas diferencias, puede decirse que comenzó cuando uno de los grandes bancos privados españoles lanzó su cuenta corriente de alta remuneración (supercuentas)[14], ejemplo que es inmediatamente seguido por los demás (los productos financieros no son patentables y por ello altamente copiables).

Así pues, estas transformaciones tienen como referente indudable la progresiva liberalización o desregulación de un conjunto de normas legales o administrativas que, como ya hemos expuesto, reducían las posibilidades de competencia entre las instituciones existentes, así como la creación de nuevos bancos y la implantación de la banca extranjera.

Otra característica importante la constituye el grado de concentración alcanzado por la banca española que resulta bastante significativo y lo es aún más por las tendencias de evolución. Durante 1995, operaban en España poco menos de cien bancos nacionales privados y los cinco de capital público que conforman el grupo de banca pública Argentaria. Esta situación refleja un importante grado de concentración, ya que los cinco mayores grupos bancarios españoles acumulan el 78,16% de los activos totales del sector, mientras los diez primeros superan el 84% de este total. Los recursos de

[13] Obra citada: Sistema Financiero Español. Naturaleza y diversidad de la estructura del Sistema Financiero en la economía.

[14] Es cierto que estas cuentas ya eran ofrecidas antes en España por algunos bancos extranjeros, pero hasta entonces no tuvieron gran difusión, lo cual resulta lógico debido a su reducida red de oficinas y escaso grado de penetración en el segmento de banca comercial. Posteriormente, esta competencia se ha extendido tanto a otros productos de pasivo, —libretones, superlibretas—, como al campo del activo, particularmente en los créditos hipotecarios y los de consumo.

clientes, incluidos depósitos, fondos de inversión y de pensiones, superan el 60% del total. A su vez, los cinco mayores bancos por depósitos y créditos controlan cada uno de ellos a un número variado de instituciones, formando así cinco grupos que absorben una elevadísima proporción del negocio bancario y financiero.

CUADRO 2

Ranking por tamaño*

Grupo	Activos (Billones de ptas.)	Cuota de mercado (%)
Santander	15,84	22,49
BBV	13,55	19,47
Argentaria	11,06	15,89
BCH	10,83	15,56
Popular**	3,29	4,72
Gran Banca	54,57	78,13
Total Banca	100,00	100,00

* Grupos consolidados, diciembre 1995.

** Obsérvese la gran diferencia que separa a este banco de su inmediato. Realmente, en todos los análisis sobre los grandes bancos se consideran los cuatro primeros.

Estos cinco grandes grupos bancarios: Santander, BBV, BCH, Argentaria y Popular, han intensificado el proceso de concentración del negocio durante 1995. En buena parte, debido a la integración de Banesto en el Santander, con lo que estos grandes grupos han ganado más de diez puntos[15].

Siendo una tendencia contrastada que la carrera por encabezar el ranking bancario ha tenido siempre gran importancia, *aunque el tamaño necesariamente no va unido a la rentabilidad*, los grandes bancos españoles han defendido los procesos de concentración bancaria como la vía para obtener las ventajas que conlleva ser el líder[16].

Si se suma el volumen de depósitos y fondos de inversión[17] del Santander, BBV y la Caixa, acumulan el 31% de los recursos gestionados por las entidades. Siendo por grupos el Santander[18] quien lidera el ranking con un

[15] En 1993 acaparaban el 66% de depósitos y el 68% de la inversión.

[16] Lo trataré en el capítulo 3, apartado 3.3.4.4, «Estrategias de crecimiento. Las fusiones».

[17] Los recursos gestionados en fondos no se contabilizan en el balance de los bancos.

[18] Compuesto por Santander, Banesto, Bandesco y Banco Santander Negocios.

11,5% del mercado, seguido por el BBV[19] con una cuota del 10,7% y la Caixa[20] que cuenta con un 9,6%.

Sin embargo, por entidades, la Caixa pasa al primer lugar con un 8,9% del mercado, le siguen BBV con un 8,6% y BCH con el 7,4%.

CUADRO 3

Depósitos de clientes a 31-XII-95 (en millones de pesetas)*

Santander	7.369.896
BBV	7.084.167
Caixa	6.367.743
Central Hispano	5.073.651
Argentaria	4.257.467
C.A.M.P. Madrid	3.587.098
Popular	2.404.275
Bancaja	1.508.916
Caja Ahorros Cataluña	1.500.522
Bilbao Bizkaia Kutxa	1.281.320

* Agregados entidades nacionales del Grupo.

Esta situación de la banca española demuestra la importancia del proceso de concentración que viene experimentando paulatinamente durante los últimos tiempos, después de haber pasado por un largo período de crisis bancarias[21], situación esta que determinaría las nuevas coordenadas y el posicionamiento de los grandes bancos hasta finales de 1987, cuando el Banco de Bilbao intentó lanzar una OPA sobre Banesto. Desde esta fecha, la concentración —fusiones— ha sido objeto de continuados debates[22].

---

[19] Compuesto por BBV, Banco del Comercio, Banca Catalana y Privanza.

[20] Formada por La Caixa, Caixabanc, Banco de Europa, Herrero, Jerez y Granada (posteriormente todos integrados en la Caixa).

[21] Articulo citado: Las crisis bancarias en España. 1977-1983. Durante este período 1978-1985, afectó a 52 entidades, nada menos que el 53% de los 110 bancos españoles existentes en 1977, con el 27% de los recursos (tanto propios como ajenos) de la banca, un 28% de sus trabajadores y un 19% del total de oficinas bancarias. Una estimación conservadora de los costes directos de esta crisis valora los mismos en más de 1,6 billones de pesetas, correspondiendo un 77% al sector público y el resto al sector privado.

[22] Este debate sobre la concentración de la banca española mediante fusiones sigue tan abierto como en esta etapa.

Cabe esperar que, transcurridas las elecciones generales, la caja de Pandora de las fusiones se reabra en general con más intensidad que en las anteriores etapas según los intereses creados. La dimensión se ha convertido en una condición sine qua non para competir en una economía abierta y un mercado global, pero no suficiente en sí misma.

Consiguientemente, las entidades bancarias han tenido necesariamente que acomodarse a los nuevos esquemas competitivos que imponía la liberalización, y, consecuentemente, iniciar el proceso de transformación que requerían las nuevas realidades.

Aunque consciente de que es harto arriesgado acertar plenamente en las consecuencias de las transformaciones, valgan estas sintéticas reflexiones para fijar todos los cambios que he descrito, los cuales están en consonancia con el fin de adaptar a las diferentes instituciones que lo componen, pero fundamentalmente a las entidades bancarias al entorno liberalizado de los sistemas financieros comunitarios.

Finalmente, el desarrollo del Sistema Bancario Español en un entorno mucho más abierto, probablemente pasará, al igual que ha sucedido con las empresas no financieras, por una mayor especialización de sus entidades en aquellos segmentos para los que tienen una mayor ventaja competitiva inicial, como puede ser el caso de la banca minorista. Al mismo tiempo, es de prever una pérdida de su importancia en relación con aquellas operaciones financieras cuyo marco de referencia actual se sitúa cada vez más fuera de los estrechos marcos nacionales (banca corporativa).

En todo caso, la mera extrapolación de la situación presente no puede argüirse en favor de una continuidad de sus rasgos actuales, ya que, si en un marco relativamente controlado han sucedido cambios de gran intensidad y profundidad, nada impide ni hace pensar que, en un entorno mucho más abierto y competitivo, tales cambios se aceleren, adoptando posibilidades hoy por hoy sólo intuidas y en estos, las tecnologías de la información serán un factor clave, tanto ofensivo como defensivo, así como —insisto— la creatividad de los directivos en el desarrollo de esquemas organizativos representará el factor diferencial en la imagen y competitividad de las entidades.

ESQUEMA

El proceso de transformación del sistema bancario español

Situación de partida

- Originalmente mercados cerrados.
- Especialización operativa (Bancos industriales y comerciales).
- Especialización geográfica (Cajas de ahorro).
- Financiación de la economía a través de la banca.

— Liquidez bancaria asegurada a través del redescuento.
— Precios del dinero fijados por ley.
— Liberalización del sistema financiero a partir de la segunda mitad de los setenta.

Situación actual

Factores positivos:

— Mayor supervisión vs. prohibición.
— Protección al consumidor.
— Mayor información.
— Fondos propios suficientes.
— Mayor rentabilidad (pasivo).

Factores actuales a mejorar:

— Calidad de los servicios.
— Escasa internacionalización.
— Mejora de precios (activo).
— Mejora de la transparencia.

Consecuencias de la transformación

— Nuevas corrientes socioculturales.
— Mayor cultura financiera de los clientes.
— Mayor número de concurrentes en el mercado.

Efectos producidos

— Mayor poder negociador de los clientes.
— Riesgos nuevos.
— Disminución del margen financiero.
— Sobredimensionamiento del sector.

2.2. Fundamentos del negocio bancario

2.2.1. La creación de bancos en España

Con la aprobación por el Gobierno de este Real Decreto de 14 de julio de 1995, por el que se contempla el proceso de incorporación a la normativa financiera española de las disposiciones comunitarias en materia de liberalización de prestación de servicios y establecimiento de entidades de crédito. En concreto, el real decreto establece unas nuevas reglas para la creación de bancos y la actividad transfronteriza y otras cuestiones relativas al régimen jurídico de las entidades de crédito.

Entre los requisitos nuevos que se exigirán a partir de ahora para la creación de bancos en España está la necesidad de disponer de un capital mínimo inicial de 3.000 millones de pesetas, cuantía idéntica también para la creación de una caja de ahorros.

La segunda exigencia es la de contar con una organización administrativa y contable, así como con unos medios de control interno que permitan una gestión adecuada y prudente de las entidades.

Precisamente, en la exposición de este reglamento se explica que «merece destacar la importancia que se da a que los accionistas titulares de participaciones significativas sean idóneos y a que los bancos de nueva creación tengan una buena organización administrativa y contable». Y se añade que «se ha considerado conveniente introducir alguna previsión nueva, no estrictamente exigida por la normativa comunitaria, pero necesaria a la luz de la experiencia supervisora tenida desde el año 1988, como es la encaminada a garantizar que los consejeros de un banco estén informados de los hechos significativos relacionados con la marcha de la entidad, de modo que puedan cumplir sus obligaciones y asumir sus responsabilidades».

Estas responsabilidades se corresponden con «las normas de ordenación y disciplina de las entidades de crédito, la Ley de Sociedades Anónimas, u otras disposiciones que sean de aplicación».

En esta normativa también se aumenta el control de las entidades supervisoras sobre los accionistas del banco que tengan participaciones significativas (al menos, del 5% del capital de forma directa e indirecta) y se regula por primera vez la figura de persona física como creadora de un banco, como medida para comprobar su solvencia.

Por otra parte, se establecen las reglas en materia de actividad transfronteriza de las entidades de crédito. Esta normativa es una concreción del denominado «pasaporte comunitario», según el cual conforme a la autorización concedida por las autoridades competentes del Estado donde tiene sede social la entidad de crédito, las actividades reconocidas en aquél pueden ser prestadas libremente en otro Estado miembro de la Unión Europea.

Como complemento a este reglamento, se fijan los procedimientos para que operen en España entidades de crédito de la Unión Europea y de terceros países, y, recíprocamente, las reglas para que las entidades de crédito españolas abran sucursales o actúen en libre presentación de servicios tanto en países de la Unión Europea como en otros.

Respecto a la honorabilidad del banquero, la normativa pone especial énfasis en la «idoneidad» de los consejos del banco. En su artículo 2.°, apartado 2 dice: «concurre honorabilidad comercial y profesional en quienes hayan venido observando una trayectoria personal de respeto a las leyes mercantiles u otras que regulan la actividad económica y la vida de los negocios, así como las buenas prácticas comerciales, financieras y bancarias. En todo caso, se entenderá que carecen de tal honorabilidad quienes tengan antecedentes penales o se encuentren procesados o tratándose de procedimientos a que se refiere el Título III de la LEC, se hubiera dictado auto de apertura de juicio oral».

2.2.2. Tipos de bancos

Los bancos, sea cual sea su estatuto o reglamentación vigente en los diferentes países donde estén instalados, tienen unos fundamentos, que les son comunes en su negocio y actividad. En efecto, reciben básicamente los depósitos de las familias[23] (ingresos percibidos por ellas y depositados en cuentas corrientes, ahorro, plazo...) y conceden créditos con los que financian el resto de la economía. Por consiguiente, es admisible decir que el fundamento o el centro del negocio bancario responde a que:

— Los bancos se dedican a comprar y vender dinero, aunque en realidad lo que compran y venden es el uso del mismo, pagando y percibiendo por este uso una remuneración, en función del tiempo, que llamamos interés.

[23] Las personas físicas son consideradas a todos los efectos estadísticos como familias, que son en último término beneficiarias del desarrollo económico y social de cada país.

Otra consideración importante es que por el hecho de que la banca cree dinero, no quiere decir que pueda prestar a sus demandantes las cantidades que en cada momento puedan desear. Por tanto, no es razonable pensar (como en ocasiones se hace) que la banca, incumpliendo su papel de financiador de la economía, no concede todo el crédito que se le pide en un momento determinado. La banca, partiendo de que su negocio principal consiste en proporcionar crédito, lo otorga —en principio— siempre que existan peticiones solventes. Con este proceder, se asegura devolver los capitales que le son confiados y sus intereses correspondientes en el tiempo fijado. Por consiguiente, se puede afirmar que:

— La banca privada no tiene como papel financiar a las empresas o familias a fondo perdido o con gran riesgo de que esto suceda. La responsabilidad de velar por la integridad de los fondos confiados por los depositantes y la exigencia de obtener una adecuada rentabilidad para las cantidades arriesgadas por los accionistas, hacen que los bancos sólo puedan conceder crédito cuando hay razonables esperanzas de recuperar el principal y percibir los intereses y comisiones pactadas previamente.
Es, en última instancia, *la confianza de los ahorradores la piedra angular del negocio bancario.* Sin confianza, no hay negocio posible.

A modo de síntesis, la tipología bancaria que viene funcionando en el mercado español (internacional), se apoya en cuatro pilares fundamentales, como pueden ser:

— La banca al por mayor: opera en el entorno de las grandes empresas, corporaciones e instituciones públicas.
— La banca al por menor: su actividad se centra en los particulares, familias, pequeñas y medianas empresas.
— La banca universal: banca comercial que abarca todos los aspectos del negocio bancario. Es la más extendida. Todos los grandes bancos españoles se caracterizan por operar como bancos universales.
— La banca especializada: banca de negocios, banca de inversión, banca hipotecaria.

Respecto a la primera clasificación, podemos decir que la banca al por mayor:

— Tiene su campo de acción en grandes centros financieros, en grandes y pocas unidades operativas atendidas por un personal altamente cualificado. Esta banca efectúa relativamente escasas operaciones, pero de gran volumen. Opera directamente en los mercados financieros y sus clientes son las grandes empresas, corporaciones y el Estado. Su negocio es fuertemente competitivo, se trabaja con márgenes muy estrechos, ofreciendo unos servicios muy específicos.

En cambio, la banca al por menor:

— Mantiene una operativa para gran cantidad de clientes. Efectúa multitud de operaciones de relativa pequeña cuantía, y para atender a tan numerosa y dispersa clientela, dispone de amplias redes de oficinas y de sucursales en donde se concentra el negocio bancario tradicional. Se trabaja con mayores márgenes.

Por otra parte, se puede decir que un sistema de banca universal:

— Es aquel donde cualquier clase de entidad bancaria puede realizar todo tipo de actividad de las habitualmente incluidas en el negocio bancario.
— En España, todos los grandes bancos, generalmente también los medianos y algún banco extranjero practican este tipo de banca.

Se entiende como un sistema de banca especializada:

— Aquel en donde diferentes tipos de entidades tienen asignadas, por ley, un determinado conjunto de funciones financieras, con exclusión de todas las demás.

Así pues, los dos principios antagónicos que pueden configurar las líneas de actuación bancaria serían el de *universalidad frente al de especialización.*

La banca universal es la más extendida entre los grandes bancos españoles y dentro de esta, la práctica de banca al por menor, segmento en donde se produce el llamado negocio bancario tradicional.

Es en este mercado de banca al por menor donde está el alfa y omega de la batalla competitiva de las instituciones bancarias españolas, por ser éste el mercado más extenso, de mayor crecimiento y margen financiero.

Paradógicamente, en este mercado se observa la siguiente asimetría entre bancos y cajas de ahorro:

— En los bancos, la captación de pasivo típico (familias) es insuficiente para cubrir el volumen de inversión (empresas), siendo necesario financiarla a través de la apelación al interbancario[24].
— En las cajas de ahorro, se presenta un excedente de recursos de pasivo típico (familias) en relación a su inversión (empresas).

[24] Véase: Sistema Financiero Español. Mercado interbancario privado. Bibliografía citada.

Dicho de otra manera:

— En la banca, la inversión media supera ampliamente la captación de depósitos (pasivo típico) y las emisiones de valores negociables en pesetas.
— En las cajas, sucede todo lo contrario, la captación de depósitos (pasivo típico) supera ampliamente la inversión.

Otro rasgo particular en este segmento de banca al por menor (como consecuencia de la liberalización), es la decisión de las cajas de ahorros de plantar batalla a los bancos en las grandes ciudades al decidir abrir oficinas en todo el territorio nacional.

Con esta medida, las cajas de ahorros reafirman su interés por este mercado de banca al por menor, mientras que los bancos refuerzan sus posiciones al considerar igualmente este segmento de su máxima importancia.

2.2.3. La dinámica del negocio

En España operan, en estos momentos, más de cien bancos nacionales, cincuenta cajas de ahorros y más de cincuenta extranjeros que luchan durísimamente, dándose la compentencia más aguda precisamente entre los bancos nacionales y cajas, que son las entidades que cuentan con una red más extensa y con mayor conocimiento de cada uno de los segmentos de mercado. Por consiguiente, cada banco o caja elegirá, probablemente, una estrategia para superar los problemas que la competencia le plantea en la actualidad, y los que se derivarán del espacio financiero europeo, pero no existe una estrategia global para todos los bancos porque la pugna entre ellos, equivale a un juego tendente a cero[25].

De lo que sí cabe hablar, es de reglas de adaptación a la dinámica del negocio, reglas que deben cumplirse, no para ganar la carrera de la competencia sino para no quedar excluido de la misma.

Esas reglas se refieren a la gestión, al tipo de banca y a la capacidad de adaptación a una demanda rápidamente cambiante. Igualmente, las normas que atañen a la gestión son muy simples; si la competencia tiende a erosionar el margen financiero, será necesario actuar sobre otras rúbricas de la cuenta de resultados para evitar que se compriman en la misma proporción

---

[25] Véase: Casilda Béjar, R.: «El nuevo mercado financiero», *Expansión*, Madrid, 4 de mayo de 1996.

resultados ordinarios y beneficios. Y es evidente que sólo quedan dos rúbricas sobre las que se puede operar, las comisiones por servicios y los gastos.

Respecto a la primera, puede observarse que la banca española procura aumentar las comisiones que recibe por los servicios que ofrece, no sólo cobrando algunos de los que hasta ahora prestaba gratuitamente sino, sobre todo, aumentando la gama de servicios ofrecidos, especialmente a través de los grupos financieros.

Como ya he puesto de manifiesto, hoy no se puede hablar, ni en España ni en ningún otro país de la Unión Europea, de banca en sentido estricto, sino de grupo financiero, puesto que cada banco tiene en su derredor varias empresas que ofrecen productos singularizados: leasing, financiaciones especiales, gestión de patrimonios, banca de negocios, seguros, etc. Insisto pues, en que no se puede, por tanto, hablar de bancos sino de grupos financieros formados por uno o varios bancos y toda una serie de filiales especializadas. La misión de éstas consiste en ampliar la oferta de productos financieros, de forma que el cliente no necesite recurrir a otro grupo para encontrar el producto o servicio que desea; en ampliar la base de clientes del propio núcleo bancario y en reforzar sus ingresos a través de comisiones puesto que, por lo general, muchos de esos productos se venden a través de la red de oficinas del núcleo bancario. Esta dinámica de negocio se encuentra plenamente cubierta por la banca española y sus respectivos grupos financieros.

En cuanto a la segunda, tarea bastante más complicada es la de reducir los gastos generales, sobre todo a partir de redes de oficinas muy densas que exigen medios personales y técnicos de importancia. Aquí, como es lógico, cada banco aprovecha sus posibilidaddes tratando de disminuir el número de oficinas y todos, por supuesto, procurando aumentar la productividad por

CUADRO 4

Organización de las entidades bancarias en España

El tamaño y nacionalidad implican la orientación productiva.

Banca al por mayor → Banca extranjera
Banca al por menor → Banca nacional
Banca al por menor → Banca extranjera (con red)

Dos modelos de empresa bancaria diferenciados.

Entidades nacionales orientadas mayoritariamente a la banca al por menor (modelo extensivo de producción)

Entidades extranjeras orientadas mayoritariamente a la banca al por mayor (modelo intensivo de producción)

empleado a través de mayores cuotas de mercado, medida esta última que tiene efectos particulares pero no globales puesto que, como he indicado, el mercado ofrece, en cada momento, una determinada dimensión y la mayor cuota de unos bancos y cajas de ahorro significará menor cuota para otros.

Pero, en todo caso, deseo resaltar que una parte considerable del esfuerzo de adaptación de las entidades financieras españolas, obedece a su necesidad de contemplar su equiparación con el espacio financiero europeo. Por lo cual, tienen necesariamente que expandir su cuota de mercado, a la vez que deben aminorar los costes de transformación, si se quiere proteger el nivel relativo de beneficios.

3 Estrategias competitivas para la banca española

3.1. Estrategias competitivas para la banca española

> «En el pasado, el intervalo entre cambios era mucho mayor que la propia vida humana...
> Hoy es al contrario, y por tanto nuestra formación debe prepararnos para una continua novedad ante las condiciones de vida.»
>
> ALFRED N. WHITEHEAD

3.1.1. El punto de partida

Como ya he puesto de manifiesto, pasada la crisis de la década de 1970[1], la liberalización del Sistema Financiero Español, la implantación de la banca extranjera, la entrada en la CEE, la incorporación de nuevas tecnologías, los nuevos hábitos de los consumidores y su creciente cultura financiera, determinaron un giro trascendental de la banca española. Todos estos aconteceres introdujeron factores de cambio que despertaron de su letargo a bancos y cajas de ahorro, emprendiendo profundas y continuadas reformas encaminadas a un fortalecimiento de su competitividad.

Si se entiende por competitividad:

— Como la capacidad de una unidad económica para obtener sus objetivos con un mayor grado de eficiencia que los demás concurrentes en sus mercados de operaciones, el concepto se convierte en un indi-

[1] Véase obra citada: Casilda Béjar, R.: *Sistema Financiero Español.*

cador clave para juzgar la gestión de las entidades financieras que operan, como las españolas en los momentos actuales, en entornos competitivos abiertos e integrados[2].

Con estas premisas, sus estrategias cambiaron de forma radical, con el fin de subirse al tren de la modernidad de la Europa competitiva, de la demanda de calidad y transparencia informativa, en una palabra, con el fin de encontrar el nuevo modelo bancario español adaptado a los cambios del entorno.

La economía española y el propio Sistema Bancario Español necesitan plenamente que se acierte con las estrategias, pues el reto competitivo que supone el Mercado Único Europeo y por extensión la globalización de los mercados es ya una realidad hacia adelante y sin retorno.

El análisis que a continuación realizo, incluye los aspectos más importantes que definirán la actividad bancaria, y, en consecuencia, me propongo determinar el enfoque estratégico que coadyuve tanto a la competitividad y a la creación de valor para el mercado por parte de las entidades financieras, como a la competitividad de las empresas no financieras y por extensión, de la propia economía española en su conjunto.

3.1.2. Rasgos competitivos de la banca española

Como he avanzado, la extremada competencia del sector bancario, especialmente durante los últimos años, ha ido en constante crecimiento. Si bien, ésta se hace notar de manera intensa a partir de septiembre de 1989, que es precisamente cuando se dan dos hechos significativos: un banco privado rompe el statu quo bancario establecido, y, a la vez, las cajas de ahorros pueden definitivamente expandirse geográficamente.

En efecto, la lucha por la captación del pasivo es de la máxima intensidad. Esta guerra continuada fue iniciada por el Banco de Santander, con el lanzamiento de su «supercuenta» en septiembre de 1989 y tuvo su apogeo hasta el año 1991, en el que las mismas se generalizaron y dejaron sentir su influencia sobre la evolución de los recursos gestionados por cada entidad (guerra de pasivo). Por otra parte, esa agresividad en la competencia se extendió pronto hacia la vertiente del crédito, donde las entidades bancarias intensificaron su política de aproximación hacia modalidades de crédito hi-

[2] Véase bibliografía: FIES: *Perspectivas del Sistema Financiero. Los retos de la competitividad del Sistema Financiero Español,* Madrid, 1994.

potecario y de consumo de las familias, a las que anteriormente habían prestado una menor dedicación (guerra de activo), siendo éste un segmento tradicional de las cajas de ahorros.

Puede decirse, con referencia sobre todo a los últimos años, que la situación competitiva de los bancos y cajas españoles se caracteriza por los siguientes rasgos:

— La creciente liberalización y la competencia han aportado nuevos riesgos asociados a una operatoria más libre y compleja que, en muchas ocasiones, constituyen una profundización y combinación de los riesgos tradicionales.
— La igualdad de condiciones entre instituciones, particularmente entre bancos y cajas de ahorros, se valora como un aspecto positivo de la transformación financiera, que permite —sin obligar— una especialización vocacional de las instituciones sobre la base de su propia trayectoria y ventajas relativas. Un camino en el que la atención al cliente, más que a los productos, parece decididamente marcar el sentido de la evolución futura[3].
— La exigencia de servicios bancarios y financieros de alta calidad y competitivos mueve a la banca a controlar los márgenes financieros, desarrollando como ingreso principal, su capacidad para generar comisiones por servicios.
— Las cajas de ahorros adquieren un papel especial dentro del sistema crediticio, aunque, en general, opinan que su tradicional arraigo familiar, al crédito hipotecario y su atención prioritaria a las pymes son valores tan importantes como fundamentales a los que estratégicamente no deben renunciar, sino todo lo contrario, deberían potenciar.
— Igualmente, el ofrecimiento acelerado por parte de la banca de productos de alta rentabilidad, ha introducido un profundo proceso de readaptación. Curiosamente, los grandes perdedores están siendo los bancos extranjeros, que eran los que estaban utilizando esta modalidad de retribuir el pasivo para ganar cuota de mercado.
— La mayor agresividad competitiva de las entidades especializadas, por sus menores costes en algunos productos y servicios, abre el tema de la conveniencia de rediseñar las entidades bancarias como un centro o holding estratégico financiero, formado por un conjunto de unidades autónomas especializadas que les permita beneficiarse de las economías de escala.
— El concepto de grupo financiero ha cobrado, desde todos los puntos

[3] Véase Casilda Béjar, R.: *Estrategias competitivas para la banca española*. Instituto Superior de Técnicas y Prácticas Bancarias, Madrid, 1997.

de vista, una clara preponderancia. Cada vez más, las comparaciones de entidades individuales van dejando de tener sentido, al articularse el grupo como una unidad de decisión coordinada, en la que el banco individual es sólo uno de los componentes de una unidad económica superior que ofrece servicios financieros globales.

— La estructura de grupo incorpora nuevos criterios de gestión, de segmentación de mercado y de introducción en actividades más o menos relacionadas directamente con la actividad bancaria, donde pueden encontrarse puntos de apoyo en la reducción de costes, el aumento de la rentabilidad o la incorporación de nuevos clientes al grupo. En esta dirección apuntan las recientes alianzas estratégicas entre grandes bancos y grandes empresas (Telefónica y el grupo estable de bancos —BBV-Argentaria-La Caixa— y por otra parte, Endesa —Argentaria cuenta con el 3%— con BCH y Santander). También destaca en este accionar, la participación en AIRTEL de bancos y empresas (BCH, Santander, Unión Fenosa, Endesa).

— La existencia de grupos industriales y corporaciones financieras que aglutinen actividades bancarias de las entidades, amplían su actuación pero añaden riesgo.

— La generación de recursos en las empresas, notablemente mejorada en tiempos recientes, reduce su dependencia de la financiación bancaria. Ante posibles crisis económicas, la política financiera empresarial tiene la óptica de diversificación crediticia, evitando en lo posible la total dependencia bancaria.

— Otro punto clave, sin duda, ha sido la actuación del Tesoro Público. Las necesidades de financiación del Estado, que resultaban de los elevados déficit prespuestarios, obligaron al Tesoro a ofrecer una variada gama de instrumentos para captar el ahorro (letras, bonos y obligaciones) y ampliar los mercados de estos títulos (creando el «Sistema de Anotaciones en Cuenta de Deuda Pública»), así como realizar grandes créditos sindicados para poder captar los enormes recursos que necesita.

— El desarrollo de los Mercados de Deuda ha contribuido muy positivamente al desarrollo de los mercados monetarios, de capitales y de títulos privados de empresas. De hecho, las empresas han ido practicando esta alternativa para financiar sus actividades, al tiempo que los ahorradores iban conociendo esta alternativa de colocar sus ahorros (desviándolos de los depósitos tradicionales bancarios). Esta actividad ha adquirido durante los últimos años un gran impulso en el proceso de desintermediación —sustitución del crédito bancario por financiación en los mercados de valores (acciones) o en los mercados monetarios y de capitales (pagarés, bonos, obligaciones, etc.).

Como veremos más adelante, ante toda esta avalancha de acontecimientos, la banca ha reaccionado al adoptar las estrategias que cada entidad haya definido según sus finalidades. Pero lo importante es que la situación de los bancos y cajas, en cuanto a solvencia y recursos propios, es sumamente sólida, contando con una rentabilidad superior a la media europea, si bien es preciso destacar que la tendencia es hacia una progresiva aproximación a los ratios que obtienen las entidades comunitarias, como ha quedado confirmado desde el año 1991 en adelante.

3.1.3. Factores competitivos externos

La transformación de un mercado oligopolista y de escasa competencia, como era la banca en España, en uno altamente competitivo, puede explicarse como he apuntado, a partir de los cambios experimentados en aspectos fundamentales como la desregulación, las tecnologías de la información, los nuevos hábitos de los clientes, su creciente cultura financiera y las formas de gestión comercial.

Tendríamos que remontarnos a los años setenta, años de crisis industrial y de débil crecimiento en los países de la OCDE, para entender la génesis del cambio. Dicha situación provocó un incremento en los riesgos del sector bancario, ocasionando crisis bancarias tanto en nuestro país como en Europa y Estados Unidos. Esta situación se caracterizó por una política monetaria restrictiva (intentando reducir la inflación), por el incremento de los déficit públicos y por una elevación de los tipos de interés, lo que introduce aspectos nuevos como son: la volatilidad de los mismos y, en consecuencia, la aparición de riesgo de interés que se añade a los riesgos ya conocidos.

Factores competitivos externos

— Desregulación/Desintermediación. — Continua evolución tecnológica. — Nuevas formas de gestión (Management).	— Clientes maximizadores de rendimientos. — Lucha por incrementar cuota de mercado. — Inflación, inestabilidad financiera.

↓ ↓ ↓

Cultura Competitiva

Por el contrario, durante los años ochenta se incrementan los excedentes empresariales, se produce la caída de los tipos de interés y una evidente reducción del endeudamiento empresarial, gracias al aumento de la autofinanciación y a un importante desarrollo de los mercados de capitales de los países industrializados. Estas cuestiones favorecen la liberalización financiera y dinamizan nuevamente la economía mundial.

Sin embargo, la desregulación en la banca no es un fenómeno nuevo. Se ha venido formando y acumulando en el tiempo, pero, sin duda, en las dos últimas décadas su aceleración ha sido evidente, configurando un nuevo escenario competitivo, el cual tiene especial relevancia para las entidades europeas a partir del 1 de enero de 1993 con la formación del Mercado Único Europeo y la entrada en vigor del conjunto de directivas promulgadas por el Consejo de Europa, que tratan tanto de la desregulación del mercado como de la regulación de la actuación de las entidades de crédito[4].

A tal respecto, cabe destacar, como factores importantes que hicieron que se produjese la desregulación los siguientes:

— Inicio de una carrera por incrementar la participación en el mercado, en un ambiente en el que las leyes proteccionistas estaban paulatinamente desapareciendo.
— Avance de la tecnología, que incrementa la competitividad y hace posible los nuevos canales de distribución como alternativa a la expansión tradicional, basada en la creación de oficinas o sucursales bancarias[5].
— Incremento de la cultura financiera de la clientela en un doble sentido:
    • Los ahorradores individuales se dieron cuenta del sin sentido de la baja remuneración tradicional del ahorro frente a unas tasas de inflación elevadas.
    • Deseo de maximizar los rendimientos a corto plazo, con instinto de inversor y a la vez demandando servicios financieros, con atributos de rapidez, calidad y seguridad.

Ahora bien, el aspecto más significativo que ha producido la desregulación en la banca española, ha sido la liberalización del binomio rentabilidad-liquidez, manifestada en la libre retribución de intereses. Esto —como he expuesto— ha causado un fuerte impacto en la estructura y en la propia rentabilidad de los bancos y cajas de ahorros (estrechamiento del margen financiero). La desregulación también ha reducido las barreras legales de entrada para nuevos competidores, aunque este cambio sólo ha tenido un impacto marginal hasta la fecha.

---

[4] Véase bibliografía: Bueno, E. y Rodríguez, J. M.: *La banca del futuro*.
[5] Véase notas de ampliación: «La oficina bancaria. Importancia y papel de futuro».

Un factor de cambio importante, íntimamente vinculado al anterior proceso desregulador, es el de desintermediación. En efecto, la liberalización provocó la entrada en el sector de otros agentes que han usurpado el papel tradicional del banco como intermediario financiero. En este proceso, se advierte que las propias empresas y sus clientes operan directamente en los mercados a través de la colocación de títulos propios como forma de captar recursos financieros — titularización —, operaciones en las que el banco actúa únicamente como agente colocador.

Otro factor relevante de cambio es la evolución de las tecnologías de la información, que no sólo han reducido las barreras de entrada en la industria financiera sino que, además, se han hecho consustanciales con el propio negocio bancario.

Sobre esta penetración, cabe especialmente mencionar que el coste de los equipos informáticos se ha abaratado durante los últimos años, aproximadamente en un 20%-25% anualmente. Gracias a esta evolución, la tecnología puede y debe utilizarse como base de estrategias diferenciadoras. Hoy, ya es una característica prácticamente habitual, el aumento notable del número y calidad de ordenadores instalados en todos los departamentos y sucursales bancarias. Esto viene generando mejoras continuadas en los costes y la rapidez en las operaciones, lo que conlleva una sustancial mejora en la atención al cliente (mayor calidad). También, ha significado un avance cualitativo en las decisiones a nivel general (oficinas y departamentos centrales), al hacer accesible en tiempo real la información operativa necesaria, incluso la generada en los puntos más distantes de la organización.

Igualmente se han visto extraordinariamente beneficiadas las interacciones con otras entidades, desde las transferencias bancarias electrónicas, cámaras de compensación automatizadas, hasta las transacciones y supervisión de los mercados de valores, monetario y de divisas. Si bien hay que mencionar que, en ocasiones, las expectativas de las organizaciones resultan defraudadas con la implantación de estas tecnologías, las cuales se presentan en algunas instituciones como la panacea para acortar su desfase competitivo, hay que tener muy presente que la tecnología, por avanzada que sea, por sí sola no compite (afortunadamente).

En cuanto a las formas o estilos de gestión, como componente del proceso de cambio, se vieron influidas por la incorporación de nuevos directivos (procedentes en gran mayoría de empresas comerciales), cuya cultura más abierta y agresiva aceleró los cambios gerenciales y con ello, la incorporación de jóvenes profesionales imbuidos en la dinámica del cambio, por cierto, tan alejada del management tradicional bancario[6].

---

[6] Este fenómeno, que significó un revulsivo en las organizaciones, tradicionalmente basadas en una cultura continuista, merece con la perspectiva de los años, un estudio a fondo

En este nuevo hacer, los directivos de nuevo cuño introdujeron esquemas y planteamientos comerciales (de competencia) y asunción de riesgos bastante distintos e innovadores, lo cual, entiéndase bien, no significa necesariamente eficientes.

Todo este conjunto de factores que han promovido el cambio en la banca española, han propiciado igualmente, una innegable voluntad en la alta dirección por competir más allá del nivel nacional, e introducirse en los mercados internacionales.

Dos factores han influido en esta voluntad. Por un lado, la dinámica del mercado de capitales y su relevancia en la comunidad financiera, lo que ha hecho aumentar la presión sobre los directivos de las entidades para obtener mayores rentabilidades[7]. Por otro, como he indicado, la incorporación en puestos directivos de ejecutivos de nuevo talante, que han introducido esquemas organizativos y asunción de riesgos bastante distintos e innovadores (en ocasiones, como es conocido, también bastante perjudiciales), propiciando que el avance en la transformación de las entidades sea un logro de manera inequívoca.

Esta incesante competencia con todos sus riesgos, desafíos e innovaciones, se centra en la tradicional disputa de los bancos en torno a incrementar su cuota del mercado. Para ello, los gestores afinan sus artes para la captación masiva de clientes, emulando las prácticas comerciales de las empresas de bienes de consumo tan caracterizadas por sus altas cotas de competitividad y agresividad en sus planteamientos.

3.1.4. Factores competitivos internos

Hasta la década de los ochenta, la competencia bancaria en España sólo se había visto alterada por hechos muy concretos, puntuales y muy espaciados en el tiempo, procedentes en la mayoría de los casos de la autoridad monetaria. Aquí, el giro que se ha producido resulta ser excitante, pues son

de los pros y contras que soportaron los bancos con la incorporación de estos nuevos manager, que incorporaron nuevos estilos o arquetipos de dirección. En una muy rápida aproximación, se puede decir que muchos disloques organizativos del sector están en el origen de estas nuevas prácticas bancarias, que han venido a confirmar aquello de que: «la experiencia es un grado», pero al mismo tiempo: «sin movimiento, las organizaciones se caen».

Esta consideración puede que se encuentre dentro de la *Teoría del Caos*. Tal propuesta proviene de la física y persigue el objetivo de definir la interrelación continúa existente entre los diversos *elementos de una estructura compleja como es la de una empresa*.

Véase bibliografía: Casilda Béjar, R.: «El nuevo paradigma del directivo. Qué significa dirigir en el siglo XXI».

[7] También pérdidas, como las registradas durante el ejercicio 1994, en donde bancos y cajas han tenido serios quebrantos por las operaciones de deuda y productos derivados.

los propios bancos quienes han lanzado su propia competencia. Por consiguiente, es la propia entidad quien asume su propio reto. Al fijar estas condiciones, debe saber y estar preparada para desarrollar una serie de acciones para responder a las exigencias de este nuevo planteamiento.

Esta dinámica competitiva es la que va a generar las ventajas diferenciadoras de las entidades financieras que compiten en los distintos ámbitos del mercado y en los distintos segmentos del mismo. Es evidente que toda entidad bancaria necesita dar una respuesta estratégica al reto competitivo, de forma que le permita afrontar las amenazas y oportunidades del nuevo entorno con garantías de éxito.

En el sector bancario, la formulación de las estrategias competitivas se está apoyando básicamente en las ventajas de diferenciación y en la búsqueda de los procesos que permiten mantenerlas y mejorarlas. La dirección estratégica pretende provocar la desigualdad de los competidores, lo cual se realiza manejando cuatro factores básicos: recursos humanos; ámbito geográfico; ampliación y especialización de productos y servicios, y capacidad tecnológica.

Para que esta estrategia pueda ser debidamente formulada, es imprescindible que la entidad resuelva un conjunto de aspectos integrantes del modelo de dirección, el cual se compone de los elementos siguientes:

— Definición de la misión de la entidad.
— Establecimiento del campo estratégico donde va a actuar[8].
— Fijación de los objetivos.
— Desarrollar una imagen atractiva.
— Disponer de unos sistemas de decisión eficientes.

En la siguiente figura, se recogen las distintas opciones genéricas del negocio bancario, orientadoras de las estrategias específicas que la empresa bancaria puede adoptar.

Ámbito de negocio

Reducido	Amplio
Segmentación Selectiva	Conglomerado Universal
Concentración de una opción producto/cliente	Diversificación de productos/clientes

[8] El campo estratégico representa una determinada combinación producto-cliente, según la aplicación de un ámbito de negocio concreto y un enfoque específico de segmentación de mercado.

Una característica de los objetivos en banca es su naturaleza, dado que las fuentes de poder o de fijación de los mismos proceden tanto del exterior (como hemos visto en el punto anterior) como del interior. De su interior, por los propios miembros de la organización —factores competitivos internos—. Por ello, es indudable que una dirección estratégica efectiva perseguirá conseguir sus objetivos principales que se centran en los siguientes:

— Tamaño adecuado.
— Incorporar nuevos productos y servicios.
— Implantación de la tecnología apropiada.
— Reducir costes de transformación.
— Mejorar la solvencia de la entidad.
— Nivel máximo de rentabilidad.

Factores competitivos internos

— Dirección descentralizada. — Tecnología adecuada. — Mayor calidad interna. — Nueva orientación de recursos humanos.	— Tamaño adecuado. — Reducir costes de transformación. — Mejorar solvencia. — Nivel máximo de calidad.

↓ ↓ ↓

Cultura Competitiva Flexible

3.2 El entorno competitivo

3.2.1. Concurrentes en el mercado

El concepto de entorno competitivo se refiere a aquellas fuerzas externas e internas a las entidades, cuyos efectos influyen en la estructura del sector bancario y en la forma de competir en él. Estas fuerzas se pueden agrupar en el marco regulador, en las nuevas incorporaciones, en la vertiente tecnológica y en la competencia interna-externa.

Por otra parte, la legislación financiera seguirá profundizando en la línea de liberalización progresiva iniciada a mediados de los años setenta. La culminación del proceso liberalizador ha sido la adaptación a las regularizaciones económico-financieras de la Comunidad Europea, que supone desde el 1 de enero de 1993: la libre circulación de capitales, el libre estableci-

El entorno competitivo

Los cambios
• Los mercados protegidos. • El statu quo bancario. • El cliente cautivo y poco formado. • La limitación de las actividades de riesgo de la función bancaria. • Los altos y estables márgenes de intermediación. • Los circuitos de financiación privilegiados. • La estabilidad del sistema finaciero.
Las nuevas realidades
• La liberalización y desregulación. • La globalización de la actividad bancaria. • El incremento de la presión competitiva. • La innovación tecnológica. • La innovación financiera. • La escasez del ahorro a nivel mundial. • La crisis de los sistemas económicos y financieros.
Las fuerzas del cambio
• La ampliación de los límites de la actividad bancaria. • La aparición de nuevos competidores. • La sofisticación de las demandas de los clientes. • La complejidad de los nuevos riesgos bancarios. • El inevitable estrechamiento del margen financiero. • La regulación orientada a la protección del cliente. • La incertidumbre y volatilidad de los mercados.

miento de instituciones financieras comunitarias a través de una licencia bancaria única para toda la Comunidad, lo que supone una legislación menos restrictiva en materia de actividades bancarias.

Estas actuaciones han provocado que el sector bancario haya pasado de un escenario de competencia basado en la proximidad geográfica y en la prestación de servicios gratuitos, y con un statu quo sólidamente establecido, hacia otro más homologable, en el que destaca la agresividad en las políticas de precios y en su oferta de productos y servicios. La propuesta de una remuneración competitiva a todos los ahorradores, está conduciendo a un estrechamiento cada vez mayor del diferencial de interés con el que tradicionalmente venía operando la banca española, situación esta, que ha conducido a una creciente importancia del cobro de comisiones por servicios para equilibrar las cuentas de resultados. Sin embargo, en los próximos años se ampliará el sistema bancario español con nuevas entidades, como consecuencia de las medidas de liberalización y del atractivo potencial de beneficios a medio plazo. La mayor parte de las nuevas entidades (banca extranjera, nuevos bancos nacionales y nuevos intermediarios financieros) operarán fundamentalmente en el segmento de banca especializada.

En banca al por menor, la competencia externa será menor debido a la sólida barrera de entrada que constituyen las extensas redes de oficinas con las que cuenta la banca española (18.000 de los bancos por 14.000 de las cajas de ahorros). En principio, cabe esperar que la mayor amenaza procederá de los servicios ofrecidos por entidades no bancarias, esto es, compañías de seguros y grandes empresas comerciales[9], como es el caso significativo de El Corte Inglés que, con 2,6 millones de tarjetas (con una utilización media del 70%) más los 2 millones de Galerías Preciados, era la única gran superficie sin una entidad propia de financiación. Esta situación ha quedado debidamente resuelta, al constituir en 1995 (previa solicitud al Banco de España) su propia entidad financiera (¿posible banco?). La iniciativa viene a confirmar el gran interés que el grupo El Corte Inglés tiene en el sector financiero (donde opera de forma indirecta por medio de acuerdos con los principales bancos: Santander, BCH, Argentaria y Open Bank).

Además, con la creación de esta entidad, puede separar su actividad puramente financiera de la empresarial, a la vez que amplía las vías de financiación. Por todo lo cual, no deja de ser éste un movimiento más en la estrategia de los grandes grupos empresariales por cubrir el ciclo completo de su negocio. Adviértase que este planteamiento persigue desplazar paulatinamente —crecientemente— a los bancos y cajas del negocio tradicional de financiar el consumo (banca al por menor).

Respecto a los indicadores fundamentales que presenta la banca española en comparación con la banca comunitaria, se puede decir que existe en la situación actual, una descompensación, debido al escaso volumen de las entidades a escala europea, junto a una menor presencia en los mercados financieros internacionales y unos costes de transformación mayores.

En respuesta a esta situación, es de prever que las actuaciones del sector se articulará en torno a las siguientes líneas maestras que más adelante analizaré:

---

[9] Pryca, líder de supermercados, a través de Financiera Pryca gestiona 225.000 tarjetas. Continente gestiona el crédito al consumo generado por sus 35 centros, contando con 150.000 tarjetas. Alcampo ha comenzado recientemente su puesta en funcionamiento a través de la financiera Finamersa (Grupo BCH).

Eroski cuenta con 100.000 tarjetas. Cortefiel con su tarjeta obtiene un total del 40% de sus ventas. Galerías Preciados, datos referidos al 31-12-1995, gestionaba por su financiera Cofigasa un total de 2.000.000 de tarjetas.

- Movimientos de concentración bancaria, que implicarán una reducción del número de entidades, incluidas las cajas de ahorros.
- Incremento de la presencia internacional de la banca española por medio de adquisiciones, alianzas y acuerdos de colaboración con bancos extranjeros.

Respecto a la evolución del mercado, los cambios constatables en la actitud y el comportamiento de los consumidores de servicios financieros, están llevando a un radical replanteamiento de la relación banca-cliente[10]. El análisis de este proceso se enfoca desde una óptica de segmentación de la clientela, de acuerdo con un modelo básico generalizado en la mayor parte de las entidades (empresas grandes, medianas y pequeñas, particulares con renta alta, media, baja, tercera edad, jóvenes...).

Las innovaciones financieras surgen como una contestación a una demanda, en ocasiones insatisfecha, o bien como una necesidad emanada de las propias entidades financieras para tratar de aprovechar situaciones de privilegio/ o liderazgo, o bien defenderse de estrategias agresivas fijadas por la competencia.

Respecto a las incesantes innovaciones del sector bancario, es preciso destacar y clasificar las puramente financieras de las tecnológicas[11]. En efecto, las innovaciones financieras puras se han desarrollado preferentemente en los mercados internacionales y por el contrario, otras, aun correspondiendo a un nivel doméstico, se han internacionalizado. La banca española, como consecuencia fundamental de la entrada de la banca extranjera y por extensión por la creciente globalización de los mercados, ha ido empleando y asumiendo estos nuevos productos e instrumentos, que hasta hace pocos años le resultaban desconocidos.

Sea cual fuere la causa real de la innovación financiera[12] concreta, el proceso ha supuesto una verdadera revolución en los sistemas financieros, de tal manera que en la década de los ochenta se han producido más cambios que en todas las épocas pasadas.

En lo que respecta a las innovaciones tecnológicas —como a continuación veremos—, la banca española se ha sumado al tren de las nuevas tecnologías de la información aplicadas al ámbito bancario desde los años sesenta, con la creación de los centros de cálculo, extendiéndose posteriormente, a través del empleo generalizado de la

---

[10] Véase bibliografía: Casilda Béjar, R., Lamothe, P., y Monjas, M.: *Banca y mercados financieros,* Alianza, Textos Universidad, Madrid, 1997.

[11] Vease el cuadro siguiente: «Innovaciones financieras y tecnológicas».

[12] Véase notas de ampliación: La innovación financiera, un proceso continuo.

informática en todas las instituciones. Las tecnologías de la información han penetrado de tal manera en el negocio bancario y financiero, que se han hecho consustancial con éste.

3.2.1.1. La innovación tecnológica en la gestión comercial[13]

Sin duda, destacan por su creciente relevancia las innovaciones tecnológicas para apoyo al marketing y a la gestión comercial, constituyendo una de las áreas que más está evolucionando en los años noventa.

Es tan fundamental como decisivo disponer de mejor y mayor conocimiento del cliente, haciendo posible anticiparse a los acontecimientos financieros que le afectan, actuar coordinadamente entre los distintos empleados de la entidad y contar con la memoria histórica del cliente para proporcionarle un asesoramiento continuo y coherente[14] (bases de datos de marketing).

Estas exigencias se presentan como un desafío para la banca y las cajas de ahorros, cuya solución reside en nuevas aplicaciones tecnológicas de apoyo a la gestión comercial (como puede ser la agenda comercial), puesto que los viejos sistemas no tienen respuesta.

En cuanto a la innovación tecnológica y su incidencia directa en el negocio bancario, deseo realizar un especial hincapié sobre los ordenadores portátiles, las telecomunicaciones y los sistemas multimedia.

En pocos años, el concepto tradicional de gestión comercial se transformará profundamente como consecuencia directa de los ordenadores portátiles. Su utilización constituirá una valiosa herramienta para el conjunto de las actividades comerciales, al posibilitar al cliente visualizar[15] sus inversiones, riesgos, curvas de evolución, balances patrimoniales y todo ello, por medio de vistosas simulaciones financieras, como también, cualquier otra operación propia del negocio bancario o parabancario, con lo que los argumentos de venta quedan magníficamente apoyados-reforzados. Esto determinará que se conviertan en auténticas oficinas portátiles (banca virtual)[14].

Adicionalmente, la evolución de las comunicaciones está proporcionando canales cada vez más ágiles y rápidos de información, que están trazando el inmediato futuro de la banca. En efecto, la nueva generación de cajeros automáticos, el banco en casa —home banking—, los dispositivos de res-

---

[13] Este punto es una de las cinco megatendencias tecnológicas, que formulo en el apartado siguiente.

[14] Aunque sea brevemente, deseo apuntar la creciente importancia que adquieren estas labores de asesoramiento, tanto en particulares como en pymes.

[15] Una imagen vale más que mil palabras.

[16] Véase notas de ampliación. El avance de la banca virtual. La oficina portátil.

Innovaciones financieras y tecnológicas

Financieras puras	Tecnologías financieras
Orientadas a la clientela	**Orientadas a la clientela**
• Certificado de depósitos.	• Terminales punto de venta
• Contratos a plazo.	• Banco en casa.
• Cuentas de alto rendimiento.	• Banca telefónica.
• Cuentas con referencia MIBOR.	• Dispensadores de efectivo.
• Cuentas bancarias combinadas.	• Cajeros automáticos.
• Cuentas individuales de jubilación.	• Tarjetas de crédito y débito.
• Cuentas de alta remuneración.	• Tarjeta inteligente.
• Crédito interés variable.	• Televisión interactiva.
• Eurobonos.	
• Euroacciones.	**Orientadas a la gestión interna:**
• Euronotas.	
• Fondos de inversión nacionales.	• Sistema de información geográfica (GIS).
• Fondos de inversión internacionales.	• Sistemas integral de control y gestión.
• Fondos de inversión activos monetarios.	• Sistema relativos a los servicios centrales.
• Fondos de inversión en divisas.	• Sistemas relativos a los servicios internos.
• Futuros financieros.	• Sistemas relativos a las sucursales.
• Letras de cambio bancarias.	• Reingeniería de procesos.
• Notas a medio plazo.	• Sistemas DSS y EIS*.
• Opciones financieras.	
• Planes de ahorro sistemático.	**Orientadas a las relaciones con otras entidades financieras.**
• Planes de jubilación.	
• Planes de pensiones.	• Electronic Data Interchange (EDI).
• Pagarés a interés flotante.	• Red internacional IBOS.
• Papel eurocomercial.	• Transferencias nacionales Vía Sito y Visa.
• Swaps de divisas.	• Transferencia y compensación de fondos nacionales e internacionales.
• Swaps de tipos de interés.	
• Seguros de prima única.	
• Seguros combinados.	
• Seguros con devolución de prima.	
• Otras.	

* DSS: Decision System Support.
EIS: Executive Information Systems.

puesta por voz, terminales puntos de venta, tarjeta de débito con microprocesadores — tarjeta inteligente —, los mecanismos de identificación biométrica (reconocimiento de voz, huella digital, pupila, etc.) y sistemas expertos permiten, conjuntamente con el avance de las telecomunicaciones, diseñar unas sucursales cada vez más automatizadas y descentralizadas.

El siguiente paso sería incorporar los sistemas multimedia. Éstos permitirán al cliente realizar cualquier tipo de operación de forma clara y sencilla. Uno de los gérmenes —megatendencias— de esta tendencia creciente, está en los terminales especiales puestos a su disposición, que conectados a su línea telefónica le permiten tener acceso directo a algunas operaciones con su banco. La evolución consiste en proporcionar al cliente todas estas y otras facilidades, sin obligarle o imponerle ningún tipo de dispositivo especializado. De esta forma, se le da total libertad para que lleve consigo —in situ— su banco donde quiera que vaya. En este sentido, ya están funcionando sistemas interactivos de respuesta por voz, que con un simple teléfono como terminal permiten al cliente realizar cualquier operación bancaria durante veinticuatro horas del día y con unos requerimientos mínimos de coste en infraestructura para los bancos. El uso de los terminales estándar del cliente, como son la televisión (televisión interactiva) el ordenador y el teléfono, permitirá acercar la oficina bancaria hasta su propia casa, tanto para ofertas no financieras como para facilitarle operaciones meramente comerciales (compras domésticas). Como consecuencia de todo lo anterior, donde se constata la extremada intensidad de la influencia consustancial del cambio tecnológico sobre la actividad y gestión comercial bancaria, es fácil comprender que la incorporación de innovaciones tecnológicas haya sido, y seguirá siéndolo durante bastante tiempo, componente esencial de las estrategias bancarias de éxito.

Si bien es importante que el logro de la ventaja competitiva sostenible no exija ni la utilización de la tecnología más sofisticada ni tampoco ser el primero en introducirla en un mercado. Pero también, los bancos y cajas que se atrincheren tras viejas recetas sobrevivirán precisamente, hasta finalmente morir, con el adelgazamiento de sus mercados cautivos[17].

3.2.1.2. Sistemas de información para la gestión

Ahora es cuando han madurado las tecnologías que vienen desarrollándose desde los últimos años, como los sistemas de información de análisis y gestión DSS y EIS, que favorecen la toma de decisiones en unos mercados cada día más complejos como son los financieros. Responden a la necesidad de tener toda la información de la entidad estructurada en los niveles estratégicos, tácticos y operativo.

---

[17] Véase bibliografía: Quintás de Seone, J. R.: «Tecnologías y estrategias en la banca de fin de siglo».

Por lo que respecta a los sistemas de apoyo para la gestión interna, las principales novedades se observan en sistemas de información que apoyan directamente a la alta dirección del banco, por medio de modelos de planificación y sistemas de soporte a la toma de decisiones. Por otra parte, destacan los sistemas integradores — especialmente la información integrada de clientes y el control de gestión — que han surgido como desarrollos tecnológicos de importancia.

En el ámbito de los sistemas que apoyan las relaciones externas, aparecen claramente los sistemas de transferencia electrónica de fondos entre los bancos y las empresas de carácter comercial. Esta proyección apunta a la utilización de importantes alternativas al dinero como medio de pago, lo que *significa que la esencia del negocio bancario se está convirtiendo cada vez más en un trasiego de datos e informaciones, que potencian la circulación de fondos, y menos, en un cauce de estos.*

Respecto a las actuaciones comunes tendentes a la reducción de gastos, recientemente se observan los primeros pasos en busca de una estrategia común del sector para facilitar su disminución. Una de las grandes asignaturas pendientes es rebajar, en lo posible, la utilización de papel en miles de las múltiples operaciones que se producen diariamente entre las diferentes entidades bancarias.

En este sentido, diversos bancos han comenzado a implantar sistemas que permitirán la sustitución de sus documentos comerciales y financieros por archivos informáticos. También se informatizará el gran número de documentos que circulan diariamente por las sucursales, siempre con el fin de reducir costes y, sobre todo, utilizar menos papel.

Ante esta situación, nos encontramos que la gestión del negocio bancario se verá apoyada por los sistemas de información, cuya evolución integradora facilita modelos de gestión asimilables al conjunto de la organización.

3.2.1.3. La dinámica tecnológica

Referido a la dinámica tecnológica del sistema bancario nacional (internacional), se logra percibir la importancia de ésta en la competitividad de la banca.

Como vengo exponiendo, los cambios estructurales que están atravesando las entidades financieras —liberalización, internacionalización, reducción de los márgenes—, exigen la introducción de nuevas tecnologías de la información que actúen como factor de competitividad, de acuerdo con las cinco grandes megatendencias que hoy rigen los referentes tecnológicos de bancos y cajas de ahorros en nuestra época: *digitalización, integración, interconexión, orientación al objeto y portabilidad.*

Cualquier información (voz, documentos, imágenes, fotografías, vídeo, etcétera) puede ser digitalizada y, consiguientemente, tratada o procesada una vez que se ha codificado. La entidad financiera puede almacenar esa información del cliente en bases de datos relacionales, verificar informáticamente su firma, tener su fotografía en el ordenador y hasta reconocer su voz.

Estas cinco megatendencias de las tecnologías de la información son de aplicación en tres grandes ámbitos de las entidades financieras: los sistemas de información de gestión, la banca electrónica y los sistemas de información de marketing y acción comercial.

En esta dinámica tecnológica, la densa red de cajeros automáticos sitúan a la banca española en uno de los lugares más destacados de Europa y del mundo (sólo superada por Japón). El sistema de tarjetas de pago cuenta con más de 20 millones en circulación, con una elevada tasa de uso, favoreciendo el amplio desarrollo de los cajeros y de los puntos de venta automatizados. Estas redes tienen un importante grado de interconexión, lo que brinda transparencia y agilidad operativa, exigiendo al mismo tiempo una continuada mejora en el sistema de transmisión de datos (velocidad, conmutación, seguridad).

Por consiguiente, la adopción de las TI permite mejorar los sistemas de prestación de servicios en general, y del ahorro de costes en particular, consiguiendo ofrecer servicios masificados a precios competitivos, que anteriormente estaban reservados para los mejores clientes.

Así pues, las grandes instituciones, al contar con la suficiente potencia financiera, pueden adoptar estrategias ofensivas, como son las grandes inversiones en tecnología, diseñadas siguiendo el principio de que siempre hay un sitio en el mercado para los productores a bajo coste.

En consecuencia, toda la dinámica del negocio bancario se encuentra constantemente impulsada por la propia dinámica tecnológica, que paso a paso continuará configurando la banca de los próximos años, dado que los procesos de innovación tecnológica, de momento, no parecen tener límites.

Prueba de ello, es el convencimiento de que el futuro inmediato se encuentra en la banca telefónica y electrónica, con un coste inferior en un 50% al de la operativa tradicional, lo que permite ofrecer precios mucho más competitivos. Los directivos bancarios españoles e internacionales consideran que su utilización va a transformar toda la industria de la intermediación en un plazo aproximado entre diez y quince años (1995-2010).

El mercado por el que compiten los bancos telefónicos independientes, se estima que asciende a 500.000 personas en España[18]. El banco telefónico independiente es atractivo para un segmento de mercado que no está bien atendido por el servicio que se les ofrece en las oficinas tradicionales. A este cliente no se le puede atender desde el servicio telefónico de su banco habitual, debido a que si bien se le amplían los canales para relacionarse, no se le mejora sustancialmente el servicio, exceptuando cuestiones puntuales y de comodidad.

En este sentido, la tecnología tiene, desde mi punto de vista, la capacidad de romper el valor de la proximidad y podría disminuir en los próximos años con la fortaleza clásica de la banca española, su tupida red de oficinas, y uno de sus valores tradicionales, la proximidad de las sucursales al domicilio del cliente.

La banca telefónica representa un nuevo hacer en el negocio bancario, configurando un nuevo camino. Sin duda, es uno de los nuevos canales de distribución del futuro. De esta forma se define en algunas instituciones el papel que está ya desempeñando el teléfono. Es un nuevo canal que se agrega a la intensa competencia de bancos y cajas de ahorro.

Actualmente, solo existen dos bancos independientes telefónicos en España[19], y una treintena de entidades cuentan con servicios de atención telefónica[20] al cliente integrados dentro de su red comercial. El hecho de ser estas dos instituciones de nueva creación, les ha permitido utilizar el teléfono como único canal de distribución, definir un catálogo novedoso de productos y crear una forma propia de relación con el cliente que se aparta de los criterios tradicionales de actuación en las entidades financieras.

Los canales están cambiando con una clara tendencia a la comercialización a distancia. Hay un mercado más exigente en la búsqueda de comodidad, con el deseo de una amplitud de horarios. Analistas diversos del mercado bancario, prevén que a final de siglo se habrá reducido a la mitad el número de visitas que actualmente se realizan a las sucursales de entidades financieras, ante el uso generalizado del teléfono y los cajeros automáticos. *Recuérdese: los clientes valoran cada vez más su tiempo.*

La implantación de la banca telefónica se ha enfrentado al desafío de romper unos hábitos tradicionales de comportamiento, unas barreras psicológicas del cliente acostumbrado a pensar que la única forma de contacto que podía tener con su banco, era a través de la presencia física en la oficina. Ante el esfuerzo continuado para superar estas barreras, la extensión del negocio es necesariamente un proceso lento que exige paciencia.

---

[18] El cliente de banca telefónica se caracteriza por ser una persona acostumbrada a tomar decisiones y resolver problemas por teléfono y habituada al uso de nuevas tecnologías.

[19] Noviembre de 1995.

[20] La CECA ha puesto en marcha, durante 1996, un ambicioso proyecto de banca telefónica que engloba a más de treinta Cajas de Ahorros.

La incorporación de las nuevas tecnologías a la actividad bancaria continuarán, paso a paso, definiendo un negocio financiero más complejo, mejorando la dimensión, las infraestructuras y las características propias de los bancos.

3.2.2. Las nuevas realidades del negocio bancario

3.2.2.1. La creciente cultura financiera del cliente

Dentro de las nuevas realidades del negocio bancario, destaca por su fuerte evolución: la creciente cultura financiera del cliente.

La entrada de España en la Comunidad Europea y el fenómeno más amplio de globalización de la economía, con el aumento del intercambio entre países, tanto de bienes como de servicios, unidos a los flujos de información de todo tipo, han acelerado el proceso de transformación social, acercando los hábitos de consumo en España a los del resto de los países occidentales.

Estos impactos socioculturales, que conforman unos nuevos comportamientos de los clientes, no cabe duda de que repercuten directamente sobre la banca y entidades financieras en general. Sobre estas nuevas tendencias, es de justicia destacar que las propias instituciones han contribuido directa o indirectamente a mejorar y ampliar la cultura financiera del cliente.

Creciente cultura financiera

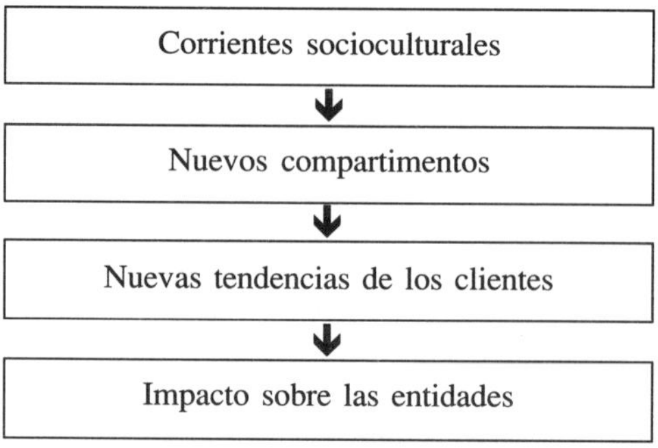

Como consecuencia de este proceso interactivo de evolución sociocultural, surgen unas nuevas características, las cuales conducen irremediablemente hacia nuevos comportamientos de los clientes. El cliente bancario en España, dado su mayor nivel de formación, es cada vez más exigente en su demanda de productos y servicios financieros y más crítico en la elección de las instituciones. Las características pueden integrarse en los siguientes puntos:

— Mayor cultura financiera, que supone una mayor sensibilidad a los precios y a la calidad de los servicios que se reciben, al tiempo que se da una mayor importancia a la atención y a la relación coste/beneficio.
— Búsqueda de productos a la medida, para satisfacer necesidades concretas, de acuerdo con el proceso de diferenciación en las demandas.
— Se mantiene la importancia del trato cordial, pero se desea una mayor profesionalidad por parte de los empleados.
— Menor propensión al ahorro y aumento en los niveles de endeudamiento.
— Mayor valoración de la rapidez en las operaciones, con demandas de funcionamiento en tiempo real.
— Mayor contacto con las entidades por diversos medios: cajeros, terminales punto de venta, teléfono.
— Demanda de servicios a distancia (hogar, trabajo, calle).
— Búsqueda de mayores servicios de información y de asesoramiento, a pesar de que no sean gratuitos.

Estas características se han visto confirmadas/ampliadas por diversos estudios realizados[21] sobre el comportamiento y la opinión de los clientes con diversas entidades financieras, destacando:

— Que el trato poco amable, no solucionar los problemas con premura y la lejanía del banco o mudarse de domicilio, son las causas principales por las que un cliente decide cambiar de entidad. Entre los motivos para cambiar de entidad los más usuales son:
— El 14% se produce porque el banco no soluciona los problemas del cliente; otro porcentaje similar lo explica por la lejanía o el cambio de domicilio.
— El 12,6% por trato poco amable.
— El 12,4% por errores en la prestación de servicio.
— El 9,7% porque se trata de una cuenta inactiva.
— El 8,9% por cobro de comisiones.

[21] Cifras de referencia según estudio interno de Norsistemas.

Esta situación exige por parte de las entidades el estudio de cada segmento de mercado y su viabilidad económica, para definir posteriormente la estrategia a seguir, debido a que las entidades financieras se diferencian en función de las actividades que desarrollan y el tipo de clientes a los que se dirigen y la calidad del servicio que otorguen.

En los nuevos escenarios donde la característica esencial es el mayor poder negociador de los clientes, se produce un fuerte incremento de la rivalidad entre las instituciones bancarias, intensificada por la entrada de nuevos participantes. De esta forma, la mayor competencia genera una ampliación en el abanico de opciones para los clientes tanto de activo como de pasivo, lo que les capacita para ser más exigentes con los servicios y productos que reciben, produciéndose un fortalecimiento de su posición negociadora.

Siendo mayores las exigencias de la clientela, provocan un crecimiento en su movilidad (cambiar de banco), tensionando aún más la competencia entre las entidades. Una estrategia que se viene adoptando por parte de los bancos, para disminuir la movilidad de sus clientes y hacer frente a los nuevos competidores, es la venta cruzada. Recientes estudios realizados muestran que aunque el 98% de los españoles están bancarizados, 40% de ellos utiliza uno o dos productos, mientras que sólo el 10% usa cuatro o más productos bancarios. Resulta claro que, mediante la venta de paquetes de servicios, es posible aumentar el volumen de negocio, constituyendo a su vez un medio de vinculación del cliente.

3.2.2.2. Marketing orientado al cliente

El arte de la banca, actualmente, pasa por atraer clientes sin incrementar sus gastos generales. Esto ha provocado la orientación hacia el marketing de clientes, que consiste en identificar los grupos más rentables actuales y futuros, teniendo en cuenta la plena aparición del Mercado Único desde 1993.

Es bien conocido que la banca española se encontraba en una estrategia indiferenciada, pues lanzaba sus productos al mercado a través de sus canales de distribución, sin tener en cuenta quiénes podrían ser sus clientes finales. Esto provocaba un servicio indiscriminado por parte de la oficina y una sensación de estandarización. Un ejemplo singular lo ofreció la banca extranjera al llegar a España, que eligió la estrategia opuesta a la que estaba siguiendo el sector, fijando un único tipo de cliente objetivo de todos sus esfuerzos. En principio fueron elegidas las grandes empresas y entidades corporativas, debido a la falta de red comercial y escasez de recursos humanos (de la banca extranjera).

Ante esta dinámica, la banca española respondió de dos maneras diferentes, por un lado, comenzó a segmentar la clientela en función del nivel de ingresos, lugar de residencia, edad y actividad laboral. Por otra parte, se consideró más oportuno segmentar la red de distribución-red de oficinas, creando la especialización dentro de España.

Una vez trascurrida esta experiencia, en la década de los noventa se perfilan estrategias más duras en términos de competitividad, identificándose una serie de variables que ayudan a profundizar en la segmentación del mercado financiero español, como pueden ser: sexo, edad, nivel de ingresos, unidad familiar, lugar de residencia, hobbies y actividades de recreo, profesión y actividad laboral. Estas claves tienen en cuenta las variables básicas, como son: el envejecimiento de la población y la mayor cultura financiera de la clientela (particulares y empresas). Se trataría de seleccionar una serie de segmentos de clientes, sobre los cuales se desarrolla una promoción intensiva, en función del estudio del comportamiento de los mismos.

Por consiguiente, se determina en qué segmentos hay que crecer, qué segmentos se deben abandonar y, consecuentemente, invertir o desinvertir en marketing. Es ésta una dinámica que tensiona constantemente a las instituciones, obligándolas a optimizar en todo momento las sinergias y oportunidades que el mercado propicia.

Los objetivos de crecimiento sobre segmentos de clientes deberían desarrollarse en aquellos donde se produjeran los siguientes hechos:

- El porcentaje de beneficios debe ser superior al incremento de ventas, lo cual indicaría un segmento rentable.
- Crecer más rápidamente que la competencia en aquellos segmentos de clientes donde su crecimiento esperado sea alto. Los beneficios deberán ser mayores que el volumen de carga de trabajo que representa cada segmento. Por tanto, serían segmentos que provocasen economías de escala en la entidad.
- La morosidad no puede superar a la aportación de beneficios. Algunas entidades que captan una gran cuota de mercado, llevan consigo un gran número de morosos, lo que provoca una caída importante en los beneficios esperados.
- En segmentos de madurez alta, adoptar políticas de venta cruzada, así el crecimiento aumentará por la mejora de servicios.

A su vez, es de esperar que el crecimiento más alto de las entidades va a estar representado por los segmentos de banca al por menor (particulares y pequeñas y medianas empresas).

Marketing orientado al cliente

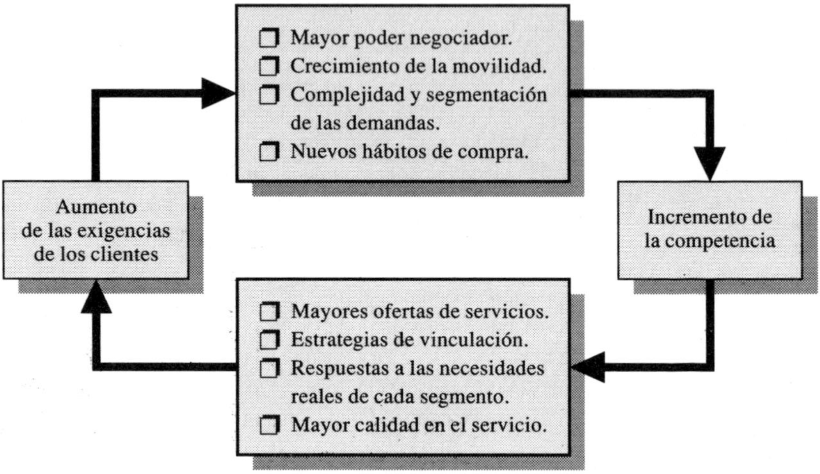

3.2.2.3. Los servicios bancarios

Como ya he manifestado, el cliente bancario en España, dada su mayor cultura financiera e información, es cada vez más exigente en su demanda de productos y servicios financieros, así como más crítico en la elección de las instituciones.

Sobre estos parámetros es de prever que girará la evolución de los servicios bancarios, presentando unas previsiones de futuro que expongo a continuación:

— Se espera un crecimiento lento del banco en casa, especialmente por problemas culturales (aceptación del medio técnico), técnicos o de normalización.

— La gestión de tesorería *(cash management)* parece tener un límite de crecimiento en las grandes empresas. Respecto a las pymes, su implantación es aún escasa, tanto por problemas organizativos de las empresas potenciales usuarias, como por el coste aún inapropiado de las *work-stations*.

— Los cajeros automáticos parecen tender hacia la estabilización, ya que su proliferación y su normalización favorecen la colaboración, alcanzándose con un menor coste la cobertura del mercado.

— Se espera un crecimiento fuerte de los terminales en puntos de venta (TPV) en los próximos cinco años, como consecuencia de la mayor eficacia del sistema bancario hacia el usuario intermedio (establecimientos, tiendas, etc.).

- Se prevé una desaparición de las diferencias entre tarjetas de crédito y débito.
- La aceptación de la tarjeta inteligente no está muy clara, dependiendo del esfuerzo de marketing que se haga. Las acciones institucionales, tales como la adopción de esta tarjeta para la presentación y uso de servicios culturales, educativos y sociales, podrían servir para facilitar su extensión a los servicios bancarios.
- A medida que los servicios especiales vayan penetrando en el cliente «final», desaparecerá la diferencia entre el mercado corporativo y el comercial, integrándose las formas de provisión.

3.2.2.4. Nueva orientación de los recursos humanos

Durante los últimos años, se está viviendo en la banca un cambio muy profundo sobre la importancia, posicionamiento jerárquico y contenido de lo que es la función y la gestión de los recursos humanos. Su significado ha cambiado considerablemente y se ha ampliado su marco de actuación. Se hace cada vez más necesaria la vinculación del área de recursos humanos con la estrategia de la entidad y el diseño organizacional de la misma.

En el nuevo esquema organizativo de los bancos, la función de personal y recursos humanos se suele dividir en tres áreas claves: relaciones laborales, administración de personal, organización y formación. A nivel jerárquico, la idea actual es colocar este departamento dentro de la organización al máximo nivel posible, como staff de la dirección general (en ocasiones de la presidencia), de forma que participe en el diseño y seguimiento del plan estratégico.

Para adecuar la política de este departamento a la realidad de las entidades financieras, hay que tener en cuenta que la banca forma parte del sector servicios, y utiliza como materia prima básica de su negocio la información, siendo el agente elaborador, analizador, emisor y receptor, la persona. En consecuencia, la calidad y optimización del grupo humano que constituye la entidad, se convierte en un elemento crítico de vital importancia, tanto en su aplicación interna como en la repercusión que esta gestión va a tener en cuanto a la relación de la entidad con el cliente y, por extensión, con el mercado.

Esta situación hace necesaria la reconversión del directivo medio, tradicionalmente caracterizado por realizar un papel eminentemente administrativo, hacia otras tareas de corte más gerencial, en cuanto al querer y poder tomar decisiones que cada vez llevan consigo un mayor riesgo. Por todo lo cual, se comenzaron a diseñar unas políticas de recursos humanos en donde se incorpora un plan de acción que contiene líneas de actuación respecto al desarrollo de carreras profesionales, potenciación y mantenimiento de directivos y outplacement.

En esta política, cobra especial relieve la consideración prioritaria del desarrollo de la persona, profesional e integralmente, por lo que se deberá considerar el conocimiento[22] como un nuevo factor diferenciador de las organizaciones.

Por estar actuando en un entorno cambiante, innovador y altamente competitivo, el sistema bancario se ha convertido en un sistema de naturaleza dinámica, y el directivo tendrá que estar muy atento a este escenario, teniendo que autoelaborar sus mecanismos oportunos de control que le permitan corregir y adaptarse a cada nueva situación, interna o externa, que se le presente.

Es evidente la necesidad de elaborar un plan de formación, que debe emanar del plan estratégico del banco y constituir uno de los vectores claves para lograr que la entidad evolucione de una manera equilibrada. Es importante conseguir que cada mando sea el máximo responsable de la formación y desarrollo de sus colaboradores. Insisto, cada vez será más necesaria la creatividad y la inteligencia gestora de los directivos. Será decisiva para situar a la entidad en una posición ventajosa que la distinga por su habilidad en la motivación de los equipos humanos.

3.2.2.5. Importancia de la oficina[23]

En la banca, la oficina ha sido considerada tradicionalmente como un factor muy importante en relación con la cuenta de resultados de las entidades. Actualmente esta situación se ha mantenido, al mismo tiempo que se ha modificado cualitativamente. En primer lugar, la evolución del papel del director de la oficina, quien ha pasado de ser un mero administrador de pasivo a ser un gerente, no sólo preocupado por la colocación de sus productos financieros, sino también por la gestión de los recursos humanos y por el desarrollo organizativo; todo lo cual, le permite aumentar la calidad, el servicio y, por tanto, la satisfacción de los clientes.

---

22 Sobre esta particular consideración, siguiendo a Peter F. Druker: La dicotomía estará entre intelectuales y gestores, los primeros ocupándose de palabras e ideas; los segundos, de personas y trabajo. Superar esta dicotomía y alcanzar una nueva síntesis será un reto filosófico y educacional de la mayor importancia en la sociedad postcapitalista. Véase bibliografía.

23 Véase notas de ampliación. La oficina bancaria. Importancia y papel de futuro.

Siendo evidente que los clientes acuden a la oficina bancaria porque tienen necesidades o expectativas y buscan satisfacciones a las mismas, los medios de que disponen las sucursales para dar satisfacciones a los clientes son:

— Las instalaciones de las oficinas.
— Los productos bancarios y parabancarios.
— Los servicios del banco.
— La información a transmitir.
— La relación personal con los clientes.

De otra manera, se puede concluir que el éxito de la oficina bancaria descansa en:

— El liderazgo del director
— La calidad de la relación empleado-cliente.
— La calidad de la información facilitada al cliente.
— La calidad de la imagen de la oficina.
— La profesionalidad de los empleados
— La calidad de las acciones promocionales y publicitarias del banco.
— La competitividad de sus productos (calidad-precio).
— La competitividad de sus servicios.
— La comodidad y confort.
— La venta suplementaria o cruzada.

Sin duda alguna, la calidad de los servicios ofertados y la relación empleado-cliente son las más importantes para el éxito de las oficinas.

Cuanto más alto sea el nivel de estos factores, mayor será el número de clientes que acudan para depositar sus fondos y adquirir sus productos y servicios, y de este modo, se elevará el volumen de ingresos y presumiblemente las ganancias.

Otro aspecto a destacar es que la banca está pagando las consecuencias de la apertura indiscriminada de oficinas en los años setenta, en los cuales, el crecimiento se expresaba por el número de sucursales abiertas en el período considerado.

Este sobredimensionamiento supone un incremento en los costes de estructura que, sumado a la disminución del margen financiero de las entidades, obliga de alguna manera a tener que redimensionar las redes existentes en el sector. Algunas de las alternativas posibles para hacer frente a esta situación y que de hecho ya se están realizando, consisten en el intercambio y venta de oficinas o entidades financieras nacionales y extranjeras, así como la venta de segundas marcas bancarias a las cajas de ahorros y establecimiento de joint ventures en los sectores de seguros, leasing y servicios financieros.

Por todo ello cobra toda su fuerza la figura del director de la oficina bancaria, no sólo como responsable de la entidad ante el cliente y reflejo de toda la organización, sino como destacado suministrador de beneficios.

3.2.2.6. La calidad total

En la actualidad, es difícil encontrar una entidad financiera que no haga alguna referencia a la calidad en sus informes y memorias anuales. Ello es así, pues es precisamente este parámetro lo que va diferenciando a las entidades. Es bien conocido que, por muy innovador que resulte un producto o servicio, la competencia rápidamente lo hará suyo también, comercializándolo, y al final, este concepto tan manido de la calidad, si realmente se logra que se perciba como se anuncia, será sin dudas el que consiga fidelizar al cliente.

Se considera la calidad total como un componente estratégico de la orientación actual de las entidades, más allá del mero control de calidad por parte del cliente. Control este último que no está desarrollado excesivamente por nuestras entidades. El concepto de calidad, no implica lujos ni sobreprecio, es la presentación de unas especificaciones que llevarían a un ahorro de trabajo y, consiguientemente, de costes. Para conseguir implantar la calidad total, será necesario contar con el apoyo expreso de la alta dirección e involucrar a toda la organización en el proceso.

En el concepto de calidad total existen una serie de características de gran importancia en el sector de servicios, que son[24]:

- La calidad la produce cada empleado.
- El cliente es tanto demandante interno como externo de un servicio.
- La calidad controla todo el proceso de producción o presentación del producto o servicio.
- El cliente es el centro de todo el proceso y fijador último de la calidad.
- El ahorro de costes viene por la no repetición de las tareas o procesos.
- Involucración de todo el personal de la empresa con el compromiso expreso de la alta dirección.

La implantación de la calidad total es un proceso muy lento, que supone un cambio sobre la forma tradicional de realizar las cosas. El lastre que

[24] Estas aportaciones sobre la calidad total están recogidas de los padres de la calidad: Philip Crosby; W. E. Deming y J. M. Jurán y de sus respectivos libros: *La calidad no cuesta,* CECSA, México, 1987. *Calidad, productividad y competitividad,* Díaz de Santos, Madrid, 1989. *Leadership for Quality,* MacMillan, New York, 1989. Conceptos igualmente citados en: *La Banca del Futuro* (véase bibliografía).

supone la forma de actuar, esto es, la cultura establecida, es el principal freno al proceso de cambio. Una de las características más significativas de este proceso es el reconocimiento de la importancia del cliente interno.

En la banca, tradicionalmente ha existido un divorcio entre los servicios centrales y las sucursales, en muchas ocasiones en los servicios centrales primaban los medios materiales y los mejores recursos, en detrimento de las oficinas, lo cual posiblemente facilitaba en éstas un espíritu de grupo.

Afortunadamente, estas situaciones se han visto superadas, pues el sector bancario español ha comenzado de forma unívoca a cambiar su manera de actuar, desde la mejora en la atención al cliente, hasta brindar un servicio más ágil y preciso. Si bien, desde la óptica de la calidad, en esta actitud subyacen varios peligros o amenazas, como es el caso de aquellas entidades que realizan vistosas campañas de publicidad para transmitir su esmerada filosofía de atención al cliente. Estas acciones resultan en principio positivas, siempre y cuando no resulten ser ficticias, dado que restarían imagen a la institución correspondiente pues sería un grave error no cumplir con el mensaje. Esta contradicción afectaría muy seriamente su credibilidad.

Estos planes de calidad, que con tanta fuerza lanzan los bancos (cajas), deben contar con el apoyo integral de la alta dirección y los recursos precisos, pues de lo contrario, podrían hacer un flaco servicio, y crear desconfianza y recelo en la propia organización.

3.2.2.7. La mala calidad

Sin duda, el concepto de mala calidad resulta ser un factor clave para la competitividad, así pues, también exige su valoración a los efectos de tener una referencia para lograr establecer el punto de la situación desde donde se parte. Según estudios[25] recientes, la mala calidad se encontraba de la siguiente manera:

- El 60% de las quejas están relacionadas con problemas de servicio al cliente. De éstas, el 74% terminan en una pérdida de ventas o incluso en una pérdida del cliente.
- De los casos en que se produce una pérdida de cliente, el 40% se origina por causa de la mala calidad en el servicio, 8% por el precio del producto y otro 8% como consecuencia de la calidad del producto.
- Cada cliente descontento transmite, por término medio, su mala experiencia a diez amigos o conocidos.
- En el ciclo de vida del cliente, el coste mayor corresponde a la adquisición, que representa hasta el 70% del gasto total de marketing.

---

[25] Cifras de referencia según estudio interno de Norsistemas.

— Resulta cinco veces más caro conseguir un nuevo cliente que retener uno ya existente. Lograr la fidelización de los clientes actuales evita el coste de adquisición de otros nuevos.
— La mala calidad del servicio al cliente tiene repercusión, a medio plazo, en términos de ventas (pérdidas de cuota de mercado).
— La captación de nuevos clientes implica mayores costes de marketing, reduciendo la rentabilidad.
— La realización de un buen servicio desde la primera vez, ahorra dinero, directamente, mejorando la productividad, e indirectamente, reduciendo los pedidos de clientes.

En definitiva, la calidad representa, hoy por hoy, una auténtica oportunidad para competir en el nuevo entorno bancario. En un sector dominado por el cambio, donde ninguna posición es definitiva, serán entidades financieras exitosas aquellas que reaccionen lo más rápidamente posible a las exigencias del mercado y, con imaginación e inteligencia, conviertan al cliente en la esencia misma de su actividad empresarial.

En estos términos, la competitividad o capacidad para mantener y desarrollar de forma sostenible cuotas de mercado en entornos abiertos e integrados, constituye el presupuesto ineludible para evaluar la eficiencia de los bancos[26] que integran el Sistema Financiero Español.

La particular importancia que se está produciendo en el entorno competitivo de la banca española, provocado esencialmente por el fuerte proceso de liberalización-desregulación, por la incorporación de nuevas tecnologías de la información y las nuevas formas de gestión, que, unido a la creciente tendencia hacia la titularización, la internacionalización financiera y la globalización de los mercados, ha ocasionado una serie de cambios en las entidades bancarias que nos llevan a preguntarnos: ¿Qué tipo de banca nos vamos a encontrar en el inmediato futuro?

Concurrentes en el mercado

❍ Banca privada.	❍ Banca extranjera sin red.
❍ Cajas de ahorro.	❍ Mercados de valores.
❍ Banca pública.	❍ Grandes grupos no financieros.
❍ Banca cooperativa.	❍ Instituciones financieras.
❍ Banca extranjera con red.	❍ Instituciones con negocio parabancario.

[26] Evidentemente, también las cajas de ahorros y cooperativas de crédito.

3.3. Estrategias genéricas para competir

3.3.1. Estrategias competitivas

Podemos comenzar diciendo que se denominan estrategias competitivas bancarias:

- A aquel conjunto de acciones ofensivas o defensivas, tendentes a mejorar o mantener la posición competitiva de las entidades en el sector que operen o, a buscar un nuevo posicionamiento con la finalidad de lograr un mayor rendimiento del capital invertido.

En principio, expondré tres tipos fundamentales de estrategias genéricas, que se formulan para lograr ventajas competitivas en el ámbito en el que se pretenden desarrollar.

— *Las estrategias basadas en costes,* surgen cuando el banco trata de aprovechar una ventaja competitiva, como es una estructura de costes reducida. Estas estrategias se orientan hacia el producto, aunque se corre el riesgo de que los posibles cambios tecnológicos anulen la posición lograda. Para poder ser líderes en costes, es necesario un rígido control y una organización muy estructurada, con sistemas de incentivos orientados a alcanzar objetivos cuantificables. Es necesario, por tanto, una inversión constante, una supervisión muy detallada y unos sistemas de distribución con bajo coste.

— *Las estrategias basadas en la diferenciación,* cuando el ámbito de actuación es amplio y desarrollan la ventaja en la exclusividad del cliente. Intentan abarcar ampliamente la satisfacción de sus necesidades, aunque se corre el riesgo de que la competencia intente romper la fidelidad mediante unos precios más bajos o que adopte procesos de imitación. Para que se produzca esta diferenciación, son necesarios una serie de requisitos organizativos, como una buena coordinación entre las funciones de administración, el desarrollo del producto o servicio y su comercialización.

— *Las estrategias basadas en la segmentación,* están orientadas a la búsqueda de un enfoque competitivo reducido, centrándose en un segmento de la línea de producto o en un mercado geográfico o en un grupo específico de clientes. La segmentación se puede efectuar atendiendo a una serie de variables, entre las que sobresalen las geográficas, demográficas, de comportamiento y de niveles de renta.

Consecuentemente, las estrategias genéricas para competir en los noventa, se ven presionadas por las opciones que se le presentan a cada entidad, en especial aquellas que le pueden permitir alcanzar el objetivo del tamaño más adecuado para competir.

ESQUEMA

Tres tipos fundamentales de estrategias genéricas

Liderazgo en costes

— Limita el poder negociador de los clientes y crea relaciones singulares.
— Necesita identificar economías de escala y/o alcance, y aprovechar oportunidades en la curva de experiencia.
— Imprescindible ejercer un control riguroso de costes y una excelente gestión de las economías identificadas.

Diferenciación de producto y calidad de servicio

— Que los clientes «nos perciban» como algo único.
— El coste de diferenciación debe ser menor que el diferencial de precios.
— Por imitación de los productos, esta estrategia debe desembocar en una de liderazgo en costes.

Concentración en un segmento determinado

— Premisa previa a las anteriores y compatible con las dos.
— Segmentación por clientes, productos y zonas géograficas.

Situación competitiva actual

Diferencia de vocaciones en el sector

- Banca comercial
- Banca corporativa o de empresas
- Banca de gestión de patrimonio o fortunas

Lucha financiera para captar pasivo y por la toma de posición

- Libertad de precios
- Innovación continuada en la oferta de productos
- Indiferenciación de productos
- Innovación continua tecnológica
- Aumento de la cultura financiera del cliente

1 de enero de 1993: Mercado Único Europeo

↓ ↓ ↓

Competencia feroz

3.3.2. Factores clave para la competitividad

3.3.2.1. Las tecnologías de la información[27]

Se puede comprobar que el ritmo e intensidad del proceso de cambio-innovación, se caracteriza por la alteración constante del entorno donde se produce la actividad bancaria. Entre los factores más influyentes en la competitividad de la banca, destacan las *tecnologías de la información como elemento diferenciador.*

La intensidad de la influencia del cambio tecnológico sobre la actividad financiera, es causa de que la incorporación de innovaciones tecnológicas haya sido —y seguirá siéndolo durante bastantes años— componente esencial de las estrategias bancarias.

En otras palabras, es seguro que la ausencia de innovación tecnológica durante un prolongado período de tiempo garantiza el fracaso final del banco en el que esto ocurra. Obsérvese, sin embargo, que es ésta una condición necesaria, pero no suficiente, puesto que, sin duda, también es evidente que un banco tecnológicamente muy avanzado puede quebrar por multitud de razones. Una de ellas podría ser, precisamente, la inadecuación de su política tecnológica[28].

---

[27] Véase bibliografía: Sistema Financiero Español. Las nuevas tecnologías como factor de competitividad bancaria.

[28] Véase bibliografía: Quintás de Seone, J. R.: «Tecnologías y estrategias en la banca de fin de siglo».

Estos procesos impulsan constantemente a la banca y a las cajas de ahorro a incorporar en sus actividades las tecnologías de la información que les permitan mejorar su competitividad, mediante la mejora de sus servicios y reducción de sus costes.

Estos renovados esfuerzos de la banca se centran en la integración de un avanzado *front office*[29] en sistemas que comprendan un *back office*[30] plenamente integrado, permitiendo aplicar recursos humanos excedentes a las actividades comerciales bancarias y parabancarias.

Considerando estas premisas, parece evidente que la apuesta de futuro de la banca será el autoservicio. Y si a ello se le suman los cambios en los mercados, en los competidores, la diversificación e incorporación constante de nuevos productos, la segmentación de la clientela, la racionalización de las redes de oficinas equilibrando su extensión y eficiencia, necesariamente la incorporación de las nuevas tecnologías de la información afectará e incidirá muy directamente en el diseño de las estrategias competitivas bancarias.

3.3.2.2. La innovación tecnológica

La innovación tecnológica como factor determinante del progreso económico y social de los pueblos es una realidad incuestionable, constatada de manera inequívoca a lo largo y ancho de la Historia. Aquellos pueblos que han apoyado de forma decidida la innovación y el desarrollo tecnológico han conseguido mayores cotas de bienestar, superando las limitaciones a que pudieran estar sujetos por una pobre dotación de recursos naturales.

Ahora bien, la realización completa del ciclo de innovación, que se inicia con la concepción de un nuevo proceso o producto que posibilite la mejora de las condiciones de vida del ser humano, hasta la obtención práctica y comercialización del mismo, es extremadamente compleja e incluye factores de naturaleza sociológica, económica y financiera, que son de tanta importancia como los científico-técnicos para asegurar el éxito de la innovación.

Pues bien, si a lo largo de la última década la innovación tecnológica ha rediseñado el tipo de competencia en numerosos sectores industriales, también en el sector bancario se han producido importantes y profundos cambios tecnológicos, cuyos ejemplos abarcan, como queda de manifiesto, desde los cajeros automáticos hasta la banca electrónica, y el banco en casa.

---

[29] *Front office*. Todo lo relacionado con actividades directas con los clientes.

[30] *Back office*. Todo lo relacionado con el soporte administrativo del negocio bancario.

Precisamente, estas estrategias innovadoras son las armas más empleadas en la lucha competitiva por la banca y cajas de ahorros. En efecto, una entidad bancaria puede optimizar o sacar el máximo partido posible de sus ventajas competitivas basadas en la diferenciación, liderazgo de costes y segmentación, a través del empleo de una estrategia específica como es la innovación. Mientras que ciertos bancos —cajas— intentan diferenciarse a través de la oferta de nuevos productos o de la presentación de nuevos servicios, algunos pretenden soportar los mínimos costes posibles para ser más competitivos, y otros, en un ámbito más reducido, buscan efectuar una oportuna segmentación para ser más efectivos en una zona concreta o con un específico tipo de clientes.

La competitividad de los mercados financieros

— Ante un entorno complejo, conflictivo y cambiante, cargado de incertidumbres y amenazas.
— En el que se precisa mejorar la productividad y la rentabilidad.

Para lo cual es necesario

— Reorientar la cultura corporativa hacia el cliente, la calidad, la creación de valor y la capacitación permanente.
— Con innovación tecnológica, sensibilidad a nuevas ideas y adaptación permanente.
— Cambiando la forma de realizar el trabajo directivo, buscando la máxima eficacia, creando las estructuras necesarias y ejerciendo el liderazgo del conocimiento.

3.3.3. Tendencias estratégicas

3.3.3.1. La especialización

Los bancos y cajas tienen, sin ninguna duda, una posición muy fuerte en el mercado de banca comercial, que se concreta en su dominio de los medios de pago, en su importante base de clientes, en su posición de marca y en el poder económico de su tamaño absoluto. Los especialistas independientes difícilmente serán una gran amenaza a corto plazo para estas instituciones.

A pesar de esto, el éxito relativo de los especialistas debería hacer reflexionar a bancos y cajas, no sólo sobre la viabilidad de compra de una de estas instituciones como vehículo de entrada en estos mercados de alta especialización e incluso su utilización para entrar en un tercer país, sino sobre la conveniencia y posibilidad de desarrollar estrategias similares. Dada la fuerte posición de mercado de algunos bancos y cajas, probablemente los primeros en desarrollar una estrategia de este tipo podrían obtener una ventaja significativa sobre sus competidores[31].

Todo banco o caja universal que desee cubrir todas las necesidades financieras de los distintos segmentos de particulares y empresas, de forma rentable y ofreciendo el nivel de servicios que demandan los diversos tipos de clientes, deberá desarrollar una gran variedad de capacidades. Incorporar estas capacidades dentro del concepto tradicional de estructura organizativa bancaria es, probablemente, muy difícil. La organización jerárquica y la lentitud en la toma de las decisiones son obstáculos muy relevantes, que dificultan la creación de una mentalidad empresarial de riesgo tan necesaria para operar con éxito en este segmento de negocio.

A continuación destaco algunos segmentos de clientes, que necesariamente exigen la especialización.

3.3.3.2. Particulares de renta alta

La puesta en marcha de una estrategia que responda al comportamiento financiero y a las demandas de nivel de servicio del segmento de particulares de renta alta, requiere que la totalidad de la organización tenga una cultura, unas capacidades, unos sistemas de gestión y una forma general de trabajar sustancialmente diferente a las tradicionales de un banco o una caja universal.

Con relación a la cultura, la entidad debe creer en los valores básicos de la propuesta diferenciada de actuación. El concepto de cliente, la cobertura profesional, la atención personalizada y la óptima calidad de servicios deben ser principios aceptados por todo el equipo humano. Si se desarrolla la red de particulares de renta alta dentro del propio banco, deberían convivir dos culturas en la misma organización. Lograr esta convivencia en una misma oficina puede desembocar en la creación de innecesarios ruidos en el ambiente, aunque quizá sea ésta la única alternativa para algunos bancos tradicionales.

---

[31] Éste puede ser el caso del Banco Bilbao-Vizcaya y la Caixa, al poner en marcha el Banco Financia y Caixabank respectivamente. También es el caso de Banif como banco especializado del Banco Central Hispano, o Santander de Negocios del Banco Santander.

También Probanca, banco de negocios, constituido por Caja de Cantabria, Segovia, Mallorca y el Banco de la Provincia de Buenos Aires.

La gestión, realizada con un alto grado de autonomía y descentralización en la toma de decisiones, debe estar orientada a la obtención de resultados y apoyada en el rigor profesional. La estandarización y la jerarquía, frecuentes en la banca tradicional, son elementos perturbadores para actuar en este segmento de renta alta.

La estructura organizativa deberá estar diseñada para brindar una atención especializada al cliente. Generalmente, está formada por profesionales caracterizados por estar entrenados en la solución de los problemas y no en pasarlos y diluirlos en el conjunto de la organización. De no ser así, obligaría a la coexistencia de dos modelos de estructura organizativa en una misma institución, tanto a escala de oficinas como de servicios centrales.

Se hace necesario que los gestores de alta renta tengan una sólida formación profesional como especialistas en clientes y en las relaciones interpersonales, y sean usuarios de tecnologías avanzadas. Igualmente, es aconsejable que la actividad de marketing se especialice al máximo nivel por grupos de clientes.

En lo referido a los recursos humanos, resulta imprescindible buscar la convivencia de distintos sistemas de objetivos y estructura de compensación. Para lo cual, los sistemas de incentivos deben basarse en la obtención de resultados por cartera de clientes, y no por oficinas, como habitualmente ocurre en ciertos bancos.

A pesar de todos los problemas enumerados, es altamente posible para un banco (caja) desarrollar el conjunto de actividades a través de unidades especializadas integrantes del mismo grupo bancario, pero con gran autonomía de gestión que alcanzaría a la red de distribución, marketing, y podría incluir informática. No obstante, se advierte, para que esta estrategia de unidades diferenciadas sea factible, que es necesaria una reestructuración de los bancos y cajas universales.

Esta nueva configuración organizativa tendría como objetivo adoptar la forma de operar propia de los especialistas, pero a la vez manteniendo y aprovechando las fuerzas, medios y sinergia del modelo de las instituciones universales, lo que implicaría la creación de unidades separadas en áreas donde la especialización sea un requisito fundamental, en tanto que otras funciones pueden continuar gestionadas a nivel central.

3.3.3.3. La atención a la gran empresa y los requisitos de las pymes

Las necesidades de la gran empresa serán cada vez más dinámicas y específicas, en correspondencia a un escenario de operaciones altamente competitivo e incierto. Las exigencias básicas girarán en torno a rapidez y flexibilidad ante las demandas.

Es en este segmento donde se continuará con mayor intensidad el proceso de desintermediación, las grandes organizaciones buscarán nuevas formas de satisfacer sus necesidades de financiación, acudiendo directamente al mercado bursátil o al de capitales, normalmente con un alcance internacional. La banca aportará en este proceso su enorme capacidad de colocación en los mercados financieros.

Sin duda, los gestores responderán a un perfil profesional más completo que el tradicional, abarcando el conocimiento amplio de la gestión económico-financiera de la gran empresa y el sector en donde actúa, así como las características de los mercados en donde opera.

Respecto al colectivo de las pequeñas y medianas empresas, su tendencia es buscar en las entidades financieras interlocutores con mentalidad empresarial, capaces de comprender su particular problemática de negocio y de ofrecerles soluciones adecuadas con un enfoque global y de colaboración a largo plazo[32].

Siendo la política crediticia de las instituciones mantener la diversificación cuantitativa y cualitativa del riesgo en créditos a las pymes, las dificultades de éstas para obtener financiación indudablemente son mayores que en las grandes compañías.

Por ello, desde siempre se han buscado fórmulas para favorecer el acceso al crédito de estas empresas. En este sentido, hemos de dejar constancia de que todavía no se han obtenido plenamente las técnicas de evaluación de garantías que den acceso al crédito de una manera ágil y apropiada. De conseguirse una fórmula práctica, precisa, fiable y rápida, verdaderamente nos encontraríamos ante una auténtica innovación en los procesos de asignación y evaluación del riesgo.

Actualmente, las garantías de una pyme pueden ser evaluadas directamente por las entidades financieras, con las técnicas y medidas de información hoy disponibles. Ante la necesidad de los bancos de mantener e incrementar con estas empresas el mayor volumen de negocio financiero, deberán tener las entidades una máxima flexibilidad en su papel de financiación de la actividad productiva, ponderando más la viabilidad de los negocios y equipos directivos que únicamente los balances de las empresas.

Precisamente, la mejora continuada de la gestión financiera ha llevado a estas empresas a reclamar un trato igual al que reciben las grandes, con

[32] Por lo general las pymes se relacionan con un número reducido de entidades financieras y esta situación se hará cada vez más patente, siendo en torno a cinco el máximo de entidades con las que trabajarán en un futuro la mayoría de estas empresas. Por ello las labores de asesoramiento serán tan importantes para fidelizar a este tipo de clientes.

acceso a productos, servicios e información en condiciones similares. En este sentido, la banca está desplegando y actuando conforme a estos requerimientos de servicio que reclaman las pymes, siendo muy alentador comprobar las iniciativas que se están llevando a cabo por parte de las entidades para ajustar su oferta a las necesidades de cada cliente, ofreciendo de este modo un valor añadido más allá del tradicionalmente reconocido (operaciones crediticias generalizadas).

Una de las estrategias recientemente adoptadas por las entidades financieras, cada una con sus particulares variaciones, según su posición, comprensión y visión de este tejido empresarial, son los llamados «centros de empresa u oficinas de empresa», unidades concebidas específicamente para la ayuda y apoyo de los pequeños y medianos empresarios en asuntos que pueden ir desde asegurar la cobertura de una operación de exportación, hasta resolver un problema de garantía de suministros, diseñar la ingeniería financiera de una implantación exterior, estudiar las ventajas de una inversión fiscal, aconsejar una auditoría de impacto medioambiental, etc. Los centros de empresa se configuran como espacios diferenciados en la oficina o sucursal, se caracterizan tanto por su dotación de medios como por la exclusividad de su función, y suponen para el empresario un mayor trato específico y directo que el proporcionado en su oficina de siempre.

Así, en el mundo de las pymes, no sólo basta con atender a los empresarios a través de líneas de crédito y descuento de efectos, que constituyen la financiación tradicional del circulante, sino que cada vez más, y de modo más acusado dentro del marco del mercado abierto, es necesario atender y dar cobertura eficaz al planteamiento estratégico empresarial en su conjunto y en los requerimientos particulares que de él se derivan, y para ello la relación banca y pequeña y mediana empresa debe ser lo más próxima posible.

3.3.3.4. Estrategias de crecimiento. Las fusiones

Considero que gran parte de la expansión internacional de la banca española ha sido propiciada por la creación del Mercado Único Europeo. La influencia que esta situación ejerció fue manifiesta, como se puede comprobar por el aumento de la toma de participaciones, mediante alianzas y acuerdos de colaboración con entidades fundamentalmente comunitarias. En nuestro país, las estrategias de crecimiento comenzaron en 1987, cuando el Banco de Bilbao lanzó una OPA sobre Banesto —desde entonces, la concentración bancaria ha sido objeto de la máxima atención y debate—. Destaca que durante la última década en Europa se han producido más de 1800 procesos de fusiones, adquisiciones, y/o tomas de participación minoritarias.

Ante esta situación, se pensó en la aparición de bancos europeos, que configurarían entidades de gran dimensión, con presencia en los mercados nacionales y de servicios de los principales países comunitarios. Pero, como es manifiesto, siguen existiendo importantes obstáculos para el éxito de un sector bancario minorista transnacional dentro de la UE, y, de hecho, ningún banco está comprometido actualmente en el desarrollo de una red de oficinas paneuropea[33].

La desregulación plena de los servicios financieros no acabará ni mucho menos con la entrada en vigor del Mercado Único, sino que se extenderá durante la mayor parte de la década; durante este período, no será infrecuente la adopción de políticas que tratarán de defender los intereses nacionales en un área tan sensible como la financiera. Esto vendrá a sumarse a los límites que las diferencias en los gustos, los hábitos, la lengua y las disparidades legislativas oponen al proceso de internacionalización de la banca minorista.

Sin embargo, existe preocupación por los cambios que puedan producirse. Se sabe que los beneficios se estrecharán como consecuencia de la desregulación y la internacionalización de la industria de servicios financieros, en general, y de la conformación del Mercado Único en el plano europeo. La banca especializada, banca al por mayor, ampliará la gama de servicios que hoy ya pueden considerarse totalmente internacionalizados. Sin embargo, la banca al por menor continuará en manos de las instituciones existentes en cada país, aunque no pueda ignorarse la posibilidad de que alguno de estos bancos pueda llegar a depender de instituciones extranjeras de gran dimensión.

De esta manera, la adaptación de la banca española a la competencia dura y a veces despiadada, ha resultado ser el punto determinante en cuanto a su planteamiento de concentrar su actividad en el ámbito local y de manera especial en practicar banca comercial. La banca española se ha concentrado en este ámbito de negocio, dadas sus especiales fortalezas competitivas, basadas en la existencia de una tupida red de unas de 32.000 oficinas (18.000 los bancos por 14.000 las cajas de ahorro)[34].

---

[33] Si bien cabe destacar que el Deutsche Bank es el único gran banco europeo que más decididamente está apostando en esta dirección. En España se ha convertido en el mayor banco extranjero por número de oficinas y depósitos.

[34] Recuérdese lo tratado respecto a la sobredimensión del sector. Traduciéndose ésta, en una fortaleza «blindaje», ante la posible penetración de la banca extranjera en el segmento de banca al por menor.

Realizando un rápido recorrido por la historia de las fusiones desde 1987, nos encontramos que la primera fusión entre grandes bancos, la del Bilbao y el Vizcaya, tuvo lugar en enero de 1988, el mismo año en que fracasó la unión Central/Banesto. Le siguió la del Central y el Hispano en 1991, año en que también se constituyó Argentaria.

El último —por el momento— en mover ficha fue el Santander, que en abril de 1994 ganó la subasta de Banesto.

En otras palabras, ante lo agitado del panorama, puede que lo escrito en estas páginas[35], quede ampliamente rebasado, pues los acontecimientos se producen con gran rapidez, los escenarios cambian y todo puede suceder en la necesidad de profundizar o no en el proceso de concentración bancaria en España[36].

Es cierto que alguna de las grandes entidades bancarias mantiene que hay que seguir creciendo, para compensar con volumen el estrechamiento de los márgenes financieros en un entorno de costes de explotación elevados. Otras, apuntan que crecer no es siempre garantía de eficiencia, de rentabilidad y recuerdan lo traumático que han resultado algunos procesos de fusiones recientes. Mientras que otros líderes banqueros apuntan sobre su convencimiento de que el mapa bancario español, nucleado en torno a cuatro grandes grupos bancarios, se encuentra estabilizado y que cualquier nuevo movimiento de consolidación tendría efectos desde el punto de vista competitivo, que afectarían negativamente al propio sistema y al consumidor español. La concentración por tanto es suficiente y las posibles fusiones no tienen justificación alguna.

Así las cosas, las fusiones entre iguales parecen descartadas y se escuchan propuestas sobre la reforma del régimen jurídico de las cajas de ahorro, que, actuando como bancos, han comprado alguno de ellos, sin que pueda darse un proceso inverso.

A todo esto, el nuevo gobierno puede introducir[37] algunos elementos novedosos en un debate —que se está dando en toda Europa—, de cuyo resultado puede depender en gran medida el cuadro bancario final. Aunque, también, analizando esta situación al margen de este factor distorsionante, la agitación que embarga a la gran banca no es otra cosa que «la necesidad de adecuarse a las condiciones de competencia que impone la creación del Mercado Único y la moneda única».

La implantación de la moneda única supondrá, para la banca comercial, la pérdida de una parte del negocio de intermediación, que significará una dis-

---

[35] Mayo de 1996.

[36] Aunque en el panorama bancario sí se han barajado los grandes bancos, puede que la nota discordante la den dar las cajas de ahorro al seguir comprando bancos.

[37] Me refiero al nuevo gobierno surgido de las elecciones generales del 3 de mayo de 1996.

minución de los ingresos por comisiones, la acentuación de la competencia y un estrechamiento generalizado de los márgenes. Un reciente informe de la Asociación Española de la Banca (AEB)[38] concluye que «el reto de dotarse de la organización y los medios necesarios para asegurar la presencia solvente en los mercados comunitarios se presenta como urgente e inaplazable».

Mientras tanto, en este debate abierto, que, repito, presumiblemente continuará alargándose durante la presente década, la estrategia es tomar posiciones ante el nuevo Gobierno según la conveniencia de cada grupo bancario en pro o en contra de las fusiones.

Así las cosas, por lo que respecta a la banca pública, el Consejo de Ministros (9 de noviembre de 1995) autorizó la tercera venta de acciones de la Corporación Bancaria Argentaria, hasta un 25% del capital, con lo que el Estado se quedará exclusivamente con el 25,01%. La decisión no concreta la fecha de la colocación, supeditada al momento en el que las condiciones del mercado lo aconsejen[39], pero sí lo hace con el procedimiento: mediante una oferta pública de venta de acciones (OPV) en los mercados nacionales e internacionales. Una decisión que ha contribuido a la consolidación de la base accionarial de ese grupo bancario, al tiempo que al saneamiento de las finanzas públicas, especialmente por haber resultado su colocación tan favorable como las anteriores.

Es difícil aislar esta decisión del clima creado en torno a posibles cambios en la composición y grado de concentración del sistema bancario, conjeturas sobre eventuales modificaciones en la configuración jurídica de las cajas de ahorro o valoraciones sobre la eficiencia del sistema bancario en su conjunto durante los últimos años[40]. Todo ello en un contexto internacional dominado por las dificultades de algunos importantes sistemas bancarios[41] y los procesos de concentración en otros[42].

En definitiva, *caben pocas dudas del elevado grado de bancarización de la economía española y de la progresiva concentración del sector que se ha producido durante los últimos años*. Su participación de la banca privada

---

[38] Noviembre 1995.

[39] Finalmente, la fecha se concretó para marzo de 1996.

[40] Casilda, R. y Lamothe, P.: «Las cajas de ahorros, un debate abierto». *Diario Expansión*. Madrid, 24-07-1995.

[41] Destaco por su trascendencia el Sistema Bancario Japonés. En Japón, los problemas de algunos importantes bancos pueden deparar sorpresas, y últimos acontecimientos, como las estrepitosas pérdidas registradas por el Daiwa, han hecho tomar medidas de emergencia y precaución (Noviembre, 1995).

[42] Particularmente el Sistema Bancario Americano, cuyo cambio de normativa bancaria a partir de septiembre de 1994, posibilita realizar prácticas bancarias entre los Estados de la Unión desde 1997, lo cual justifica la multitud de alianzas entre bancos regionales que quieren expandirse más allá del ámbito geográfico al que hasta ahora tenían que ceñirse. Sólo durante 1995 se han producido 600 fusiones bancarias. Así, el número de bancos americanos, que en 1985 era de aproximadamente 14.500, en diez años se ha reducido a 10.000.

en la canalización de la riqueza financiera de los españoles es superior al promedio de los países de nuestro entorno. Aun cuando haya sido importante el grado de desintermediación, la economía española sigue siendo, comparativamente, muy dependiente del sistema bancario, y en particular de los grandes grupos bancarios privados.

Los problemas del sistema bancario español no son exclusivamente de dimensión, ya que la creciente introducción de criterios de competencia entre los grupos aconseja que el buen funcionamiento, la racionalización interna y la capacidad de sus equipos directivos sean la clave de su adaptación competitiva.

Una consideración especial sobre el resultado de las fusiones bancarias, la recojo de las conclusiones que realiza el Tribunal de Defensa de la Competencia (TDC)[43].

> La política de fusiones entre grandes bancos practicada en los últimos años, que ha creado el Banco Bilbao Vizcaya (BBV), el Banco Central Hispano (BCH), el grupo Santander-Banesto y Argentaria, ha supuesto la pérdida de cuota de mercado sobre la que poseía cada uno de los bancos fusionados.

El Tribunal informa que mientras la suma de las cuotas de mercado de pasivo del Banco Central y del Banco Hispano sumaban el 14,8% en 1987, en 1993 el banco resultante de la fusión reducía esta cuota al 9,7%. Otro tanto se puede decir del Banco de Bilbao y el Banco de Vizcaya. Por separado totalizaban una cuota de mercado del 12,2% y el BBV capta solamente el 10,6%. Sin embargo, no critica la concentración bancaria, porque origina eficiencia en el servicio, y se requiere para competir con las empresas extranjeras que también cuentan con sistemas bancarios eficaces para apoyarles.

También destaca que la clave de esta evolución está en el comportamiento agresivo para ganar cuota de mercado que han desarrollado las cajas de ahorro, en especial de la Caixa y Cajamadrid. Las dos cajas mencionadas están ya entre las siete primeras entidades bancarias del país. Las fusiones bancarias, en opinión del Tribunal, se originaron a impulsos del poder político. En el caso de BBV y BCH, el TDC explica que «se ha tratado de actuaciones persuasivas de la autoridad financiera, en alusión al Banco de España».

Por todo lo cual, hay que tener muy en cuenta que algunas de las operaciones de concentración más importantes han resultado procesos de lenta y complicada digestión, cuyas sinergias y economías de escala o de alcance aún no han producido los resultados previstos, estando por ello cuestionadas. Siendo cierto que las posibilidades de crecimiento en el sector están

---

[43] Informe sobre Fusiones Bancarias. Madrid, octubre de 1995.

limitadas por su cada vez más evidente madurez, reflejada en unos márgenes más estrechos, no lo es menos que la viabilidad del sector no pasa prioritariamente por una mayor concentración, sino en todo caso por la consecución de una mayor eficiencia de las entidades existentes.

Sin embargo, estas manifestaciones y probables actuaciones no deben hacer olvidar que a corto plazo la inestabilidad económica y de los mercados es lo que está primando. Por tanto, ante esta situación, en donde la presión competitiva no cede y la capacidad del sector es evidente, todo parece aconsejar la adopción de una estrategia prudente[44], concentrada en la fortaleza de las instituciones, dedicándose a aquellas actividades que mejor se conocen[45].

Siendo una clara determinación estratégica, la cual goza de una buena sintonía por parte de los grandes grupos bancarios, que su crecimiento debe producirse en gran medida por la expansión internacional, esto sería muy deseable para las empresas españolas en su conquista de nuevos mercados. Sin duda, este accionar sería tan estimulante como positivo para la propia banca, las empresas y el conjunto de la economía española.

Actuaciones posibles para lograr una dimensión optima

	Ventajas	Inconvenientes
Alianzas	❍ Menos complicadas que las fusiones y adquisiciones. ❍ Si no funcionan, son fáciles de deshacer.	❍ Inestabilidad. ❍ Difícil control de implicaciones colaterales no previstas.
Fusiones y adquisiciones	❍ Producen economías de escala. ❍ Generan mayor confianza en el cliente y en el mercado. ❍ Ocasión para reasignar recursos más eficientemente. ❍ Oportunidad para reforzar recursos propios y aflorar plusvalías.	❍ Riesgo de oligopolio. ❍ Fricciones por incompatibilidades. ❍ Duplicidad de procedimientos. ❍ Duplicidad de estructura informática. ❍ Conflictos culturales.

[44] Lamothe, P.: «¿Son convenientes más fusiones en el Sistema Bancario Español?». *Diario Expansión*. Madrid, 13-11-1995.

[45] Dice un importante «banquero» español, que existen dos tipos de estrategias: la prudente y la mala.

Estrategias crecimiento elegidas por la gran banca española

Entidad bancaria	Estrategia	Proceso
Banco Bilbao	Liderazgo del sistema bancario español por crecimiento externo vía fusión por absorción. La estrategia de crecimiento del BBV se orienta a la potenciación del negocio de las sucursales y a la profundización en el mercado de capitales. Recientemente se ha volcado en potenciar su negocio internacional. Destaca su presencia en México, Perú, Puerto Rico, Colombia y Argentina.	A finales de 1986 optó por Banco Hispano Americano, Español de Crédito y Central. Después de largos estudios, elige en septiembre de 1987 al Banco Español de Crédito (Banesto). Tras el lanzamiento y posterior retirada de una OPA sobre Banesto, reorientar su estrategia hacia el Banco Bilbao Vizcaya. En enero de 1988, se firma el acuerdo con el Banco Vizcaya.
Banco Vizcaya	Crecimiento externo, orientada a la ventaja competitiva en costes.	
Banco Hispano Americano	Crecimiento de tipo internacional, vía acuerdos y participaciones cruzadas con otras entidades bancarias comunitarias. Se encuentra en un proceso de gran alcance para aumentar su presencia en el área iberoamericana, con gran atención en el Mercosur.	Miembro de Europartners junto con el Commerzbank, Credit Lyonnais y Banco de Roma. Asimismo, en 1988 adquirió el banco belga Continental Bank. Se fusiona con el Banco Central (1992).

Estrategias crecimiento elegidas por la gran banca española

Entidad bancaria	Estrategia	Proceso
Banco Español de Crédito	Estrategia defensiva de crecimiento externo.	En junio de 1988 mantiene conversaciones con el Banco Central para una futura fusión, produciéndose la ruptura en febrero de 1989.
Banco Central	Crecimiento externo, orientada a la ventaja competitiva en costes.	Red propia de sucursales en Europa, USA, Canadá y Latinoamérica. Fusión con el Banco Hispano Americano en 1992.
Banco Popular	Estrategia no de crecimiento, sino de supervivencia como banco independiente, basada en la minimización del riesgo, sanidad del activo, liquidez y servicio a colectivos homogéneos.	
Banco Santander	Estrategia de crecimiento de doble vía interno y externo. Destaca por su importancia, su actividad en Iberoamérica. Su estrategia de expansión internacional, le ha llevado a tomar posiciones destacadas en Asia y Extremo Oriente.	A nivel interno, fusión por absorción del Banco Comercial Español, y en 1994 adquisición del Banco Español de Crédito. A nivel externo, adquisición del Credit du Nord Belge y del Bayamon Saving Bank de Puerto Rico, además del 15% del BCI de Portugal, el 28% del First Fidelity y 12% del Royal Bank of Scotland.

Es de suponer que la reestructuración del sector *aumentará la competitividad* y *homogeneizará* la oferta de productos, lo que derivará en un *ajuste complejo,* tanto en la unificación de los precios de los servicios, como por ejemplo los tipos de interés y las comisiones, situándose en los niveles europeos.

En cuanto a lo que pueda suceder con la implantación de la *unión monetaria europea,* seguramente traerá consigo un gran *movimiento de capitales,* lo que provocará el desencadenamiento de un proceso de fusiones y alianzas sólidas entre los diferentes grupos bancarios tanto a nivel de país como entre países, lo que a la vez originará una mayor concentración en el sector bancario y financiero.

Por consiguiente, la aceleración del movimiento de grandes capitales que traerá consigo el establecimiento de la unión monetaria, provocará sustanciales modificaciones del mapa bancario comunitario. El cambio más destacado se observará en una dinámica de concentración, la cual desembocará en un proceso de fusiones que impulsará la *creación de macrobancos.* La nueva coyuntura europea en el marco de la moneda única, con una economía abierta e integrada, *supondrá una reorientación de las estrategias y operaciones de las entidades financieras.*

De tal manera que estos movimientos traerán consigo un *descenso considerable de los márgenes financieros en los bancos españoles.* Esta convergencia de precios que acarreará la reducción de los tipos de interés, será especialmente beneficiosa para las empresas y las familias en primer lugar y por extensión para el conjunto de la economía. Por otra parte, la adaptación de España a la unión económica y monetaria, *le costará a la banca española 240.000 millones de pesetas*[46].

3.3.3.5. Factores de éxito en la formulación de estrategias

Hasta mediados de los años ochenta el sector bancario español se caracterizaba por ser un mercado de demanda. Es decir, los bancos se limitaban a satisfacer la demanda existente con productos básicos y con una competencia limitada. De esta forma, se puede decir también que se hacía una banca de productos. A partir de los años noventa, las estrategias formuladas por la banca privada española se han diseñado en torno a una idea fundamental, la atención al cliente[47], pasando a hacerse una banca de clientes.

---

[46] Estos cálculos suelen ser coincidentes. Esta cifra proviene según estudios del BBV.

[47] Véase el punto 4.1.3, «La banca española ante la moneda única». Para un análisis más extenso Casilda Béjar, R.: «Las relaciones banco-cliente-sucursal», *Revista Banca y Finanzas,* núm. 6, Madrid, noviembre de 1995.

Como se ha apuntado, los cambios experimentados han hecho que el mercado se haya saturado, incrementándose considerablemente la competencia. Esto supone que los bancos tienen que diferenciarse para competir y para ello pasar a una oferta muy activa de servicios y productos. Lo que significa que el centro de interés no es el producto, sino el cliente.

Para hacer frente a esta situación, considero que los factores de éxito en la formulación de estrategias que debe adoptar la banca española están en función de los objetivos y metas fijadas, que pueden ser:

- **Calidad de la gestión**

Permite alcanzar los objetivos principales de la entidad: tamaño adecuado, máxima rentabilidad, mínimos costes de transformación, mejora de la solvencia, máxima calidad, e incorporación de nuevos productos y servicios.

- **Implantación de tecnologías avanzadas**

Según lo expuesto, permiten mejorar tanto la calidad de los productos y servicios ofrecidos, como la productividad de las entidades, siendo un factor clave para su diferenciación. Según la aplicación de las tecnologías se distinguen en:

— Tecnologías que facilitan el contacto con la clientela, permitiendo nuevas formas de acceso de ésta a los servicios bancarios, agilizando los trámites administrativos de las operaciones básicas y elevando la seguridad y fiabilidad de los medios de pago (por ejemplo, cajeros automáticos, tarjetas, terminales punto de venta, banco en casa).

— Tecnologías que facilitan la gestión interna de las entidades en aspectos relativos a procesamiento, almacenamiento, tratamiento y distribución de la información, que procedente de sus clientes pueda servir como soporte para la toma de decisiones (por ejemplo, en servicios centrales el teleproceso y base de datos, que permiten ejecutar en tiempo real la totalidad de la operativa bancaria, y en sucursales los tratamientos de texto, de voz e imágenes, así como el correo electrónico, sistemas interactivos de reconocimiento de firmas, lectores de talones, impresoras de libreta con banda magnética).

— Tecnologías que agilizan las conexiones interbancarias (por ejemplo, conexión mecanizada con la Cámara de Compensación, compensación de fondos mecanizada con bancos internacionales vía SWIFT, transferencias internacionales en dólares vía CHIPS, transferencias nacionales vía SITO, VISA).

Aunque es importante nuevamente resaltar, que el logro de ventaja competitiva sostenible no exige ni la utilización de la tecnología más sofisticada, ni tampoco ser el primero en introducirla en un mercado, sino, por el contrario, requiere la adopción en el momento más adecuado de las innovaciones tecnológicas coherentes con la misión corporativa, con las oportunidades y amenazas del entorno, y con el perfil competitivo de cada entidad.

- **Costes competitivos y estructurados**

Facilitan una política comercial más agresiva (proactiva), lo que redundará en el logro de una mayor cuota de mercado y/o en un mayor margen financiero que eleve la rentabilidad de la entidad.

Para poder ser líderes en costes, es necesario que se produzca un rígido control de los mismos basado en una organización muy estructurada y con sistemas de incentivos orientados a alcanzar objetivos cuantificables; para ello es necesaria una inversión constante, una supervisión detallada de los empleados y unos sistemas de distribución con bajo coste.

- **Calidad de la información de gestión a todos los niveles**

Permite conseguir un sistema eficiente y eficaz para el apoyo a la toma de decisiones por parte de la alta dirección y, por extensión, al conjunto de la organización.

Innovación de productos y servicios[48]

Permiten la diferenciación del resto de los existentes en el mercado, siempre que las diferencias en cuestión sean percibidas como tales y objeto de una valoración positiva por sus clientes y el mercado.

Algunas de las innovaciones se han desarrollado en los mercados internacionales y otras, a pesar de desarrollarse a nivel doméstico, se han internacionalizado. España, gracias a la entrada de la banca extranjera, ha ido empleando estos productos, instrumentos y programas financieros que hasta hace muy pocos años eran desconocidos (por ejemplo, créditos a tipo de interés variable, certificados de depósito, futuros, forward, opciones, swaps, pagarés a interés flotante, letras de cambio bancarias, papel eurocomercial, notas, eurobonos, euronotas, euroacciones).

---

[48] Véase notas de ampliación: Octava nota. «La innovación financiera, un proceso continuo».

3.4. Adaptación y perspectivas estratégicas

Como se puede constatar a lo largo del libro, los cambios que se han producido dentro del Sistema Bancario Español, resultarán decisivos para su configuración futura. Al mismo tiempo, están teniendo lugar adaptaciones estratégicas a dichos cambios. Probablemente nunca será posible deslindar con nitidez, en qué medida dichas adaptaciones constituyen una reacción ante la apertura comunitaria o responden a la dinámica que se sigue por la desregulación y globalización de los mercados. Me inclino a pensar que esta última es la fuerza impulsora, pero su capacidad de influir en el sector bancario español ha venido determinada por nuestros compromisos con la UE y, sobre todo, por las exigencias derivadas del Mercado Único: libertad de movimientos de capital y libertad de establecimiento bancario.

Queda, pues, preguntarse, ante esta acentuada y persistente competencia que, lejos de apagarse, se aviva constantemente y en todas las direcciones, lo siguiente:

— ¿Qué enseñanzas cabe extraer de la experiencia de la liberalización del Sistema Financiero Español y, por extensión, del Sistema Bancario?
— ¿Es extensible la contienda financiera nacional a una comunitaria?
— ¿Están nuestras instituciones preparadas para afrontar la competencia futura, tanto en los mercados nacionales como en los internacionales?
— ¿Qué riesgos, nuevos y viejos, acechan su actividad?

Basándome en el estudio de Fundesco[49], enumero algunos de los problemas que recogía como futuros de la banca española. Afortunadamente, muchos de los que se relacionan ya han sido superados, lo cual representa un signo positivo de reacción de las entidades. O tal vez en su conjunto, los

---

[49] Fundesco. Fundación para el Desarrollo Social de las Comunicaciones. Me permito aprovechar, para expresar, lo conveniente que sería acometer una nueva edición de este muy interesante estudio. Véase bibliografía.

Relación de problemas futuros

- Estrechamiento de los márgenes financieros.
- Bajo rendimiento del mercado de intermediación financiera.
- Incremento de competencia en el mercado nacional e internacional.
- Escasa presencia internacional.
- Constante aumento del número de productos.
- Dificultad para controlar el riesgo asumido por la entidad.
- Mayor especialización de los mercados.
- Aumento de las necesidades de información.
- Economías de escala en banca electrónica.
- Nuevas funciones de las redes bancarias.
- Cambios en la estructura de costes.
- Escasa integración de la política tecnológica en la estrategia empresarial.
- Cultura empresarial poco adecuada para la innovación.
- Dependencia de la oferta de servicios de telecomunicación y de equipos informáticos.
- Sobredimensionamiento y desajustes de plantilla.
- Reducción del ciclo de vida de los productos financieros.
- Inestabilidad en el sistema financiero internacional.
- Cambios de las demandas de los clientes.
- Acelerado ritmo de innovación tecnológica.

FUENTE: Fundesco: Las Nuevas Tecnologías de la Información y el Futuro del Sistema Financiero Español y elaboración propia.

acontecimientos confirmen la plena validez a esta relación de problemas como quedan expresados en el siguiente esquema.

Podríamos entonces tratar de imaginar el panorama bancario de nuestro país, ejercicio que es cada vez más arriesgado. Resulta evidente que algunas de las características que definirán el entorno financiero no serán sino la acentuación y la consolidación de tedencias ya hoy en marcha.

Así, antes de nada, y como tendencia general, hemos de hablar de la creciente integración de la economía española en el ámbito comunitario. En efecto, desde 1993, se ha completado el proceso de desarme arancelario de nuestro comercio con la Comunidad y se han eliminado la mayor parte de las barreras físicas y técnicas del mismo.

En ese contexto de mercado único sin barreras para las mercancías, las personas, los servicios y los capitales, cabe pensar en un sistema bancario español altamente competitivo, con unas entidades mucho más libres en su actividad, al haber desaparecido las intervenciones de las autoridades sobre los recursos (supresión de los coeficientes), pero, al mismo tiempo, sometidas a reglas muy claras y estrictas de prudencia y solvencia (fondos propios, concentración de riesgos, etc.). En este sistema bancario se habrá reducido el número de entidades tradicionales (bancos y cajas de ahorro), en favor de entidades de mayor dimensión, fruto del proceso de estrategias de crecimiento (fusiones o absorciones), que buscarán la entrada en mercados sectoriales y geográficos más ambiciosos.

Efectivamente, basta con constatar el proceso que están llevando a cabo las cajas de ahorro, que han reducido notablemente su número dando origen a entidades de mayor dimensión, o los procesos de fusión ya aludidos entre bancos públicos (Corporación Bancaria de España —Argentaria—) y entre bancos privados españoles (Banco Bilbao Vizcaya y Banco Central Hispano Americano). Y si dirigimos la vista más allá de nuestras fronteras, constatamos igualmente los procesos de fusión[50] que se están llevando a cabo en países comunitarios como Inglaterra, Suecia, Holanda o Dinamarca, con objeto de adquirir el umbral mínimo para poder operar con éxito en un mercado más amplio y global.

Estas tendencias y la necesidad de hacer frente con decisión al problema del exceso de capacidad bancaria que se ha ido acumulando en el sistema bancario español, son elementos que fundamentan el convencimiento de que los procesos de fusión entre bancos españoles continuarán, pues no se puede ignorar la tendencia al estrechamiento del margen financiero —hasta ahora elevado—. Un estrechamiento que, para mantener el nivel de rentabilidad, debe compensarse con mayores ingresos por servicios o con una reducción de los costes de transformación, que son relativamente más elevados en nuestras entidades crediticias por la amplia red de oficinas.

En este sentido, debe reconocerse que la fusión entre entidades, cuya tendencia es evidente en el marco comunitario, al eliminar la duplicación en los medios empleados, constituye una de las vías menos traumáticas de depurar el exceso de capacidad bancaria y, en definitiva, de lograr un sistema bancario más eficiente, más racional.

---

[50] Sin olvidar las muy importantes fusiones llevadas a cabo en Estados Unidos y Japón.

Tendremos, en consecuencia, un sistema bancario compuesto por un número menor de bancos y cajas de ahorro, pero indudablemente de mayor dimensión[51], mientras que previsiblemente no se incrementará de manera importante la presencia de bancos extranjeros. Así pues, nos encontraremos ante un sistema bancario, en el que las entidades tendrán que reajustar su actividad a los cambios en la demanda, que se producirá, en parte, como consecuencia de una mejor educación financiera por parte de la clientela y su capacidad crítica para elegir su banco. En consecuencia, parece evidente que seguirán perdiendo importancia las actividades bancarias tradicionales, en beneficio de servicios más sofisticados de banca personal y administración de patrimonios, de operaciones de ingeniería financiera y de mercados de capitales para las empresas. Todos estos cambios en la demanda se verán impulsados por las nuevas posibilidades que ofrecerán los nuevos canales de distribución alternativos. Por todo ello, las entidades financieras españolas podrán apoyar la expansión exterior de nuestras empresas a nuevos mercados (vector fundamentalmente para la economía española), al poner a su disposición la información, el asesoramiento y los instrumentos adecuados de financiación, cobros y pagos.

Y lo mismo cabe decir en lo que respecta a la mayor atención que nuestras entidades prestarán a la canalización de flujos financieros de empresarios y particulares en busca de los activos y mercados más rentables y seguros, sacando con ello el mayor partido posible a las nuevas oportunidades que ofrece la plena libertad de movimientos de capitales. Son precisamente esas nuevas posibilidades y esas nuevas demandas las que apuntan hacia la aparición y consolidación —en este nuevo entorno financiero— de las entidades financieras no bancarias que operan en el asesoramiento, gestión y administración de patrimonios, como es el caso de las sociedades del mercado de valores, gestoras de fondos de inversión colectiva o de fondos de pensiones y otros. Es éste un sector que se ha visto notablemente incrementado y donde los grandes intermediarios internacionales, ya presentes en España, Nomura, Daiwa, Yamaichi, Merryl Linch, Salomon Brothers..., suponen un serio desafío en el mercado nacional.

[51] Adviértase, como ya he indicado, que mayor dimensión no significa mayor rentabilidad.

La banca privada española. Actuales ventajas e inconvenientes

	Ventajas	Inconvenientes
Alto grado de solvencia	✓ Mayor solidez. ✓ Oportunidades de crecimiento.	✓ Intensa competitividad con las cajas de ahorros y banca extranjera.
Red de sucursales extensa	✓ Sólida barrera de entrada respecto a nuevos participantes.	✓ Exceso de capacidad. ✓ Oportunidades de racionalización mediante fusiones. ✓ Los cambios tecnológicos y culturales pueden reducir la importancia de la proximidad de las oficinas.
Importancia del negocio minorista	✓ Elevados márgenes.	✓ Altos costes de transformación. ✓ Mayor riesgo crediticio.
Alta rentabilidad	✓ Reforzamiento de la solvencia.	✓ Atracción de nuevos competidores.

Tendencias del mercado nacional

- Saturación de mercados.
- Cambios en los hábitos de consumo.
- Dificultad creciente para mantener las cuotas de mercado de la entidad.
- Nuevos competidores.
- El cliente demanda cada vez más calidad en el servicio adicionalmente a la calidad en el producto.
- Es más exigente y crítico en la elección.

↓

- El banco debe diferenciar sus productos de manera efectiva para mantener e incrementar su cuota de mercado.
- El banco debe centrarse en el servicio al cliente como factor diferenciador dentro de su política comercial.
- El banco debe contar con una organización flexible, cohesionada y formada para dar la respuesta apropiada con el mínimo coste y la máxima eficacia.

Adaptación estratégica de la banca española

COMPORTAMIENTO DEL CLIENTE	IMPACTO SOBRE LAS ENTIDADES
Mayor cultura financiera y tecnológica.	Mayor profesionalidad y equipamiento tecnológico.
Preocupación precio y calidad.	Estructura de costes competitiva.
Búsqueda productos a la medida.	Segmentación de mercados y especialización.
Trato más profesional.	Formación y reciclaje de personal.
Aumento nivel de endeudamiento.	Mayor disposición a correr riesgos.
Disponibilidad y uso frecuente de equipos terminales.	Mayor infraestructura tecnológica.
Valoración de rapidez en las operaciones.	Funcionamiento en tiempo real.
Contactos frecuentes sin trato personal.	Menor valoración redes de sucursales.
Demanda servicios de información.	Banca electrónica.
Actitud crítica y preocupación por la elección de la entidad.	Banca telefónica. Banca en casa.
Aumento actividades internacionales.	Banco como empresa de servicios.
Presencia en mercado europeo y servicios internacionales.	Importancia de la calidad y de la imagen.

El nuevo directivo bancario

☞ El directivo debe ser el primer vendedor de la entidad
- ❑ A nivel de los clientes
- ❑ A nivel institucional

☞ Difusor de la imagen de la entidad
☞ Embajador del futuro en el presente
☞ Creador y coordinador de equipos directivos integrados.
☞ Custodio de los riesgos del negocio.
☞ Comunicador y creador de opinión interna y externa.
☞ Gestor de la estabilidad, reconciliando el cambio con la continuidad.

FUENTE: Julio Fernández Gayoso y elaboración propia.

Las cualidades necesarias del directivo

LIDERAZGO: COMPONENTES A DESARROLLAR

Anticipación	Innovación
Empatía	Cultura
Influencia	Asunción del riesgo

COMPETENCIA: CONOCIMIENTOS REQUERIDOS

Formación teórica				
Conocimientos especiales	➡	para	➡	Analizar
Conocimientos generales	➡	para	➡	Hacer
Conocimiento práctico				
Experiencias profesionales	➡	para	➡	Actuar
Experiencias generales	➡	para	➡	Transmitir

FUENTE: Julio Fernández Gayoso y elaboración propia.

Integridad del directivo. Requisitos básicos

☞ Ética profesional
☞ Credibilidad
☞ Observancia de la credibilidad
☞ Respeto por los competidores
☞ Respeto por las personas
☞ Cumplimiento de las normas
☞ Ecuanimidad reconocida
☞ Responsabilidad inherente al cargo

FUENTE: Julio Fernández Gayoso y elaboración propia.

La evolución del negocio bancario

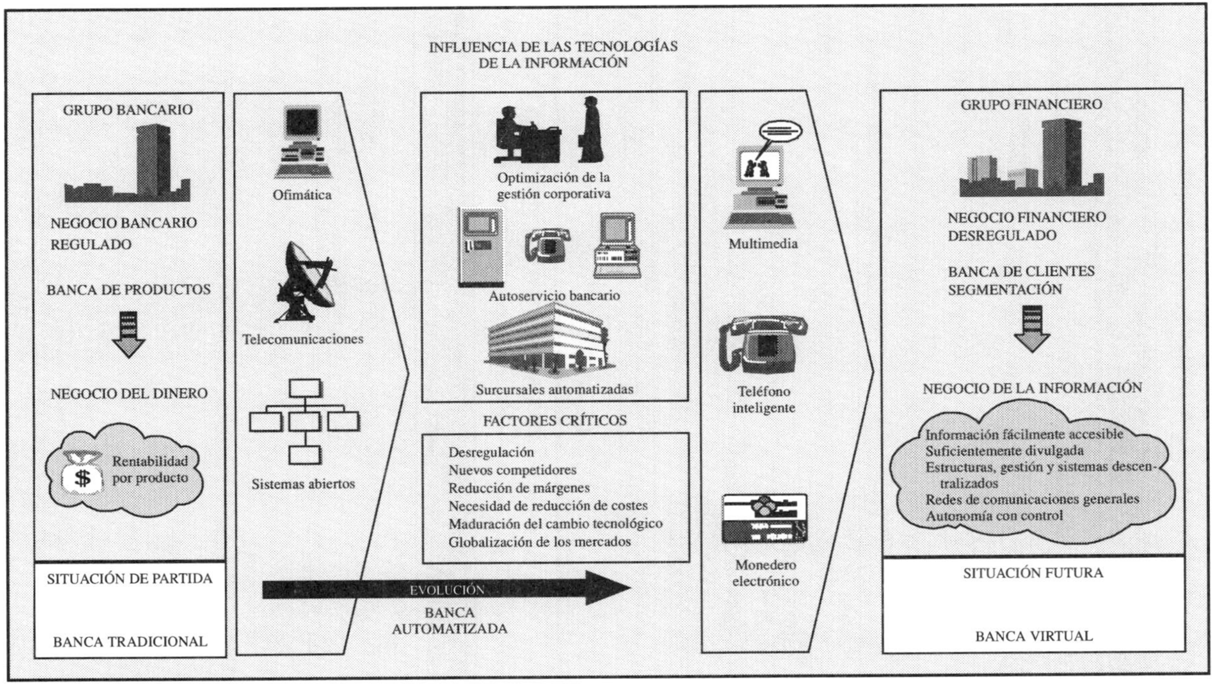

Los 15 mayores bancos por depósitos (En millones de pesetas)

Entidad	31-12-95	31-12-94	Var. (%)
1. BBV	6.043.787	5.287.507	14,30
2. BCH	5.076.246	4.851.377	4,64
3. Santander	4.421.652	2.870.328	54,05
4. Banesto	2.851.353	2.696.453	5,74
5. Caja Postal	2.032.445	1.561.456	30,16
6. BEX	1.831.403	1.724.216	6,22
7. Popular	1.481.451	1.390.594	6,53
8. Sabadell	1.070.139	936.134	14,31
9. Bankinter	1.004.656	684.159	46,85
10. Pastor	766.503	738.644	3,77
11. Comercio	765.800	663.664	15,39
12. Atlántico	761.435	676.715	12,52
13. Catalana	607.793	549.598	10,59
14. Deutsche Bank	514.929	475.215	8,36
15. Zaragozano	479.601	443.379	8,17

FUENTE: AEB.

Los 15 mayores bancos por créditos (En millones de pesetas)

Entidad	31-12-95	31-12-94	Var. (%)
1. BBV	4.093.640	3.679.502	11,26
2. BCH	4.057.784	4.288.109	–5,37
3. BEX	2.309.518	2.110.212	9,44
4. Santander	2.144.616	1.866.647	14,89
5. Banesto	1.841.071	1.915.037	–3,86
6. Hipotecario	1.523.056	1.490.240	2,20
7. Crédito Local	1.428.290	1.376.210	3,78
8. Popular	1.239.690	1.065.660	16,33
9. Caja Postal	959.186	722.971	32,67
10. Bankinter	726.855	585.217	24,20
11. Sabadell	562.892	571.094	–1,44
12. Catalana	525.193	468.985	11,99
13. Deutsche Bank	506.675	505.690	0,19
14. Pastor	436.183	410.986	6,13
15. Comercio	435.287	368.755	18,04

FUENTE: AEB.

Ranking por beneficio neto de la banca
(En millones de pesetas)

Entidad	1995	1994	Var. (%)
1. Corporación Bancaria	62.911	48.563	29,55
2. BBV	61.662	60.452	2,00
3. Santander	45.030	60.032	–24,99
4. Popular	44.661	40.623	9,94
5. Crédito Local	36.651	17.318	111,64
6. Caja Postal	24.861	20.406	21,83
7. Hipotecario	21.894	15.163	44,39
8. Banesto	20.195	–12.537	—
9. Sabadell	14.671	13.570	8,11
10. Industrial de Bilbao	14.449	4.492	221,66
11. Bankinter	13.004	14.655	–11,27
12. Andalucía	9.524	9.150	4,09
13. Chemical Bank	9.021	3.421	163,69
14. Citibank	7.001	1.531	357,28
15. Castilla	6.102	5.457	11,82
16. Pastor	5.713	5.234	9,15
17. Comercio	5.470	5.013	9,12
18. BCH	5.137	23.010	–77,67
19. Catalana	4.777	4.213	13,39
20. Valencia	4.155	3.150	31,90
21. Galicia	4.152	3.755	10,57
22. Morgan Guar. Trust	3.762	8.148	–53,83
23. Atlántico	3.666	3.211	14,17
24. América	3.463	3.639	–4,84
25. Barclays Bank	3.376	3.831	–11,88
26. Herrero	3.307	2.766	19,56
27. Guipuzcoano	2.825	1.654	70,80
28. Santander de Negoc.	2.533	279	807,89
29. Vasconia	2.487	1.549	60,56
30. Natwest España	2.218	–1.668	—
31. Crédito Balear	1.788	808	121,29
32. BEX	1.717	15.215	–88,72
33. Zaragozano	1.554	292	432,19
34. Negocios Argentaria	1.536	1.338	14,80
35. Alicante	1.368	1.226	11,58
36. Deutsche Bank	1.266	1.519	–16,66
37. Privanza	1.041	864	20,49
38. Gallego	1.033	627	64,75
39. Asturias	1.014	543	86,74
40. Urquijo	911	1.257	–27,53
41. Murcia	910	758	20,05
42. Indosuez	764	–2.873	—
43. Mapfre	703	310	126,77
44. Sumitomo	661	1.202	–45,01
45. Sabadell Multibanca	634	528	20,08
46. Granada-Jereez	618	781	–20,87
47. Industrial B. of Japan	616	707	–12,87
48. Simeón	606	1.303	–53,49
49. Cooperativo Español	576	583	–1,20
50. Depósitos	535	416	28,61
51. Bankers Trust	477	1.525	–68,72
52. Pueyo	472	303	55,78
53. Mitsubishi	470	162	190,12
54. Extremadura	451	331	36,25
55. Sakura	450	278	61,87
56. Deutsche Bank Credit	405	400	1,25
57. Fibanc	336	115	192,17
58. Barcelonesa de Financ.	331	0	—
59. Promobank	321	610	–47,38
60. EBN	303	240	26,25
61. Tokyo	287	436	–34,17
62. Depositario BBV	286	178	60,67
63. Directo	280	158	77,22
64. Esfinge	277	257	7,78
65. March	275	689	–60,09
66. Aresbank	243	–4.665	—
67. Popular Hipotecario	236	283	–16,61
68. Chase Manhattan	230	646	–64,40
69. Altae	212	41	417,07
70. Bankoa	212	156	35,90
71. Vitoria	211	–5.496	—
72. BEF	211	98	115,31
73. Fuji	206	208	–0,96
74. Madrid	197	163	20,86
75. Royal B. of Canada	191	66	189,39
76. Bancofar	181	204	–11,27
77. Barcelona	173	408	–57,60
78. Halifax Hispania	172	165	4,24
79. Occidental	162	183	–11,48
80. Bankpyme	160	–371	—
81. Chemical Bank C. B.	145	0	—
82. Finanzia	138	81	70,37
83. Bandesco	127	576	–77,95
84. Popular Rabobank	125	–59	—
85. Privat Bank	123	100	23,00
86. Luso Español	110	118	–6,78
87. Mercantil Tarragona	108	11	881,82
88. Alcalá	106	201	–47,26
89. Bancoval	99	78	26,92
90. Nación Argentina	95	34	179,41
91. Etcheverría	91	94	–3,19
92. Estado de Sao Paullo	91	28	225,00
93. Brasil	89	5	1.680,00
94. Crédit L. de France	88	13	576,92
95. Condal	86	60	43,33
96. Industr. de Cataluña	85	135	–37,04
97. Inversión	78	432	–81,94
98. Universal	76	63	20,63
99. Abbey Nationall	72	–2.116	—
100. Dai-Ichi Kangyo	61	258	–76,36
101. Sanwa	55	–49	—
102. Caixabank	53	–183	—
103. Hispamer	49	0	—
104. Probanca	42	–301	—
105. Banif	37	264	–85,98
106. Extebandes	34	51	–33,33
107. Albacete	33	0	—
108. San Paolo	32	26	23,08
109. Real	15	18	–16,67
110. Eurob. del Principat	10	28	–64,29
111. General	–55	–273	—
112. Tokay	–68	12	—
113. Exportación	–124	–187	—
114. Espirito Santo	–127	–25	—
115. Marocaine	–169	4	—
116. Crédit Suisse	–184	–173	—
117. Central Hisp. Hipot.	–250	0	—
118. Arab Bank	–293	–413	—
119. Europa	–359	–98	—
120. UBS	–383	0	—
121. Consolidado	–411	–402	—
122. Banco 21	–510	–265	—
123. Credipás	–1.679	–282	—
124. Sindibank	–1.836	–3.266	—
125. Open Bank	–2.646	0	—
126. Jover	–3.884	–5.900	—
127. Citibank España	–4.558	–1.808	—
128. BNP España	–5.112	–1.880	—
129. C. Lyonnais España	–9.619	–8.081	—

FUENTE: AEB.

4 □ La banca española ante el Mercado Único Europeo

4.1. La banca española ante el Mercado Único Europeo

4.1.1. La estrategia como finalidad

El Mercado Único Europeo implica poseer un nuevo mercado de más de 360 millones de habitantes con su demanda potencial correspondiente y el subsiguiente incremento de competencia. Esta situación influye en las empresas que, hasta el momento, venían actuando con menos demanda pero también con menor competencia, en cualquier sector de la economía y especialmente en el bancario.

Como ya apuntaba, existe una firme corriente de opinión, en cuanto a estrategias competitivas basadas en el crecimiento. Ciertos banqueros sostienen que el tamaño en términos de activo y recursos, es el único camino que permite dotar a las entidades bancarias españolas de un mayor grado de competitividad en el negocio internacional. Por otra parte, esa mayor dimensión les permite obtener importantes economías de escala derivadas de la racionalización de las nuevas inversiones y de una mejor asignación de los recursos, tanto a nivel doméstico como internacional.

Si bien otras opiniones matizan que la dimensión bancaria no presenta la misma importancia para todas las entidades, pues si tienen vocación de banca universal y presencia sustantiva a nivel internacional, la dimensión es una variable estratégica clave, que permite realizar todo tipo de operaciones con las que satisfacer las necesidades de sus clientes actuales y potenciales; en cambio, si se quiere orientar hacia un tipo de banca comercial tradicional[1] y mercado doméstico, la dimensión puede ser una variable secundaria.

Por tanto, una de las primeras decisiones es definir lo que queremos ser, la clase o tipo de negocio que queremos desarrollar. Es lo que se denomina en planificación estratégica como «finalidad».

En la empresa bancaria la finalidad debe definir claramente qué modelo de banca se quiere desarrollar; banca universal o especializada, o qué proporción de una u otra se desea. La especialización de la actividad bancaria puede referirse a productos, clientes o ámbitos geográficos. Definida la opción de negocio o finalidad que se desea desarrollar, se podrán fijar los objetivos a medio y largo plazo y las estrategias para conseguirlos.

Dado que la regulación comunitaria no segmenta la actividad bancaria entre entidades (bancos o cajas de ahorro, entidades públicas o privadas), se cuenta con una notable libertad a la hora de elegir el modelo; banca universal o especializada.

A la hora de decidir la propia opción de negocio[2] —finalidad—, se debe tener en cuenta que solamente a nivel conceptual existen modelos químicamente puros. En la práctica, cada entidad debe elegir su propia opción de negocio, que por lo general incorporará aspectos de más de uno de los modelos conceptuales, dependiendo de su situación inicial, de su historia, de sus limitaciones y hasta de sus capacidades gerenciales.

Otro aspecto importante a la hora de decidir la estrategia de cara al Mercado Único es la propia estrategia en el mercado nacional. A este respecto, convendría no olvidar que el mercado nacional deberá seguir siendo objeto de la máxima atención por las estrategias de las entidades y que ambas opciones de negocio, la nacional y la europea, deben ser compatibles y desarrollarse coordinadamente. Éstas pueden ser la banca universal y la banca especializada.

4.1.1.1. Banca universal

Si la opción de negocio que se elige es la de banca universal, práctica comercial que abarca todos los aspectos del negocio bancario, debe perseguirse el incremento de la cuota de mercado tanto como la reducción de los costes de transformación. Las economías de escala son el factor impulsor más importante en la reducción de los costes, pero no el único. La localización geográfica, los procesos de aprendizaje y los factores institucionales también tienen una notable importancia a la hora de reducirlos.

---

[1] En la práctica de esta clase de banca, es necesario, como mínimo, contar con una red entre 375-400 oficinas.

[2] Casilda Béjar, R.: «De Estrategias Bancarias», *El País*, Madrid, 31 de mayo de 1989.

Se impone una estrategia global —actuar localmente, pensar globalmente—, diversificando productos en relación con los distintos mercados, fortaleciendo la presencia y competitividad en el mercado doméstico. Antes de acometer esta estrategia, será preciso que las entidades bancarias españolas den respuesta y presenten una serie de decisiones para definir su posición en la matriz producto-mercado, como pueden ser:

— *Determinar, potenciar y explotar las particularidades identificativas de cada entidad,* dado que la creciente competitividad va a proporcionar mayor importancia a dichas particularidades.
— *Explotar las actuales ventajas competitivas,* asociadas a la densidad de la red de sucursales, que suponen un freno a la penetración de la competencia.
— *Las derivadas de los sistemas de información,* ya que van a permitir conocer las necesidades del cliente y ofrecerle una amplia gama de productos/servicios.
— *Concentrar esfuerzos en la reducción de costes y aumento de la calidad de servicio.* La reducción del margen financiero se presenta como un hecho irreversible.
— *Decidir el grado de presencia internacional que se desea alcanzar,* estudiando la alternativa más favorable entre la pura expansión geográfica, establecer alianzas estratégicas con entidades complementarias o bien la adquisición de entidades en otros países. La respuesta, posiblemente, no es única, y depende de la entidad y del país. Evidentemente, por la identificación histórica y proximidad cultural, *la banca española debe concentrar sus esfuerzos en las oportunidades que se le brindan en Iberoamérica.* Hecho éste que se ha concretado en los magníficos logros conseguidos durante los últimos años, los cuales confirman la buena dirección. Es en este continente por donde considero que debe transitar la expansión internacional de la banca española.

4.1.1.2. Banca especializada

Esta opción de banca especializada, cada vez se refuerza más entre las alternativas de negocio; la especialización puede ser en segmentos de clientes, zonas geográficas, productos y servicios.

En este mercado, se debe tener muy en cuenta que la ventaja competitiva de la exclusividad de un producto financiero desaparece con mayor rapidez que en otras industrias. Ello se debe a que los requerimientos para producirlo son menores que en otras actividades, fundamentalmente porque los productos financieros no son patentables y además son fácilmente copiables.

Sólo el factor experiencia, muy valorado por la clientela final, parece tener efectos perdurables sobre las cuotas de mercado en un producto especializado. Por tanto, las entidades que partan con una posición fuerte en un determinado producto, deben promocionar su imagen de experto, como estrategia defensiva frente a la penetración de las demás instituciones en ese mercado, lo cual se intentará, por lo general, vía precios.

Conscientes de esta situación, los bancos españoles están reestructurando la composición de sus carteras, liberando recursos de inversiones bancarias y vendiendo segundas marcas no estratégicas, para dirigirlos a fortalecer su presencia en el segmento de especialización; sumando a esta actividad algo tan vital como es el componente tecnológico, para situarse satisfactoriamente ante la competencia de las entidades internacionales.

La estrategia a seguir, a nivel europeo, puede ser la colaboración con otras entidades comunitarias en segmentos de mercados específicos, y a nivel internacional, similares acuerdos para tener acceso puntual a estos mercados especializados.

Con estas características y con su elevada capacidad, la banca española está en una magnífica posición de partida para obtener a corto y medio plazo los beneficios de este segmento de mercado.

4.1.1.3. La banca al por menor

Mención especial merece la opción de banca al por menor, pues al orientar su actividad y sus servicios hacia el gran mercado de las familias, comercios y las pequeñas y medianas empresas, ofrece lo más atractivo del negocio para los grandes bancos comunitarios debido a sus mayores márgenes de rentabilidad en contraposición al riesgo que soportan.

Sin embargo, esta modalidad bancaria sigue siendo en conjunto un negocio a nivel nacional, dado que una serie de obstáculos culturales, fiscales y regulatorios se combinan para evitar la creación de un genuino mercado comunitario de servicios bancarios minoristas[3].

Como siguen existiendo importantes obstáculos para el éxito de un sector bancario minorista trasnacional dentro de la UE, ningún banco está ac-

[3] A pesar de la indudable incidencia de las diversas directivas bancarias de la UE, no se ha conseguido eliminar estos obstáculos a la competencia. Me refiero principalmente a los niveles de adecuación de capital que los bancos comunitarios deben mantener para seguir operando —directivas sobre Fondos Propios y Ratio de Solvencia— y al modo en que supervisarán los bancos —la Directiva sobre Supervisión Consolidada y la Segunda Directiva Bancaria.

tualmente comprometido en el desarrollo de una red de oficinas paneuropea. En España los bancos que operan con sede en la Unión Europea presentan una paulatina reducción en su cuota de mercado. El porcentaje es del 7,9% en diciembre de 1995, siendo su mayor penetración en diciembre de 1994 que alcanzó un 8,24%. La banca francesa representa el 43% del volumen total del negocio que se sitúa en 5,9 billones de pesetas.

Toda esta dinámica como consecuencia de la desregulación y la internacionalización de la industria de servicios financieros en general, y de la conformación del Mercado Único, en el plano europeo, lleva consigo el paulatino estrechamiento de los márgenes y, por extensión, de los beneficios.

La desregulación plena de los servicios financieros no acabará ni mucho menos con la entrada en vigor del Mercado Único, sino que se extenderá durante la mayor parte de la década; durante ese período no será infrecuente la adopción de políticas que tratarán de defender los intereses nacionales en un área tan sensible como la financiera. Esto vendrá a sumarse a los límites de las diferencias en los gustos, los hábitos, la lengua y las disparidades legislativas, que se oponen al proceso en curso. La conformación del Mercado Único se producirá de forma muy paulatina. Pero ello no debe llevar a falsas interpretaciones; el sector financiero está abocado a cambios y cuando alguien haga balance del sector bancario español en el año 2000, seguramente tendrá que constatar que las grandes modificaciones experimentadas en los últimos veinte años del siglo superan a todas las conocidas.

Por consiguiente, la competencia dura y a veces despiadada entre instituciones financieras es el punto clave que continuará definiendo el marco de actuación del futuro. La denominada guerra del pasivo ha constituido una anticipación, más allá de las propias fronteras nacionales, ya que hasta la propia banca europea ha tomado el ejemplo de la aplicación de las supercuentas, iniciando de esta manera su particular batalla.

4.1.2. Estrategias europeas de la banca española

La banca española ofrece en el momento presente unas características de competencia y universalidad en las líneas de negocio de las entidades financieras europeas. La globalidad e integración en mercados financieros y la diversidad y amplitud en su oferta de activos financieros, la equiparan con las de los países más desarrollados y, en particular, con las naciones que constituyen nuestro marco obligado de comparación y referencia, como son las de la Unión Europea. A estos positivos parámetros, hay que añadir que los bancos españoles se encuentran, en general, bien capitalizados. El ratio BIS, promedio de solvencia de nuestra banca, supera al de la mayoría de los países europeos y se sitúa entre los más elevados del mundo[4].

Los importantes recursos dedicados a provisiones de acuerdo con el sistema de contabilización del Banco de España, reconocido como uno de los más severos del mundo, confieren una robustez a los balances bancarios suficiente para soportar los adversos efectos de la morosidad. En definitiva, la situación patrimonial de la banca española demuestra la fortaleza del sector, alejando posibles temores después del caso Banesto.

Además, se han producido en el sistema bancario español cambios estructurales significativos que fortalecen la competitividad de nuestras entidades, de los que destacaré los más relevantes:

— Tanto el tamaño de los principales bancos en relación al mercado español como el grado de concentración del sistema, medido como porcentaje de negocio captado por las mayores entidades, son similares a la media europea.
— La red de oficinas está evolucionando hacia una reducción de su número y aumento de su tamaño, en línea con lo vigente en las redes bancarias de los principales países comunitarios.
— La contención de los costes se está llevando a cabo, preferentemente, a través de la racionalización de oficinas y plantillas, lo que está incrementando espectacularmente la productividad del sistema.

La principal ventaja comparativa de la banca española se da, como es lógico, en la banca al por menor y la genera la red de oficinas. No es posible captar el ahorro particular, si no se dispone de una red de oficinas suficiente, ni cabe atender a las necesidades de pequeñas y medianas empresas sin esa red; más aún, el funcionamiento adecuado

---

[4] Sobre este particular deseo destacar el hecho que se cierne sobre la banca japonesa, cuya solvencia tradicional era un obligado referente. Pues bien, en diciembre de 1995 ninguna de las 50 instituciones bancarias de Japón ha merecido la más alta clasificación de la agencia Moody´s por solvencia (letra A).

Sólo un banco, el Shizouka, curiosamente de ámbito regional, fue considerado como fuerte (letra B). Los bancos Mitsubishi, Tokio y Sanwa recibieron la letra C+. La media para los 50 bancos es D.

Todo lo cual indica claramente que la solvencia del conjunto de la banca japonesa no pasa por sus mejores momentos y todo parece indicar que la crisis financiera es profunda como consecuencia de la muy seria crisis de la economía japonesa.

En la otra cara de la moneda se encuentra el reciente primer banco del mundo, creado por la fusión del Bank of Tokio y Mitsubishi; le fue otorgada la clasificación de A+ por Standar's Poll.

del grupo financiero dependerá, en la mayoría de los casos, de la misma condición. La densa red de oficinas, que constituye un coste innegable para la banca nacional, es también, paradójicamente, una de sus mejores armas y el escudo protector básico frente a la competencia extranjera. Desarrollar una red suficiente, en un mercado saturado, es tarea prolongada y costosa, y no es fácil que los bancos extranjeros, por amplia que sea su dimensión, se lancen a esa aventura. Lo cual convierte a la banca al por menor en la parcela más segura del mercado español y en la que la banca nacional mejor se defenderá de la nueva competencia bancaria comunitaria.

En la banca al por mayor el cliente es la gran empresa, que trata en todo momento de optimizar su gestión de activo y pasivo y que, generalmente, actúa a través de su sede central; la red de oficinas tiene, en este caso, mucha menor importancia, y el hecho de que, en nuestro país, las mayores empresas sean compañías multinacionales, elimina, de partida, cualquier ventaja para la banca nacional. Y aún hay más: con el tiempo, y con la desaparición de fronteras financieras, la gran empresa terminará por exigir unos servicios bancarios plurinacionales, terreno en el que la gran banca española, inclusive la de mayor tamaño, está peor situada que la de los principales países de la Comunidad.

Situación parecida se observa en la banca de negocios por lo que atañe a las grandes empresas, acostumbradas a trabajar con entidades mundialmente consagradas. Queda, eso sí, el mercado que puede ofrecer la mediana y pequeña empresa, que también debe ajustarse a la nueva competencia, y que tiende a buscar, inicialmente, a la banca nacional, porque es la que le presta, en la mayoría de los casos, los servicios comerciales.

Ante la situación descrita, las estrategias individuales difieren. Hay bancos que optan por la fusión, para aumentar rápidamente de tamaño y reforzar su presencia no sólo en el mercado nacional, sino en el de los demás países. Es una decisión tan válida como cualquier otra, si bien el tamaño no parece garantizar las economías de escala ni, consecuentemente, el aumento de rentabilidad. Otros bancos prefieren las alianzas con entidades de los demás países comunitarios, con o sin cruce de acciones, con objeto de lograr extender su presencia en otros mercados a cambio de dar entrada en el propio. Esa forma de acción compartida puede, sin duda, permitir complementariedades múltiples, si bien no se tiene, todavía, suficiente experiencia sobre las ventajas e inconvenientes que presenta. Otros bancos, en fin, parecen aferrarse a determinados segmentos de mercado y buscar, por encima de todo, la especialización que puede, además, completarse con acuerdos con entidades extranjeras, acuerdos preferentemente sustentados en líneas de productos que en colaboraciones globales.

Por todo lo cual, sin lugar a dudas, será en la práctica de la banca al por menor donde se concentrará el grueso de la actividad bancaria nacional, representando por volumen de operaciones, cifras de negocio y márgenes de rentabilidad, el área donde se librarán por largo espacio de tiempo los choques en intensidad y profundidad más sugestivos por parte de las entidades más destacadas del sistema bancario español, *sin descartar las comunitarias.*

Finalmente, sí sería altamente beneficioso, al igual que la competitividad de los bancos españoles ha ido aumentando a través del propio ejercicio de la competencia en precios y en ofertas de servicios generales y especiales, encontrar en nuestra economía sectores con un grado de rivalidad tan elevado como el que se está registrando en la banca española en los últimos años.

4.1.2.1. El nivel de negocio en el mercado europeo

El primer nivel de negocio sería el mercado global europeo. En este caso, la entidad se vería obligada a optar por aquellas estrategias basadas en economías de escala, bien por la vía de fusiones, bien por la vía de alianzas globales entre entidades de diferentes países. También puede encaminarse por desarrollar de forma intensiva productos y servicios, o buscar una gran especialización en determinado segmento, según la elección del negocio: banca universal, comercial o corporativa. La entidad deberá acudir a mercados, clientes y operaciones en los que el gran volumen de la actividad se convierte en ventaja competitiva, para lo cual debe partir de una determinada posición competitiva, así como poseer una masa crítica de negocio o tamaño mínimo de referencia.

En segundo lugar, operar en el mercado internacional presenta un número mayor de posibilidades estratégicas. Lo importante es saber seleccionar la opción estratégica más conveniente, lo que conlleva ciertas dosis de riesgo de no elegir la más adecuada entre determinadas alianzas, intercambios patrimoniales, cartera de productos-mercados concretos o segmentos de clientes.

También para este ámbito, el tamaño de la entidad sigue siendo un factor estratégico importante, pero no determinante, dada la gama de posibilidades. Siendo trascendente que la expansión internacional de la banca española se fortalezca en determinadas zonas, limitando la expansión internacional a países geográficamente más cercanos o en los que se tenga una ventaja competitiva, ante la entrada en vigor de la Unión Monetaria, al considerar que el nuevo entorno supondrá condiciones operativas más exigentes y un aumento de la competencia[5].

Las perspectivas para los próximos años del desarrollo internacional de la banca española, continua siendo exclusivo de las grandes entidades y se centrarán en Portugal, Francia, Marruecos, Andorra y muy especialmente en Iberoámerica. También es de suponer que se intensifiquen los acuerdos de colaboración entre entidades de distintos países «a fin de protegerse de la competencia de las grandes entidades que vayan consolidándose como bancos paneuropeos».

El lado positivo, para países como España, que aún no han alcanzado el nivel de volumen de negocio financiero internacional de otros países europeos, estriba en que aumentará sustancialmente su actividad en esta área de negocio.

Finalmente, si la entidad opta por el mercado doméstico, bien por razones de diversificación, bien por dificultades y riesgos de un crecimiento internacional, lo importante es saber elegir el llamado «nicho de mercado», y sobre todo saber defender la barrera de entrada existente o la ventaja competitiva poseída por la institución, consecuencia normalmente de saber mantener la lealtad o *fidelidad del cliente doméstico.*

4.1.2.2. Perspectivas de la banca europea

La banca privada europea prevé un crecimiento entre el 10 y 15% anual durante los próximos cinco años (1995-2000). Esta precisión se basa en la encuesta realizada en 1994 entre directivos de 52 bancos europeos, destacando a los alemanes, suizos y luxemburgueses como los más optimistas en cuanto a las perspectivas del mercado. La intensa competencia que existe en el sector y las exigencias de los clientes que esperan mejores servicios, son los factores más importantes que condicionan los cambios en la banca privada comunitaria. Muchos bancos están reconfigurando sus operaciones, mediante la centralización de elementos, para conseguir economías de escala y concesiones fiscales más favorables.

---

[5] En este sentido, es condición necesaria rentabilizar al máximo la red actual, que podría convertirse, si no se gestiona adecuadamente, en la principal rémora para subsistir en un mercado cada vez más excluyente.

ESQUEMA

Perspectivas de la banca europea. Evolución reciente y situación actual (1995)

Modelos básicos

- Bancos universales.
- Bancos especializados.

Peso del sector bancario en la economia europea (1995)

- 3,2% del empleo total.
- 7,1% del PIB.

Sector de especial interés público

- Facilita la ejecución de transacciones.
- Dota de estabilidad al sistema económico.
- Correa de transmisión de la política monetaria.

Francia

- Similitudes lejanas con la experiencia española.
- Sistema dominado por el sector público (reciente proceso de privatizaciones).
- La banca, principal fuente de financiación de la economía.
- Normativa restrictiva y completa de protección al consumidor.
- Libertad de movimiento de capitales desde 1990.

Gran Bretaña

- Sistema de tradición liberal y competitiva.
- Tipos de interés libres.
- No hay reservas obligatorias.
- El crédito no está regulado.
- Libertad de movimiento de capitales desde 1979.
- Desde 1980 se endureció la protección al consumidor.

Alemania

- Sistema muy liberal.
- El crédito no está regulado.
- Tipos de interés libres desde 1967.
- Los límites normativos son moderados pero eficientes.
- Lazos privilegiados con las empresas.
- Las salidas de capitales liberalizadas desde 1961.
- Las entradas de capitales liberalizadas desde 1981.

Conclusión

- La Europa financiera se liberaliza sin estar unificada económicamente.
- Distintos marcos reguladores.
- Distintos marcos fiscales.
- Al eliminarse los riesgos de cambio se producirá una verdadera integración financiera. Unión Monetaria Europea.

La competencia entre bancos europeos se ha fortalecido notablemente en los últimos años. Una cuarta parte de los encuestados coincidieron en señalar que ésta es una de sus mayores preocupaciones, mientras que para el 23% los condicionamientos monetarios suponen el mayor obstáculo para su crecimiento y para el 15% lo es el impacto de la Unión Monetaria en el continente. Ante esta situación, los bancos se enfrentan a nuevos desafíos en su organización. *La calidad de personal especializado es el objetivo.*

Los bancos definitivamente se concentrarán en la mejora de sus servicios y métodos para atraer, ampliar y conservar las relaciones con los clientes. Estos retos amenazan la supervivencia de todos los participantes del mercado y algunos ya se han adelantado en reducir las tarifas en un considerable número de productos básicos, particularmente en los créditos y en la gestión de inversiones. Esta dinámica advierte que es imprescindible que las entidades encuentren soluciones a la creciente demanda que reciben de sus clientes, de lo contrario, no sería de extrañar que los bancos anclados en sus prácticas tradicionales desaparecieran.

La durísima competitividad del sector ha obligado a los bancos a concentrar sus esfuerzos en las políticas de precios tornándolas más transparentes. La información sobre la rentabilidad es necesariamente cada vez más importante y sofisticada. También, la calidad de servicio, la relación personalizada y la mejora en el marketing son los elementos fundamentales para atraer a nuevos clientes desde las perspectivas de la banca europea.

4.1.3. La banca española ante la moneda única

4.1.3.1. Consideraciones generales

Dado que la intensidad de los debates, acontecimientos y análisis se sucederán a medida que se aproxime la fecha, teniendo detractores y defensores sobre las bondades de la Unión Económica y Monetaria, por mi parte no pienso discutir sobre los pros y contras de la adhesión a la Unión Económica y Monetaria Europea, ni tampoco intentaré predecir si dicha unión se llevará a cabo en los términos previstos, ni cuándo ni con qué países miembros.

Asumiendo que la Unión Monetaria comenzará, tal como está previsto, *en 1999,* realizaré un análisis sobre sus costes de implantación, de su impacto en las operaciones y en la informática de los bancos, pero sobre todo, *una reflexión sobre las implicaciones estratégicas y las nuevas oportunidades de negocio que representa para la banca española.*

Recordemos, pues, brevemente el escenario de transición que fue aprobado en la cumbre europea que precisamente tuvo lugar en Madrid (diciembre 1995).

- *Durante el primer trimestre de 1998,* la Comisión Europea y el Instituto Monetario Europeo informarán al Consejo de Ministros sobre la actitud de los Estados miembros para integrarse en la Unión Económica y Monetaria. A tal fin, examinarán las condiciones previstas en el Tratado, esto es, el cumplimiento de los criterios de convergencia y de las principales obligaciones jurídicas, tales como la independencia de los bancos centrales. A su vez, el Consejo Europeo confeccionará lo antes posible, en 1998, la lista de los Estados miembros que reúnen los requisitos imprescindibles para pasar a la moneda única. *Esta decisión se basará en los datos económicos reales de 1997,* que quedarán determinados por los Presupuestos Generales (aprobados durante 1996); por consiguiente, la cuenta atrás ya ha comenzado.
- *El 1 de enero de 1999* empezará la Unión Económica y Monetaria: los tipos de cambio desaparecerán y se producirá la fijación irrevocable de los tipos de las monedas de los países participantes entre sí y con el euro.
- La política monetaria y de tipo de cambio será dirigida por el Banco Central Europeo y ejecutada en euros. Este escenario aprobado incluye una fase B que durará hasta el 1 de enero del año 2002.
- La deuda pública negociable será emitida y negociada en euros, y se espera que a continuación lo sea la del sector privado.
- Los mercados financieros operarán en euros.
- El Sistema comunitario TARGET[6] de liquidación de pagos brutos en tiempo real (RTGS)[7] para grandes pagos en euros entraría en funcionamiento.
- El sector privado podrá adoptar el euro, aunque no será forzado a ello.
- El 1 de enero de 2002 serán introducidos los nuevos billetes y monedas, y las denominaciones nacionales serán retiradas en un período aproximado de seis meses.

Siendo la Unión Europea la mayor potencia comercial del mundo, su moneda pasará a ser, naturalmente, una de las principales monedas de intercambio y de reserva, al igual que el dólar o el yen.

Los europeos podrán cada vez más pagar sus importaciones de terceros

---

[6] TARGET: Sistema automático de transferencias urgentes transeuropeas con liquidación bruta en tiempo real. Véase Notas.

[7] RTGS: Liquidación de pagos brutos en tiempo real.

países en su propia moneda. Las empresas europeas podrán progresivamente facturar los productos que exporten en su propia moneda. Asimismo, podrán calcular la rentabilidad de sus programas de inversiones partiendo de una base sólida, lo que contribuirá a preservar el empleo.

Europa, una vez se haya dotado con una moneda reconocida a escala internacional, estará también en mejores condiciones para intentar lograr, junto con sus socios estadounidense y japonés, una mayor estabilidad en el Sistema Monetario Internacional.

4.1.3.2. Etapas y fases de la Unión Monetaria

Actualmente nos encontramos *en el final de la segunda etapa,* tratando de cumplir los criterios de convergencia, condición necesaria para poder ser seleccionado como uno de los países que acceden a la Moneda Única desde su inicio.

1.ª etapa 1-1-92.	Incorporación de todas las monedas al Sistema Monetario Europeo. Logro de un espacio financiero dentro de la UE con libertad de circulación de capitales.
2.ª etapa 1-1-94.	Proceso de Convergencia Económica.
3.ª etapa 1-1-97 ó 1-1-99.	Creación del Banco Central Europeo y determinación de los países que accederán a la Moneda Única. Dicha etapa deberá concluir no más tarde del 1-7-2002.

En 1997, como es conocido, comenzará la *tercera etapa* con los presupuestos generales del Estado ya aprobados, siendo éstos los que marcarán la senda para la entrada de nuestro país en la Unión Económica y Monetaria Europea. Las fases de desarrollo más importantes de esta tercera etapa son, según el gráfico siguiente:

Tercera etapa.
Secuencia de introducción de la moneda única

1998 FASE A	1999 FASE B	2000 FASE B	2001 FASE B	2002 FASE C

ETAPA A Puesta en marcha de la UEM	ETAPA B Inicio efectivo de la UEM	ETAPA C Generalización de la moneda única
Al comienzo de la etapa: ○ Lista de los Estados participantes. ○ Anuncio (o confirmación) de la fecha de inicio de la UEM. ○ Anuncio de la fecha de generalización de la moneda única. ○ Instauración del SEBC y el BCE. ○ Comienzo de la producción de billetes y monedas. **Durante la etapa:** ○ Intensificación de los preparativos y aplicación de las medidas adoptadas antes o, a más tardar, al comienzo de esta etapa: ○ Marco jurídico. ○ Estructura nacional de supervisión. ○ Programa de cambio.	**Al comienzo de la etapa:** ○ Fijación de los tipos de conversión. ○ El euro, moneda en sentido propio. ○ Política monetaria y cambiaria en euros. ○ Mercados interbancario, monetario y de capitales en euros. ○ Nuevas emisiones de deuda pública en euros. ○ Sistemas de pago al por mayor correspondientes en euros. **Durante la etapa:** ○ Continuación del cambio bancario y financiero. ○ Cambio «a la carta» de los agentes no bancarios públicos y privados en la medida en que su entorno se preste a ello.	**Al comienzo de la etapa:** ○ Introducción de las monedas y billetes en euros. ○ Conclusión de la transición bancaria (sistemas de pago al por menor). ○ Retirada de las monedas y billetes en moneda nacional. ○ Transición definitiva de los agentes públicos y privados. ○ Uso exclusivo del euro.
1 año como máximo	**3 años como máximo**	**Varias semanas**

FUENTE: *Libro Verde. Una moneda para Europa,* Comisión Europea, Bruselas, 1995.

Realmente con el euro surge una zona económica que operará en la misma moneda, de un enorme potencial económico y comercial. El PIB conjunto de la UE supone el 30% del PIB mundial, frente al 26% que representa el de Estados Unidos o el 16% de Japón, y sus exportaciones superan en cinco puntos a las de Estados Unidos y en ocho a las de Japón. Las posibilidades del euro como divisa de reserva internacional, de transacción y de denominación de activos financieros, son muy superiores a las de las actuales divisas de la Comunidad Europea.

Estos costes nos conciernen a todos. Por ejemplo, supongamos que alguien sale de su país con 1.000 marcos, francos o libras en el bolsillo y visita, uno tras otro, todos los países de la Unión. Cada vez que cruza una frontera, cambia el dinero a la moneda del país en el que entra. Al volver a su país, le quedarán menos de 500 marcos, francos, liras o unidades de cualquier otra moneda europea, y ello sin haber realizado la más mínima compra.

Escenario de introducción del euro

Lo antes posible en 1998	Los Jefes de Estado o de Gobierno seleccionan los Estados miembros que participarán en la Unión Económica y Monetaria (UEM).
Durante 1998	Lanzamiento de una amplia campaña de sensibilización del público al euro. Nombramiento del Comité ejecutivo del Banco Central Europeo (BCE). Comienzo de la producción de monedas y billetes en euros y fijación de la fecha (el 1 de enero de 2002 a más tardar) para su introducción. Preparación para la fase operativa del BCE (adopción del marco regulatorio, introducción y comprobación de los instrumentos de política monetaria y y de los sistemas de pagos en euros). Adopción de la legislación europea y nacional necesaria para la introducción del euro. Intensificación de los preparativos para la introducción del euro por parte de bancos, mercados financieros y empresas.
El 1 de enero de 1999	Fijación irrevocable de los tipos de conversión entre las monedas participantes y con respecto al euro. El ecu deja de existir como cesta de monedas y se convierte, bajo el nombre de euro, en una moneda de pleno derecho. Entra en vigor el reglamento que define el estatuto del euro y de las monedas participantes durante el período (tres años y medio como máximo) de coexistencia.

Escenario de introducción del euro *(continuación)*

A partir del 1 de enero de 1999	El BCE define y ejecuta la política monetaria única en euros. El BCE realiza igualmente sus operaciones en los mercados de cambios en euros. Las autoridades nacionales emiten sus nuevos títulos de deuda exclusivamente en euros. Cambio al euro de los mercados al por mayor (intercambio, monetario, de cambios, de capitales). Anuncio de calendario para la utilización del euro por las administraciones públicas, si no se ha hecho antes (impuestos, seguridad social, etc.). Este cambio se concentraría al final del período de coexistencia entre el euro y sus denominaciones nacionales. Continuación, bajo el impulso del BCE y de las autoridades nacionales, del cambio al euro de los sistemas de pagos al por menor (transferencias, cheques, tarjetas bancarias, etc.).
Entre el 1 de enero de 1999 y el 1 de julio de 2002 a más tardar	Puesta en circulación de billetes y monedas en euros. Cambio completo al euro de las administraciones públicas. Supresión del curso legal y retirada de los billetes y monedas en moneda nacional. Estos billetes y monedas podrán cambiarse en euros en el banco central.
A partir del 1 de julio de 2002 a más tardar	Uso exclusivo y generalizado del euro en la Unión Monetaria por parte del conjunto de operadores económicos y ciudadanos de los países participantes.

4.1.3.3. Los costes de la moneda única para la banca española

Es evidente que las transformaciones inherentes a la Unión Monetaria inciden de manera singular en las entidades financieras. Éstas se constituyen en auténticas protagonistas de este cambio, porque sobre ellas va a recaer, más directamente que sobre el resto de las empresas, la consolidación del euro. Téngase en cuenta que sólo los depósitos bancarios a la vista ascienden a 23 billones, representando una cuantía muy superior a la de las monedas y billetes en circulación: 7,3 billones[8].

[8] Datos de 1995.

Piénsese en la ingente tarea que deberán realizar los bancos, destacando para comenzar:

— Sustituir, en tan solo seis meses, los actuales billetes y monedas en circulación por la nueva moneda. En España, en 1995, circulaban 1.450 millones de billetes y 15.411 millones de monedas.
— Adaptar aproximadamente el 80% de los procesos informáticos de la banca, las tarjetas de crédito (más de 32 millones en 1996), los cajeros automáticos (más de 25.000 en 1996), además de algo tan importante como ser el punto de referencia para resolver las dudas y problemas de la población frente a la moneda única.
— Se han identificado alrededor de 600 problemas que las diferentes entidades deberán solventar para poder operar con la moneda única.
— Asesorar al 90% de las familias y el 80% de las pymes, pues cuentan con que sea su entidad financiera la que les facilite su adaptación financiera al euro. Por ello, las labores de asesoramiento puntual a la clientela de particulares y pymes será un servicio diferenciador de cada entidad.

Sin embargo, he de precisar que las grandes inversiones y los cambios de programación no comenzarán hasta 1997, lo cual les permitirá observar hacia finales de este año (1996) el comportamiento de la economía y estimar la probabilidad de cumplimiento de los criterios de convergencia antes de comprometer grandes recursos.

En términos de impacto en los costos, según estimaciones de la Federación Bancaria de la Unión Europea, realizadas en 1994, en la hipótesis de que estos cambios se efectuarán bajo la modalidad del «Big Bang» (es decir, de la noche a la mañana), los bancos incurrirían en unos gastos directos entre 8.000 y 10.000 millones de euros (entre 1,3 y 1,6 billones de pesetas), lo que representan un 2% anual de los gastos operativos en los tres o cuatro años que durará la implantación del euro. A este importe, habría que añadir un 50% más derivado de la necesidad de llevar una contabilidad dual durante la etapa de transición, entre los años 1999 y el 2002. Estamos hablando, por tanto, de costes totales para el sistema bancario europeo de aproximadamente 2,2 billones de pesetas.

Por su parte, la Asociación Española de Banca Privada y la Confederación Española de Cajas de Ahorro[9] coinciden en estimar el coste total mínimo de la implantación de la moneda única europea en las instituciones finan-

[9] El Consejo de la CECA 13-9-1996 evaluó según primeras estimaciones que el impacto del Euro para las cajas será de 50.000 millones, incluido el coste que supone la información a clientes, calculando que la adaptación a la moneda única afectará a unas 50 áreas de negocio.

cieras española en unos 170.000 millones de pesetas[10]. Otras estimaciones, elevan esa cifra hasta un máximo de 225.000-250.000 millones de pesetas, lo que supondría el 81% de todo el beneficio neto de los seis grandes grupos bancarios españoles en 1995, y casi el excedente global registrado por todas las cajas de ahorro en el mismo ejercicio.

Permítanme una matización sobre estas cifras, las cuales, a juicio de los expertos, habría que multiplicarlas al menos por dos y situarla en 340.000 millones y el medio billón de pesetas respectivamente, si se tienen en cuenta los costes adicionales que supondría para el sistema bancario español un probable retraso en la incorporación de España a la Unión Económica y Monetaria: «Cuanto mayor sea el período de convivencia de las antiguas monedas nacionales con la nueva, los costes totales crecerán».

Asimismo, previsiblemente los cambios a introducir serán diferentes en función de que España forme parte o no del primer grupo de países que adopten la moneda única». Confiemos que estaremos en el primer grupo de países.

Ahora bien, para las entidades bancarias, el coste de introducir la nueva moneda no es el aspecto más relevante pero sí la cuestión más inmediata que el sector debe afrontar. Por otra parte, la carga que dicho coste representará para el sector bancario reclama una atención especial de las entidades, dado que se produce en un período como el actual, *en el que la caída de la rentabilidad del negocio exige una gestión de los costes especialmente rigurosa.*

A su vez, el estudio de la Federación Bancaria a la Unión Europea, subraya «que el coste puede ser manejable con tal de que los bancos tengan tiempo suficiente para prepararse».

1. Los costes informáticos

Es conocido que los departamentos de informática de las entidades se enfrentarán a un enorme reto, ya que casi todos los desarrollos y programas informáticos tendrán que ser adaptados a la nueva situación. Se estima que deberán ser cambiados hasta el 80% de los programas de bancos, cajas y cooperativas de crédito.

En efecto, la entrada en vigor de la segunda fase de la UEM va a suponer unas adaptaciones de tal calibre de los sistemas informáticos que implicarán una auténtica conmoción/renovación en los mismos. La práctica totalidad de los programas, rutinas, aplicaciones y desarrollos van a requerir

[10] Servicios de Estudios del BBV. Por su parte el BCH y su servicio de Estudios lo han evaluado en 274.000 millones, representando 180.000 millones los costes de introducción y 94.000 millones la pérdida de operaciones intracomunitarias.

modificaciones en mayor o menor medida. No descartando la necesidad de elaborar otros sistemas que contemplen e integren los nuevos parámetros de actuación. Los especialistas consideran que la tarea a acometer en este terreno es de enorme envergadura, y subrayan que gran parte del éxito de este proceso de cambio *va a depender en gran medida del modo en que los informáticos resuelven esta situación.* Aunque a primera vista pueda parecer una cuestión anecdótica, la introducción de decimales en la nueva moneda europea «se trata de una de las cuestiones que más van a afectar a los desarrollos informáticos».

Siendo evidente que la implantación de la moneda única requerirá una considerable dedicación de recursos a los procesos de conversión y adaptación del software y asimismo serán necesarias adaptaciones de hardware para la aceptación y distribución de los nuevos billetes y monedas, sea en las máquinas automáticas distribuidoras de efectivo o en las destinadas a contar billetes y monedas.

En cuanto a los cajeros automáticos[11], hay que valorar lo que supondrá modificar la extensa red que cuenta el sistema bancario, 25.280 en total. España es el país europeo con un mayor número de cajeros automáticos (15.480 de las cajas de ahorros y 9.800 de bancos)[12], los cuales proporcionan una fácil y cómoda operativa. La adaptación que es necesaria realizar se debe a los diferentes tamaños de los formatos. Únicamente, para la adecuación a la moneda única son solamente estas las trasformaciones básicas que tendrán que llevar a cabo las entidades financieras de sus respectivos cajeros.

Los casi dieciséis millones de tarjetas de débito y crédito de bancos y los otros dieciséis millones correspondientes a las cajas de ahorros que hay actualmente en circulación no tendrán que ser modificados, ya que los cambios en el software de los cajeros y la reprogramación de los terminales punto de venta (TPV) incluirán las modificaciones necesarias para las tarjetas existentes continúen funcionando como en la actualidad.

Los estudios de la Federación Bancaria de la Unión Europea señalan en su informe que el 54% del coste total de la implantación de la moneda única corresponderá a la vertiente *tecnológica.* A bastante distancia se encuentran las partidas de *marketing y relaciones públicas,* que suponen el 15%, y de *formación del personal,* que implica otro 10% del coste total.

Otra consideración a tener en cuenta es el apartado de los contratos, documentos mercantiles, formulario e impresos, que representa «los aspectos sobre los que la entidad puede utilizar en mayor medida su discreciona-

---

[11] La vida media de un cajero automático es de entre cinco y siete años y el coste de la reposición, de unos tres millones de pesetas.

[12] Datos al 30 de junio de 1996.

lidad a la hora de determinar su mayor o menor coste aunque, inevitablemente, a la propia dinámica del mercado va a marcar unos costes mínimos imprescindibles.

Sin duda, existirá un cúmulo de problemas que será preciso afrontar, destacando las transformaciones tanto de los registros y sistemas de gestión bancaria como de los instrumentos financieros y de la documentación de las operaciones inmersas en el proceso de adaptación de una moneda a otra. También deberán ajustarse formularios, comunicaciones con la clientela, establecerse normas internas para el régimen de cambios, editar nuevos folletos de productos, instrumentos y servicios financieros y otras documentaciones, así como la elaboración de cláusulas que contemplen el nuevo régimen legal para los futuros contratos e igualmente se adapten los ya vigentes.

2. Los costes del canje de billetes y monedas

Los especialistas de la AEB señalan que «el extraordinario volumen de billetes y monedas a retirar en un período de tiempo necesariamente limitado requerirá del establecimiento de unos circuitos especiales con el Banco de España». Recuerdan que «el proceso de canje de los billetes y monedas a euros será completamente gratuito para los particulares, sin que las entidades puedan establecer ningún tipo de comisión por cambio de moneda». Ausencia de ingresos y coste al que hay que añadir el derivado de la «modificación o sustitución del total de dispensadores y contadores de efectivo del que estén dotadas las ventanillas del servicio de caja». Concluyen que «las cajas, y el sistema bancario en general, han realizado esta función en muchas ocasiones, recogiendo los billetes que dejan de ser de curso legal, e introduciendo las nuevas emisiones, con nuevos valores faciales e incluso con nuevos tamaños. No obstante, la operación que se avecina es de una magnitud tal que toda la experiencia acumulada al respecto no va a servir más que como una tímida referencia».

Consideran los expertos de la AEB «que la sustitución de la circulación fiduciaria originará la retirada y puesta en circulación de monedas y billetes, y dará lugar a problemas de gran envergadura. Se estima en torno a 300 el número de unidades en monedas y billetes por habitante en el ámbito europeo». También señala que «parece bastante probable que recaiga sobre la banca una buena parte de los costes de la operación de la unificación monetaria, tanto para la realización de actividades materiales como por las tareas de información y asesoramiento; ésta ha sido la experiencia en otros procesos, como la adopción del sistema decimal por los británicos o el cambio de denominación del franco.

Ahora bien, estos costes de la transición producirán un impacto puntual

*Coste de la transición a la moneda única por funciones**

	Billetes y monedas	Cajeros automát.	Tarjetas crédito	Servicios y sistemas de pago	Operaciones de divisas y gestión tesor.	Créditos	Depósitos	Mercados capitales	Otros	Coste total
Tecnología	4	3	7	15	6	5	4	5	5	54
Marketing y relaciones públicas	1	1	1	6	1	2	2	0	1	15
Auditoría y seguridad	2	0	0	0	0	0	0	1	0	3
Contabilidad y management	0	0	0	1	0	0	0	2	0	3
Formación profesional	2	0	0	3	1	1	2	0	1	10
Material oficina	1	0	0	2	0	1	2	0	0	6
Informes externos	0	0	1	0	2	0	0	0	1	4
Otros	2	2	0	0	0	1	0	0	0	5
Coste total	12	6	9	27	10	10	10	8	8	100

* En tanto por ciento.
FUENTE: Fundación Bancaria Europea.

sobre la cuenta de resultados, y una vez absorbidos no tendrán mayor trascendencia. Las consecuencias realmente significativas de la nueva moneda para la banca vendrán de la mano de todos los cambios que la moneda única producirá en el escenario económico, financiero y competitivo del sector bancario.

Un aspecto importante a destacar es que la Federación Monetaria Europea se opone a que entre 1999 y el 2002 —cuando empezarán a circular los billetes y monedas en euros— se imponga a los bancos la utilización del euro. «Los bancos deben tener el derecho a operar en una moneda u otra, en función de su propio interés o el de sus cliente», señaló.

Por ello, el primer paso de este análisis requiere identificar estos cambios, para así poder evaluar posteriormente su posible impacto en el negocio bancario.

*El reparto del coste de la moneda única**

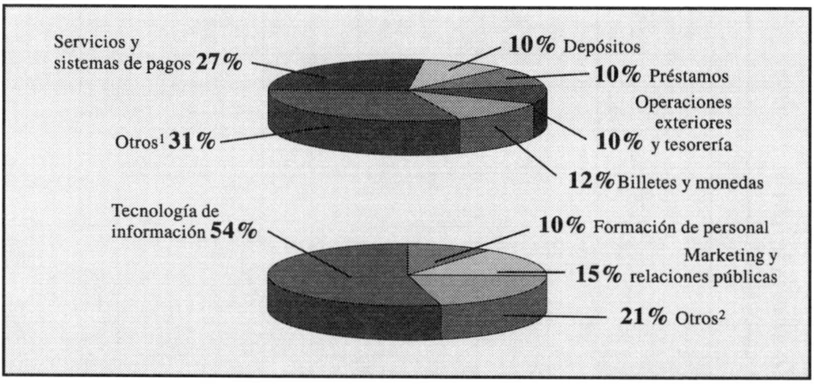

* En porcentaje sobre el gasto total.

1 Otros: tarjetas (9%), mercados de capital (8%), cajeros automáticos (6%) y diversos (8%).

2 Otros: papelería (6%), jurídico (4%), auditoría y seguridad (3%), contabilidad y gestión (3%) y diversos (5%).

FUENTE: Federación Bancaria Europea.

Coste de la moneda única para los grandes grupos bancarios españoles

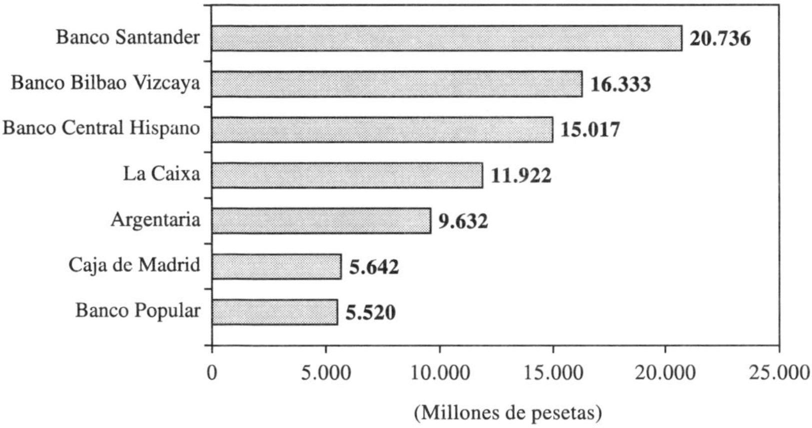

FUENTE: Federación Bancaria Europea y elaboración propia.

4.1.3.4. El nuevo escenario económico y financiero. Consecuencias sobre el negocio bancario

Como todos sabéis, las exigencias de Maastricht de *estabilidad y equilibrio económico (criterios de convergencia)* para alcanzar la Unión Monetaria garantizan que los países que accedan a la moneda única reúnen las características necesarias para que sus economías puedan conseguir un *crecimiento económico mayor y sostenido (más estable)*. Estas condiciones exigidas son la base de un nuevo escenario económico y financiero que se caracterizará por:

— *Menores tipos de interés reales,* ante la menor apelación del Estado al ahorro privado (por los menores déficit públicos de los países de la Unión Monetaria).
— *Bajas tasas de inflación,* objetivo prioritario para el Banco Central Europeo, responsable de la articulación de la política monetaria en el marco geográfico de la UME.
— Como consecuencia, las economías de la moneda única ofrecerán *tipos de interés nominales más bajos* y *menos volátiles.*

El hecho de sustituir las divisas nacionales de los países que integren la UME por el euro tiene en sí mismo implicaciones sobre la economía real de los países miembros. Por ejemplo, la moneda única permite:

— Una *reducción de los gastos administrativos* y *financieros* de empresas y particulares por la desaparición de los *costes de transacción* (gastos de cambio de moneda o de cobertura del riesgo de cambio). Estos gastos no son nada desdeñables, puesto que se estiman en un 0,3% a un 0,4% del PIB comunitario, es decir, entre 20.000 y 25.000 millones de euros, lo que supone unos 3,2 a 4 billones de pesetas[13].
— Disponer de *una divisa más relevante* en el contexto internacional, que, como antes comenté, cuenta con el consiguiente mayor atractivo para los operadores internacionales.
— La *consecución plena del Mercado Único,* lo que significa una expansión en el mercado potencial de las empresas y una mayor homogeneización en los hábitos de consumo de los particulares.

En definitiva, el escenario económico de los países de la moneda única se caracterizará por una mayor estabilidad y un elevado potencial de crecimiento, y por compartir la misma divisa, *mucho más relevante en el contexto internacional que las divisas a las que sustituye.*

La principal *ventaja* que se produce de este entorno para las entidades bancarias se puede concretar en la expansión que registrará el negocio bancario, dado el *mayor crecimiento de la actividad económica* y por la *expansión de la actividad comercial de las empresas*. De igual forma, la *morosidad* de los agentes económicos será *menor* y, por consiguiente, mejorará la calidad del activo de las entidades bancarias y sus necesidades de provisiones. Adicionalmente, *aumentarán las plusvalías de las carteras industriales* por la mejor evolución empresarial. También se producirá una *reducción de los riesgos financieros,* y la necesidad de capital para cubrirlos, como consecuencia de la *mayor estabilidad.*

En la misma línea, debido a los menores tipos de interés, se incrementará la demanda de crédito, bajará el coste de obtención de financiación, propia y ajena, y el de mantener en el balance los préstamos dudosos.

Las *desventajas* para la banca vienen, por una parte, de la mano de la *disminución de ingresos* que se producirá en dos epígrafes del negocio; en las operaciones por cambio de moneda, ante la *pérdida de las comisiones de cambio de las operaciones intra-UME* (renta que será transferida desde los sectores financieros a las empresas y familias), y en el volumen de negocio crediticio con los organismos públicos (disminución derivada de una mayor restricción presupuestaria).

Por otra parte, unos tipos de interés establemente más bajos incentivan el desplazamiento *de los recursos desde los pasivos bancarios a otros instrumentos de ahorro* (como fondos de inversión, acciones y deuda pública),

---

[13] *Libro Verde. Una moneda para Europa,* Comisión Europea, Bruselas, 1995.

instrumentos que además gozan de una fiscalidad más favorable que los depósitos bancarios.

Los impactos que acabo de referir no agotan todos los efectos de la moneda única sobre la industria bancaria. Al contrario, las consecuencias más relevantes de la unión monetaria para las entidades derivan de la *mayor presión competitiva que implica el euro para el sector bancario.*

El nuevo escenario competitivo. Consecuencias en los diferentes segmentos del negocio bancario

De inmediato, es pertinente preguntarnos: ¿en qué sentido la moneda única determina un escenario de mayor competencia para los bancos? En mi opinión, básicamente en dos aspectos:

- Primero, introduce una *mayor transparencia en precios,* al estar nominados todos los productos y servicios en una misma moneda.
- Segundo, *transforma profundamente los mercados financieros europeos,* que por el euro serán más grandes, más líquidos, más homogéneos y, por consiguiente, más competitivos, lo que contribuirá aún más a su globalización.

Las consecuencias sobre el negocio bancario de este nuevo escenario competitivo serán muy profundas. La mayor transparencia en precios *ampliará el número real de competidores* bancarios en todos los países de la moneda única, ya que los clientes podrán comparar más fácilmente las ofertas bancarias de las entidades. Esta mayor presión competitiva exigirá de los bancos una mayor *eficiencia* y *productividad.*

Por otra parte, en los nuevos mercados financieros *las entidades locales ya no disfrutarán de la ventaja competitiva* que les proporcionaba el mejor conocimiento *de su divisa* y de la política monetaria del país, alterando drásticamente la situación anterior, lo que tendrá una gran repercusión en mercados como el de *divisas* y *deuda pública.* Lo fundamental para ser competitivo en ellos será la capacidad para canalizar un gran volumen de operaciones, por lo que las economías a gran escala cobran mucha más importancia.

Como se deduce de lo que acabo de señalar, la incidencia de este nuevo marco competitivo será muy desigual en los diferentes segmentos de la actividad bancaria.

En el caso concreto de los *bancos españoles,* la actividad de *banca minorista* (particulares y pymes) sufrirá un impacto mucho menor que el segmento de la *banca al por mayor* (mercados financieros, de capitales y grandes corporaciones). *La razón es la diferente posición estratégica y vulnerabilidad de los bancos españoles en una y otra área del negocio.*

Seguidamente, trataré de concretar cómo afectará el euro a la *banca al por menor* y cómo al *segmento de grandes corporaciones y mercado de capitales* (banca al por mayor).

- **Banca al por menor**

Referido a la banca minorista, realizaré dos consideraciones:

Primera, la importante *caída del volumen de las transacciones intraeuropeas* en los mercados de cambio, concepto que representa, como ya he indicado entre 20.000 y 25.000 millones de euros (de unos 3,2 a 4 billones de pesetas), lo que puede suponer del 0,3 al 0,4% del PIB de toda la Unión Europea.

Ahora bien, esta estimación podría verse parcialmente compensada por los *ingresos adicionales que se generen a medida que el euro se consolide como divisa de reserva* de las transacciones internacionales, lo que se traduciría en un incremento considerable de la operativa cambiaria en euros, con el aliciente de que seguramente se producirán importantes economías de escala. Desde el punto de vista del *volumen de operaciones cambiarias,* se estima que la implantación de la moneda única europea comportará un descenso de las mismas.

Lógicamente, el descenso de la operativa será mucho más intenso a nivel europeo, hasta el punto de que las operaciones cambiarias podrían reducirse entre un 20 y un 30% en Italia, Francia, Países Bajos y España, y hasta un 40% en Irlanda. Sin embargo, este descenso puede que se compense con ventaja a medida que el *euro se consolide en los mercados de cambios, teniendo en cuenta que vendrá a sustituir a divisas como el marco alemán, el franco francés y quizá la libra esterlina, respectivamente la segunda, quinta y cuarta divisas mundiales en la actualidad.*

Segunda, la banca al por menor se ha mantenido, hasta la actualidad, bastante *al margen de los procesos de homogeneización financiera que han surgido en Europa.*

Sobre este aspecto, deseo destacar que el elevado número de oficinas de las entidades bancarias españolas (32.000), constituye una de nuestras mejores defensas de este segmento del negocio bancario, *especialmente importante,* porque nos permite extender nuestros servicios a un máximo de ciudadanos *(a medida que este negocio de banca al por menor se concibe como un «negocio de distribución»).*

Respecto a la importancia de esta práctica bancaria realizaré tres consideraciones muy expresivas:

— La primera, la *fidelización de la clientela* a las instituciones financieras nacionales. En España, esta fidelidad es muy alta gracias a la proximidad física que otorga la enorme red de oficinas que tienen bancos y cajas (actuando como sólido blindaje ante la banca extranjera).

— La segunda, que los *productos financieros al por menor son suficientes para crear economías de escala en las grandes entidades.*
— La tercera, la gran contribución que esta área de negocio realiza a la cuenta de resultados.

A su vez, las siguientes referencias que realizo acompañan a las anteriores y refuerzan la consideración de que la práctica de banca al por menor cada vez más se concibe como un negocio de distribución, dado que:

— El 45% de los clientes eligen su banco o caja por proximidad geográfica.
— Más del 50% de las pólizas de seguros de vida son vendidas por bancos y cajas.
— El 90% de los fondos de inversión y de pensiones los venden estas instituciones.

Por consiguiente, podemos argumentar que la *banca al por menor probablemente sea el área menos afectada,* al menos inicialmente. Las entidades españolas pueden defenderse muy bien en el segmento por las razones expuestas, pero además deseo destacar especialmente las dos siguientes:

— El elevado nivel de competitividad de los bancos españoles, resultado de la feroz competencia del sector en los últimos años, competencia que ha obligado a adaptarse a trabajar con márgenes muy estrechos y a contener los costes, pero también a mejorar la oferta en servicios y productos, en canales de distribución y en precios. Es decir, *nuestras entidades han sido capaces de desarrollar «sus músculos» durante este período.*
— La segunda razón, enfatizo, es la densidad de la red de distribución, factor clave en esta área de negocio. En este sentido quizá sorprenda el hecho de que la banca española posee la red de sucursales y cajeros automáticos más densa de Europa (con ratios de 1.220 habitantes por sucursal y 1.500 por cajero automático[14], y que su nivel tecnológico es comparable con el de las entidades más desarrolladas del mundo, estando entre los países bancarios líderes en el desarrollo de los canales emergentes (banca telefónica, banca electrónica, tarjetas inteligentes e Internet). Sin lugar a dudas, estas *condiciones representan una sólida barrera para las entidades aún no presentes en el mercado español.*

[14] Actualmente la red de cajeros está formada por 25.280 (30-6-1996).

Ahora bien, esta situación de ventaja relativa, no obstante, podría verse amenazada en el medio y largo plazo.

En efecto, la introducción y consolidación contribuirá decisivamente a la *armonización de los productos,* en especial por lo que hace a la *política de vencimientos y plazos* y a la reducción del precio de los mismos, en base a:

— La desaparición del riesgo del cambio.
— La mayor transparencia en los mercados.
— La unificación de precios originará un efecto desigual en la adaptación de los precios unitarios de los productos de activo y pasivo, con las nuevas condiciones de tipos de interés que propiciará el euro, sensiblemente más bajos que los anteriores.

Sobre este último punto, destacar que como consecuencia del proceso de liberalización experimentado en el mercado español, y la reducción de los tipos de interés que se ha observado durante los últimos años, ya se ha traducido en un *estrechamiento generalizado del margen financiero del negocio bancario,* que ha pasado, *del 4,33% sobre activos totales medios en 1988, al 1,97% en diciembre de 1995,* es decir, *un 55% menos.*

Estos datos, se complementan con otro no menos claro: el *diferencial de clientela* (rendimiento de inversión menos costo de pasivo) ha pasado del *7,96% en 1992* al *4,56% en diciembre de 1995.* En otras palabras, la banca española ha transferido a sus clientes *3,40 puntos de diferencial,* lo que equivale a más de *un billón de pesetas de su margen en 1995,* en comparación con los precios de que disfrutaba.

Ante esta acentuada y persistente disminución de los márgenes, las entidades, para mantener la costosa infraestructura de captación de pasivo y de distribución de activo, se han visto obligadas a introducir *crecientemente el cobro de comisiones por ciertos servicios.*

Esta tendencia necesariamente se mantendrá en el futuro, pues la Unión Monetaria traerá consigo una rebaja de los tipos de interés que, unido a una mayor sensibilidad y cultura financiera de los clientes, no permitirá mantener las *tradicionales políticas de subsidiación cruzada* practicada hasta ahora por las entidades.

Si a esto se añade el desarrollo de la «banca virtual», paralelamente a la creación de un eficiente *mercado minorista único intraeuropeo,* no resulta aventurado prever que los sistemas bancarios basados en un elevado número de oficinas destinadas a captar fondos baratos puedan verse sometidas a un importante proceso de reestructuración, *del que seguramente saldrán vencedoras las instituciones más eficientes y con posiciones más sólidas en el mercado.*

- **Banca al por mayor**

Respecto a las transformaciones que originará el euro en la *realización de banca al por mayor,* en un primer momento se *van a dejar sentir con especial intensidad en el mercado financiero al por mayor* (tesorería y mercado de capitales, banca corporativa y corporate finance).

Los efectos básicamente se manifestarán en una doble dirección:

— Primero, que al igual que sucederá como he apuntado en la banca al por menor, se producirá una *importante caída de las transacciones intraeuropeas* en los mercados de cambio.

— Segundo, por la *homogeneización de los sistemas e instituciones financieras,* con la paulatina de aparición de las ventajas que hoy disfrutan los bancos nacionales ligados a la operatoria de los mercados domésticos.

Siendo los efectos de la moneda única todavía mucho más evidentes en:

— *Los mercados de divisas:* las operaciones tenderán a concentrarse en las plazas y operadores más relevantes, tras perder las entidades locales la ventaja competitiva de que disfrutaban con su divisa nacional. Las grandes entidades europeas, canalizadoras de grandes volúmenes, captarán una cuota creciente de mercado.

— Los *mercados de deuda pública:* ocurrirá algo similar, aunque las entidades locales mantendrán una cierta ventaja por su más fácil acceso a los emisores nacionales.

— Los *mercados de renta fija privada* y *de renta variable:* la pérdida de la ventaja de la moneda nacional no es tan fundamental. Las entidades nacionales conservarán la ventaja de un mejor conocimiento y evaluación del riesgo de las empresas prestatarias.

Dada su importancia, desearía destacar nuevamente lo apuntado respecto de la *disminución operativa del mercado de cambio intraeuropeos,* fijados como ya he indicado, entre 20.000 y 25.000 millones de euros (unos 3,2 a 4 billones de pesetas, lo que representa del 0,3 al 0,4% del PIB de toda la Unión Europea).

Pues bien, esta disminución podría verse parcialmente compensada por los *ingresos adicionales que se generen a medida que el euro se consolide como divisa de reserva* de las transacciones internacionales, lo que se traduciría en un incremento considerable de la operativa cambiaria en euros, con el aliciente de que seguramente se producirán importantes economías de escala.

Otro aspecto determinante en el futuro de las posibilidades de desarrollar actividad en banca al por mayor es la estructura empresarial de los países. La clave es la existencia o no de grandes corporaciones multinacionales que precisen acudir a los mercados financieros y de capitales internacionales de la mano de sus entidades bancarias. Desafortunadamente, éste no es el caso español, dado que apenas contamos con unas pocas entidades multinacionales de tamaño mediano en el contexto europeo y mundial, lo que constituye un *hándicap añadido a la débil posición de las banca española en la actividad mayorista.*

Como se puede deducir de los ejemplos que acabo de señalar, para retener el negocio en estos segmentos, será imprescindible un *elevado grado de competitividad,* para lo que será necesario *gestionar elevados volúmenes de negocio o una fuerte especialización en un área concreta. Tamaño y especialización resultarán en este segmento imprescindible para competir.*

Transcurrida la definitiva implantación del euro, se plantearán cuestiones estratégicas singulares a todas las instituciones al producirse un mercado singularmente ampliado en términos de dimensión, lo que supondrá un reto de adaptación a un entorno de máxima competencia, llevando a la industria bancaria europea a la búsqueda irremediable de mayor eficiencia y productividad, lo que se traducirá en más fusiones y adquisiciones para aumentar el volumen de negocio y alcanzar más economías de escala, siendo las alianzas estratégicas otra vía para conseguir estas condiciones idóneas de competitividad.

4.1.3.5. Perspectivas

A vueltas con la historia, la vieja Europa, —cuna de culturas que marcaron decisivamente la civilización moderna— ha tenido, desde siempre, la vieja aspiración de la Unión. Desde 1947 hasta hoy han ido marcándose hitos en este largo proceso. La CECA, el Tratado de Roma, el Acta Única y el Comité Delors van despejando un camino que encuentra en Maastricht la expresión directa de la convergencia.

En origen, la Unión descansa en fundamentos básicamente económicos. Los principios que la inspiran contemplan Europa en el año 2000 como un mercado único y con una moneda única, fuerte y estable. Los cuatro criterios de Maastricht constituirán la base para todas las decisiones, y su cumplimiento permanente debiera ser un referente obligado. Datos como que el 60 por 100 del comercio europeo se lleva a cabo entre estados miembros, y el hecho de que un mercado fuerte exija empresas y monedas fuertes, apuntaban una Unión que debiera ser elemento crítico de estabilidad, crecimiento y bienestar de todos los ciudadanos.

Así, y en un primer paso, la integración económica habría de permitir una mayor liberalización de las economías de los estados miembros y el establecimiento de vínculos económicos y culturales, y un crecimiento y una apertura exterior sólidos y estables frente a terceros. Y por ende, la afloración de economías de escala, reducciones de costes, mejores ofertas en calidad y precio a los consumidores, una mejor asignación global de los recursos intrarregionales, un mayor aprovechamiento de las ventajas competitivas de cada área, más eficiencia y más capacidad de creación de empleo.

Y a su vez, y en paso ulterior, la integración monetaria, bajo la cual todas las monedas nacionales se sustituirán por una nueva, permitiría la reducción de los costes de transacción en el comercio intragrupo, más facilidad en el movimiento de los factores de producción, un sistema financiero más eficiente y una creciente estabilidad económica y política.

Las familias y empresas serán las principales beneficiarias de la moneda única europea por las mejoras que comporta en la eficiencia y en la competitividad de los mercados financieros.

Estas ventajas repercutirán, inicialmente, sobre las grandes empresas e inversores institucionales pero, a medida que se generalice el uso del euro, los beneficios se extenderán a las unidades económicas medianas y pequeñas, hacia los particulares, que no sólo dispondrán de mayores posibilidades de diversificación de riesgos y de menores costes de capital.

Para la banca y para las cajas, en cambio, este fenómeno no es prometedor en el corto plazo, pues la moneda única europea va a contribuir decisivamente al aumento de la competencia de las instituciones y sistemas financieros en Europa, entre los que, a pesar de la modernización iniciada hace más de un lustro, restan aún áreas significativas ineficientes.

Además, la incidencia del euro en las instituciones financieras se manifestará en una doble vertiente:

— La operativa, en la que se incluyen los ajustes de costes, las mejoras de formación del personal y el desarrollo de infraestructuras de pago y de comunicaciones.
— La estrategia, que comporta un redefinición del tamaño, del ámbito geográfico y de los segmentos de la clientela a la que se desea servir en el nuevo mercado ampliado.

Por consiguiente, meramente cabe preguntarnos: *¿De dónde pueden llegar las ventajas para la banca y para las cajas?* Indudablemente de la existencia de una economía más sana, con mayor capacidad de generar empleo, de mayor nivel de renta y, por tanto, con mayor capacidad de compra de productos y servicios financieros y menor riesgo implícito de las operaciones. Hay que asumir, además, que todo lo que es bueno para sus clientes es bueno para la banca, con una visión global y de medio plazo.

Es fundamental enfocar esta situación como una oportunidad, prestando la máxima atención al estudio y diseño de una estrategia de negocio efectiva, que sitúe a la entidad en una posición más favorable que la que tenía, como dice el gran maestro de management Peter F. Drucker: «Concentrarse en sus oportunidades, que las debilidades ya se tienen».

El euro representará un enorme cambio, hasta puede que represente un nuevo paradigma económico y financiero, y, lo más importante, será globalmente positivo para todos.

Finalmente, es innegable que nos encontramos ante un hecho de proporciones considerables desde muchos puntos de vista: económicos, sociales, culturales, políticos. Como hemos visto, impactará prácticamente todas las áreas de las entidades, y por supuesto con mayor intensidad a sus sistemas informáticos.

4.1.3.6. Conclusiones

Se puede advertir, según he expuesto en este amplio panorama que nos ofrece la non nata Unión Monetaria, que para retener, afianzar o expandirse, tanto en el segmento de banca minorista como de banca al por mayor, necesariamente este escenario de la moneda única exigirá de las entidades bancarias; bien alcanzar las economías de escala necesarias *(dimensión)* o bien ofrecer una ventaja competitiva en un segmento concreto del mercado *(especialización)*. En este escenario, será necesario establecer alianzas estratégicas entre grandes entidades, con una fuerte implantación en sus propios países, para *desarrollar actividades concretas del negocio bancario,* como puede ser compartir sistemas de pagos o especialistas en nuevos productos distribuidos a través de canales de bajo coste.

De hecho, esta política es por la que han optado las grandes entidades bancarias españolas, que gracias a la política de fusiones/adquisiciones llevada a cabo en la última década, tienen la dimensión adecuada que les ha permitido iniciar ya una estrategia de alianzas a nivel europeo.

Sintetizando pues, como la moneda única contribuirá a transformar la industria bancaria en los próximos años, valgan las siguientes apreciaciones:

— El euro generará un escenario de mayor negocio potencial para las entidades bancarias, pero también en el que la competencia será feroz.
— La banca necesitará intensificar sus niveles de productividad y eficacia, y no todas las entidades podrán responder adecuadamente. Algunos bancos desaparecerán, pero para las entidades mejor implantadas o especializadas se abren mayores oportunidades de negocio.
— Se producirán una serie de adquisiciones en un intento por parte de los bancos de construir redes europeas, conduciendo a una concentración aún mayor de la industria financiera.

Es evidente que, ante la situación, los bancos españoles y europeos están preocupados por el coste de oportunidad de la transición; los bancos suizos, americanos y japoneses no tienen la carga de tener que convertir sus sistemas de información y del conjunto de la operativa, de modo que pueden dedicar sus inversiones a mejorar sus productos mayoristas: tesorería y custodia de valores.

Ahora bien, para las entidades españolas es evidente que un importante impacto estratégico que conllevará ineludiblemente la adaptación de la moneda única se centra en la traslación de masas de activo y pasivo de bancos y cajas a los mercados como consecuencia de la desaparición del riesgo de cambio. Ante esta situación, que afectará al margen con la misma intensidad que la bajada de tipos, bancos y cajas deberán «reconvertirse para ganar eficiencia, incluso buscando áreas aún no imaginadas ni estudiadas.

Los mercados ganarán interrelación y eficiencia y sustituirán a bancos y cajas en varias áreas, caso de inversión colectiva o financiación de empresas, que no necesitarán intermediarios financieros.

El mundo bancario de los próximos años se presenta apasionante. Y todos nosotros, seguro, bien como profesionales bancarios bien como clientes, seremos indudablemente los protagonistas de la intensa transformación que se avecina.

BREVE CRONOLOGÍA DE LA UEM

Octubre 1970	Informe final del Comité Werner.
Marzo 1971	El Consejo de la CE decide alcanzar la UEM en 1980.
Marzo 1972	Se constituye la «serpiente» europea, estableciendo una banda de fluctuación de los tipos de cambio de los países comunitarios.
Abril 1973	Se crea el Fondo Europeo de Cooperación Monetaria.
Julio 1978	El Consejo Europeo de Bremen aprueba un plan para poner en marcha el SME.
Marzo 1979	El SME empieza a funcionar.
Febrero 1986	Se firma el Acta Única Europea, con el objetivo de completar el Mercado Interior en 1992.
Junio 1988	El Consejo Europeo establece en la reunión de Hannover el Comité Delors.
Abril 1989	El Comité Delors publica su informe.
Junio 1989	El Consejo Europeo de Madrid acuerda que la primera etapa de la UEM comience el 1 de julio de 1990.

Diciembre 1989	El Consejo Europeo de Estrasburgo insta a la conferencia intergubernamental a que diseñe las siguientes etapas de la UEM.
Octubre 1990	El Consejo Europeo, en la reunión de Roma, con la oposición del Reino Unido, acuerda que la segunda etapa empiece el 1 de enero de 1994.
Diciembre 1990	Comienzan las conferencias intergubernamentales sobre la UEM y la unión política.
Diciembre 1991	El Consejo Europeo de Maastricht adopta el Tratado de la Unión Europea.
Junio 1992	El primer referéndum danés rechaza el Tratado de Maastricht.
Septiembre 1992	El referéndum francés aprueba el Tratado de Maastricht.
Mayo 1993	El segundo referéndum danés aprueba el Tratado de Maastricht.
Noviembre 1993	El Tratado de Maastricht entra en vigor.
Diciembre 1995	En el Consejo Europeo de Madrid se adopta el nombre para la moneda única, «euro». Se diseñan las fases finales de la implantación de la moneda única y se establece el período en el que se examinará el cumplimiento de los criterios de convergencia para la entrada en la UEM.

NOTAS

1. La Segunda Directiva Bancaria

Es la más importante en la legislación bancaria de la CE. Crea un pasaporte para los bancos comunitarios que permite a cualquier institución con licencia operar en un país de la CE, abrir oficinas en los otros estados y sin necesidad de obtener el permiso del supervisor de éstos. Esta legislación reduce los costes y complicaciones de los bancos con sede en la Comunidad en sus actividades dentro de la CE.

La directiva conlleva repercusiones importantes para los reguladores bancarios. El Banco de Inglaterra, por ejemplo, empleará menos tiempo en la supervisión de los asuntos financieros de las oficinas de bancos comunitarios extranjeros. El Departamento de Supervisión del Banco seguirá interesándose por la liquidez de estas oficinas, pero la responsabilidad sobre el control de su solidez financiera recaerá en el supervisor nacional del banco matriz.

2. El marco jurídico del euro desde 1999

La Comisión Europea ha presentado su propuesta de marco jurídico para la utilización de la moneda única a partir del 1 de enero de 1999. En ella se establece que el euro es la moneda de los estados miembros que participan en la fase final de la UEM y durante el período transitorio (hasta el 30 de junio del 2002, a más tardar) esta divisa única se divide en unidades monetarias nacionales, lo que permitirá establecer un lazo jurídicamente vinculante entre el euro y las monedas nacionales.

El objetivo es que los Quince aprueben antes de finales del año este reglamento, para que entre en vigor en enero de 1999. El reglamento confirma la conversión del ecu/cesta en euro con una tasa de conversión de uno por uno, además de asegurar la continuidad de los contratos. *Durante el período transitorio, los billetes y monedas nacionales seguirán teniendo un curso legal,* aunque únicamente en los estados miembros donde tenían antes de la entrada en vigor del reglamento.

Las tasas de conversión, fijada de manera irrevocable, estarán compuestas por seis cifras significativas. El reglamento, que contiene unos 22 artículos, confirma el uso de la palabra euro como denominación de la moneda única, en lugar de ecu, utilizado en Maastricht. También se prevé un reconocimiento de la continuidad de los contratos en los países terceros. Se prevé fijar en otro texto legislativo el calendario de la utilización generalizada del euro para las operaciones del sector público.

Las normas de redondeo también quedan fijadas en los artículos 14 y 15 de la propuesta de reglamento: las cantidades que se convierten en euros se redondean respectivamente al «cent» superior o inferior. Si la aplicación de la tasa de conversión da un resultado que se sitúa en el medio de dos divisiones, o de dos unidades, la cantidad final se redondea a la unidad superior. El reglamento también establece que el euro se subdivide en 100 «cents».

Finalmente, y ya en lo considerado, el texto recuerda que durante el período transitorio de doble publicación de los precios, en euros y en la divisa nacional, facilitará la adaptación de los consumidores a los cambios que implica la moneda única. La Comisión recuerda que con esta propuesta opta por la moneda única, durante el período transitorio, en lugar de la moneda paralela (donde el euro hubiese coexistido legalmente con las divisas nacionales) tal como se acordó en el Consejo Europeo, de Madrid, de acuerdo con la opción preferida por el Ejecutivo comunitario y el Instituto Monetario Europeo (IME), embrión del futuro Banco Central Europeo (BCE).

3. Sistema de pagos. El sistema TARGET

En mayo de 1995 el Consejo del IME publicó un informe preparado por el grupo de trabajo de sistemas de pagos de la UE, sobre el sistema TAR-

GET (Trans-European Automated Real-time Gross Settlement Express Transfer). Básicamente, el sistema TARGET estará compuesto de un sistema bruto de liquidación en tiempo real (SBLTR) en cada uno de los países que adopten la moneda única al comienzo de la tercera fase de la UEM. Adicionalmente se establecerá un mecanismo de interconexión, compuesto por una red de comunicaciones y una serie de normas comunes, con el objeto de conectar dichos SBLTR que formen parte de TARGET.

Los SBLTR de los países no participantes tendrán la posibilidad de conectarse con TARGET, pero sólo para procesar pagos denominados en euros a través del mecanismo de interconexión. Con este fin, los participantes en los SBLTR (no pertenecientes a la UEM) que deseen conectarse a TARGET pueden necesitar mantener un sistema dual de cuentas en el banco central correspondiente (en euros y en la moneda nacional).

El sistema TARGET ofrecerá unos servicios de pagos cuya rapidez será similar a los ofrecidos en el ámbito nacional y permitirá a los participantes en el SBLTR nacional intercambiar pagos en euros, domésticos y transfronterizos, con un mismo nivel de eficiencia. El sistema TARGET, al estar basado en la liquidación en tiempo real, eliminará la mayor parte de los riesgos de liquidación típicamente existentes en los sistemas de liquidación neta, o, en general, cuando las órdenes de pago se intercambian con antelación a la liquidación; por tanto, el sistema TARGET contribuirá a la reducción de los riegos en los sistemas de pagos en la UE (véase el capítulo 3, sección 1).

En contraposición de los mecanismos de pagos actuales en el ámbito nacional, los pagos transfronterizos realizados a través de TARGET tendrán dos agentes liquidadores; un banco central nacional que tomará a su cargo el adeudo en la cuenta del ordenante del pago y otro banco central nacional que tendrá la responsabilidad de abonar la cuenta del beneficiario. No existirá riesgo para el banco central receptor frente al ordenante, ya que el banco central del ordenante tramitará la orden de pago al banco central del beneficiario sólo en el caso de que el montante del pago pueda ser cargado en firme (es decir, si existen fondos o crédito de garantía en la cuenta del ordenante). No podrá haber retraso en la transferencia de los fondos, puesto que la cuenta del beneficiario será abonada por el banco central tan pronto como éste reciba la orden de pago del banco central del ordenante.

No habrá criterios específicos para el acceso al sistema TARGET. Cualquier participante directo en los sistemas de liquidación bruta en tiempo real de los Estados miembros podrá enviar pagos a través de TARGET y tendrá que aceptar pagos procesados a través del mismo. La utilización de TARGET no será obligatoria, excepto para los pagos relacionados con la instrumentación de la política monetaria. Por tanto, durante la tercera fase existirán con toda probabilidad otros mecanismos para procesar grandes pagos denominados en euros en paralelo a TARGET. El BCE (que no gestionará un SBLTR propio) participará en la interconexión para procesar sus propios pagos a través del sistema TARGET.

De acuerdo con el principio de descentralización, los SBLTR nacionales que formen parte de TARGET podrán mantener características propias en lo que se refiere a los pagos domésticos. La armonización de los sistemas nacionales se limitará al mínimo requerido para evitar obstáculos a la instrumentación eficiente de la política monetaria única, así como distorsiones de la competencia entre las entidades de crédito. No obstante, puede ser necesario un cierto grado de armonización en las tres áreas siguientes: provisión de liquidez diaria; horario de funcionamiento y política de tarifas.

El sistema TARGET estará preparado al comienzo de la tercera fase, ya que constituirá un elemento esencial en la gestión de las operaciones de política monetaria del SEBC. La implantación de TARGET ya ha comenzado, puesto que los proyectos de sistemas de pagos necesitan unos períodos de realización largos. A fines de 1996 se espera que estén operativos los SBLTR de once países, previsiblemente, los sistemas entrarán en funcionamiento en el curso de 1997. En mayo de 1995 se adoptaron los requerimientos del usuario para el proyecto de interconexión. Las especificaciones del sistema estarán terminadas durante la primera parte de 1996.

4.2. Conclusiones

Desde los inicios de la presente década y como respuesta a un entorno cambiante, el cual provoca cambios acelerados en los mercados, se observa que algunos bancos están implantando una estrategia de vuelta hacia la llamada banca tradicional[15]. Esta manera de concebir el negocio bancario conlleva, en primera instancia, la recuperación de los directores de las oficinas, convirtiéndolos de nuevo en la figura básica de la organización, sirviendo tanto de enlace con las familias, como tomando responsabilidades hacia las empresas.

De esta manera, los años noventa pueden ser el momento idóneo para restaurar el tradicional papel de las oficinas/sucursales, aprovechando las modernas tecnologías de la información y la nueva cultura del profesional bancario[16], configurándose este mix como un factor determinante para la competitividad.

[15] Está demostrado que el negocio bancario tradicional es el que concentra el grueso de la actividad y aporta la mayoría de los beneficios a las instituciones.

[16] Factores que, indudablemente, considero como clave en la diferenciación de las organizaciones.

Sin olvidar que toda esta constante reestructuración de la banca española y consiguientemente los profundos cambios operados en su actuación, se han apoyado en mantener centralizadas ciertas funciones básicas para el desarrollo del negocio, sin las cuales el equilibrio que producen en las organizaciones se vería comprometido y, por tanto, la viabilidad del propio negocio bancario.

De esta manera, la reestructuración pretende incorporar a los bancos las ventajas de los especialistas, explotando al máximo los puntos fuertes de su posición universal, se requiere que algunas funciones, como gestión de activos y pasivos, información de clientes, estrategia global y tecnología, permanezcan centralizadas. Es evidente que el mantenimiento de una gestión de activos y pasivos centralizada asegura el acceso a fondos más baratos y la mejor administración global de la liquidez.

Es evidente que la información de clientes se configura como una función de la máxima importancia, dado que para lograr una mayor eficacia comercial y explotar adecuadamente las bases de datos, va a ser preciso formalizar el intercambio de información entre las distintas unidades y los servicios centrales.

Igualmente, la gestión coordinada entre las distintas áreas o unidades permite la fijación de una estrategia común, dado que aunar estos procesos significa reforzar la información, tanto para la toma de decisiones como para establecer una única estrategia tan flexible como la demande el entorno económico. *La flexibilidad de las estrategias ya no es una constatación meramente teórica, sino una realidad con la que hay que convivir para ganar la partida a la competencia.*

En cuanto a la adopción de tecnologías, no debemos perdernos en el bosque tecnológico, pues no deja de ser un recurso estratégico y, por ello, su contenido óptimo se encuentra sometido a los mismos condicionantes que los que determinan la selección racional de estrategias de acción en el medio y largo plazo. Entre otras cosas, porque en el negocio bancario la innovación tecnológica es lo suficientemente rápida como para que, generalmente, el único uso eficaz (en el sentido de proporcionar ventajas competitivas sostenibles) de las tecnologías de la información sea como instrumento al servicio de la estrategia global de cada institución.

Dicho en otras palabras, no hay un único camino tecnológico que conduzca a sólo una Roma estratégica imaginable, sino que hay multitud de distintos planteamientos tecnológicos racionales que se corresponden con la pluralidad de estrategias óptimas alternativas, cada una de éstas determinada por la particular constelación de elementos internos, externos y muy fundamentalmente por la misión que se refiere a cada entidad financiera concreta.

En la confianza de que estos planteamientos estratégicos que me he permitido formular, reviertan en la competitividad de las instituciones bancarias, igualmente, deseo exponer otros procesos de transformación que considero determinantes para la puesta en marcha de estrategias competitivas para la banca española de cara al siglo XXI, las cuales se concretan esquemáticamente de la siguiente manera[17]:

— Reconversión, de recursos humanos administrativos en recursos humanos informacionales/comunicativos. Gestión comercial + Nuevas tecnologías de la información (NTI) = Actitud proactiva = Proceso permanente de cualificación profesional.

— Transformación, de los clientes en usuarios del Sistema de Información Financiero (SIF). Significa un paso decisivo para el banco, pues fomenta pasar de una cultura en la que el cliente se mueve hacia el banco, hacia una cultura en la que el banco se mueve hacia el cliente.

  Esto conlleva, que el banco esté más pendiente de su cliente, porque ya no es alguien que está aparte, sino un elemento más de su sistema de información; de una concepción que considera al cliente poco dotado para manejar información compleja a una concepción que considera al cliente su mejor aliado en la información compleja. Una cultura, en definitiva, que aprovecha la capacidad gestora del cliente en cuanto usuario del SIF y, por tanto, cuenta con un sujeto prosumidor[18].

  Ahora bien: ¿cómo enfrentarse a los retos de esta reconversión/transformación? A través de una triple vertiente, integrada por tres puntos básicos como son:

  — La reorganización de recursos.
  — Un programa transformacional.
  — Una formación integral.

— Conversión del empleado bancario en un formador de clientes, a través de un proceso de culturización bancario-familiar(PCbf)[19] cuyo horizonte de realización es potenciar la confianza familiar (banco-familia), mediante la adecuación a una demanda financiera progresivamente compleja (extensa, planificada, variada, interdependiente), cuya respuesta es la elaboración de un mix de gestión activa que optimice la demanda y la oferta beneficiando al cliente en precios, ahorro de gastos, premios y otros productos y servicios financieros.

---

[17] Para más detalle puede consultarse: Las entidades financieras ante el siglo XXI. La banca al por menor. Propuesta para una discusión. Véase bibliografía.

[18] Concierne a la actitud de que cada vez más personas/clientes no recurren al profesional directamente para hacer cosas/realizar gestiones. Son, por tanto, prosumidores, consumidores de la autoproducción. Véase bibliografía: Tolffer, A.: *La tercera ola.*

[19] Proceso de culturización bancario-familiar.

Igualmente: ¿cómo enfrentarse a esta conversión? A través de tres soportes de un plano de realización cuyos puntos principales podemos describir como:

- Empleado asesor + Formación tecnológica = Empleado formador de clientes.
- Gestión comercial + Cultura comercial + Asesoría = Culturización bancario-familiar.
- Cambio actitudinal + Pensamiento y acción positiva para la transformación = Renovación-Iniciativa-Metamorfosis[20].

4.2.1. ¿Hacia el banco asesor?

Mucha gente habla de «mi abogado», «mi médico», «mi dentista»..., «mi banco». Pero también, muchísima gente habla de «el banco». Así, se dice: «voy al banco», «lo tengo [el dinero] en el banco». Sucede muy regularmente que casi todo el mundo tiene su dinero en *su* banco, pero realiza una gran cantidad de operaciones con *el* banco. De tal forma, que podríamos decir que cuando se refieren a su dinero refieren «mi» banco y cuando realizan gestiones hablan de «el» banco. Nos encontramos, pues, con dos discursos referenciales: *el banco,* en cuanto entidad gestora y asesora y *mi* banco en cuanto depositario patrimonial.

Pues bien, estos dos planos de referencia nos advierten sobre una triple estrategia:

— La de captación y configuración de un horizonte de seguridad.
— La de control de riesgos y dotación de confianza.
— La de asesoría, procurando eliminar riesgos, reduciendo arbitrariedad en la toma de decisiones con efectos futuros.

Creemos que las entidades financieras están en este triple reto. Ahora bien, las ventajas competitivas entre las entidades quizá no procedan de la concepción global del proceso de transformación, sino de la tecnología social de resolución y optimización de necesidades del cliente, que es la que contribuye a la eficiente resolución cotidiana de los asuntos. Y en este sentido, y dada la pluralidad segmentaria de los usuarios/clientes de las entidades financieras (Empresas/Organismos/Instituciones Públicas o Privadas/Familias; Jóvenes/Adultos/Viejos; con pautas diferentes en: competencia, educación, cultura técnica, disponibilidad..., necesidades), se está obligando cada vez más a trabajar con un esquema plural.

---

[20] «Que no os conforméis a este siglo, sino que os transforméis por la renovación de mente», se lee en Romanos 12:2.

Tal esquema significa aprender el proceso de sustitución progresiva de una cultura elemental y local por una cultura compleja y global, donde la NTI y la «red local familiar» han de integrase en el SIF; lo que exige introducir el proceso de formación/información permanente en las relaciones con los clientes (proceso de transformación de clientes en usuarios del SIF).

Bien, ¿pero podríamos concretar más en qué consiste esta transformación? Porque, ¿qué significa exactamente esta transformación, en qué cambia un cliente como usuario de un SIF? Por de pronto, un usuario representa para la organización/banco un aliado, un corresponsal, un sujeto familiar. Por ejemplo, responsabilizarse plenamente de este supuesto exige eliminar barreras comunicativas que marquen al cliente como extraño, como el otro. Consecuencia inmediata es fomentar y crear un medio comunicativo de inmediatez, de igualdad diferenciada, renunciando a utilizar la fuerza de poder que otorga la propia organización/institución/entidad o, contrariamente, la que da el tener (dinero, capacidad de crédito, seguridad, información, etcétera), apelando al interés común y subordinándose a las normas y valores consensuados (lo que también implica dotar a la propia organización de un sistema de apertura efectiva a las sugerencias y cuestionamiento de las propias normas y valores de la sociedad en la que opera).

Démonos cuenta de que la fuerza de un banco son sus clientes, pero no vistos como sujetos unidimensionales (como, por ejemplo, cuando los miramos como meros propietarios de recursos para el banco), sino en cuanto ciudadanos económicos, en cuanto que activos o pasivos sujetos sociopolíticos y en cuanto que sujetos que se transforman con las circunstancias cotidianas. Así, no es lo mismo un joven que invierte en futuro (formación), que una ama de casa que administra su economía familiar, que un señor que sólo es el que «voy a sacar dinero al banco», que un comerciante, que un profesional liberal, etc. Ni siquiera las personas son las mismas en el tiempo, sino que cambian con él. Pues bien sabido es que cada vez más las personas están sometidas a transformaciones vitales: ocupan diferentes trabajos a lo largo de su actividad profesional, cambian de localidad, de estado, de posición familiar, etc.

Por tanto, se hace necesario integrar el Sistema de Información Financiera a los efectos de la variabilidad sociobiográfica.

Con lo hasta aquí dicho, cabe establecer una doble prognosis:

- — *En primer lugar,* que la defensa del mercado nacional, supremacía indudable en la banca comercial, constituirá la prioridad primera de la banca española, si bien no pueden pasarse por alto las dificultades que esa defensa presenta en el terreno de la banca al por mayor y de la banca de negocios.
- — *En segundo lugar,* que las vías de internacionalización —atrinche-

rarse en el mercado nacional puede resultar a la larga insostenible— van a ser distintas según las entidades, porque dependerán del tamaño, de la experiencia previa de cada entidad, de su rentabilidad, así como de la composición de su clientela.

Por consiguiente, es decisivo, pues lo exige el propio devenir del mercado, inmerso en unas nuevas realidades técnico-organizativas, de liderazgo y asunción de riesgos, pensar y planificar para el inmediato futuro estrategias tan flexibles como la efectividad de nuestra creatividad lo permitan.

4.3. Recapitulación

La adaptación de la banca española al Mercado Único no se agota, sin embargo, con la búsqueda de menores costes de transformación y de estrategias que permitan, a la vez, defender el mercado nacional y participar en los otros mercados. Como he apuntado, los años venideros van a traer, sin duda, cambios sustanciales en los servicios y productos ofrecidos, así como en la actitud del cliente bancario. El invierno demográfico que va extendiéndose por todos los países comunitarios, la insuficiencia patente de los mecanismos sociales de previsión, las múltiples divergencias que todavía prevalecerán durante largos años en unos mercados financieramente integrados, pero política y económica y culturalmente distintos, más la carrera tecnológica, darán lugar a modificaciones continuas en las funciones de producción de la banca y en la gama de productos y servicios ofrecidos. Como vengo insistiendo, la cultura financiera del cliente evoluciona sin pausa y evolucionará todavía más en un espacio, el comunitario, caracterizado por la pluralidad y potencia de los medios de información, la disminución de los núcleos rurales y la extensión e importancia de los sistemas financieros. Los bancos españoles deberán tener muy en cuenta esos cambios para responder con prontitud, lo cual va a requerir, al menos, tres condiciones centrales:

- Un esfuerzo de preparación continuada del capital humano.
- Una calidad en la prestación de sus servicios y una transparencia informativa.
- Una enorme flexibilidad para modificar la oferta de productos y responder, con eficacia, a las demandas de los clientes.

Probablemente serán las organizaciones más flexibles y dinámicas las que mejor se incorporen al Mercado Único y por extensión al global, puesto que, sea cual sea la bondad de la gestión, el tamaño o la estrategia seguida en la internacionalización, la defensa y ensanchamiento del mercado de cada entidad dependen, en muy buena medida, del servicio que preste a sus clientes.

Para finalizar, considerando que las aportaciones que he realizado con mi mejor espíritu, para la formulación de estrategias competitivas para la banca española, obviamente no son ni definitivas ni cerradas, sino abiertas a otras posibles consideraciones y visiones, sí considero pertinente aproximarse al futuro desde una perspectiva institucional, y para ello me valgo de las palabras pronunciadas por el Presidente de la Asociación Española de Banca Privada[21]:

> Podemos intentar imaginarnos cómo serán los bancos españoles en el umbral del próximo siglo, una vez completada la Unión Económica y Monetaria, si las tendencias estratégicas no varían en existencia de una moneda única en la Comunidad, por lo que habrá desaparecido el riesgo de cambio entre los países que la forman. El sistema de pagos se habrá desarrollado considerablemente en su vertiente transfronteriza y existirá, probablemente, un sistema de cámaras de compensación comunitarias al que pertenecerán la práctica totalidad de los bancos europeos. La competencia se habrá endurecido aún más; algunos mercados se habrán desarrollado considerablemente como, por ejemplo, el mercado hipotecario en nuestro país. Los bancos intervendrán activamente en los mercados de valores que, a su vez, deberán modernizarse rápidamente para que las transacciones no se desplacen hacia otros lugares.

Los bancos españoles habrán desarrollado sus lazos con otros bancos europeos, en los Consejos de Administración será práctica frecuente la presencia de miembros de otros países y, poco a poco, también en la gestión. El Banco Central Europeo permanecerá sólo como garante último de la ortodoxia monetaria de los gobiernos.

En el ámbito privado, empezarán a perfilarse en el horizonte los dos o tres grandes bancos europeos que sólo podrán constituirse mediante fusiones y las oficinas ofrecerán una serie de servicios que poco a poco se orientarán hacia la gestión integral de los patrimonios de los clientes.

Los banqueros de finales de siglo deberán tener una visión global del mundo, y en esto no diferirán mucho de sus precursores de Florencia, Génova o Amsterdam. El riesgo continuará siendo su negocio y el tiempo su materia prima; una materia prima especial que ha configurado y que continuará configurando el negocio de banquero.

---

[21] José Luis Leal Maldonado. Los bancos españoles en la perspectiva europea. Conferencia Club Siglo XXI. Madrid, 4 de mayo de 1992.

La evolución del negocio bancario europeo

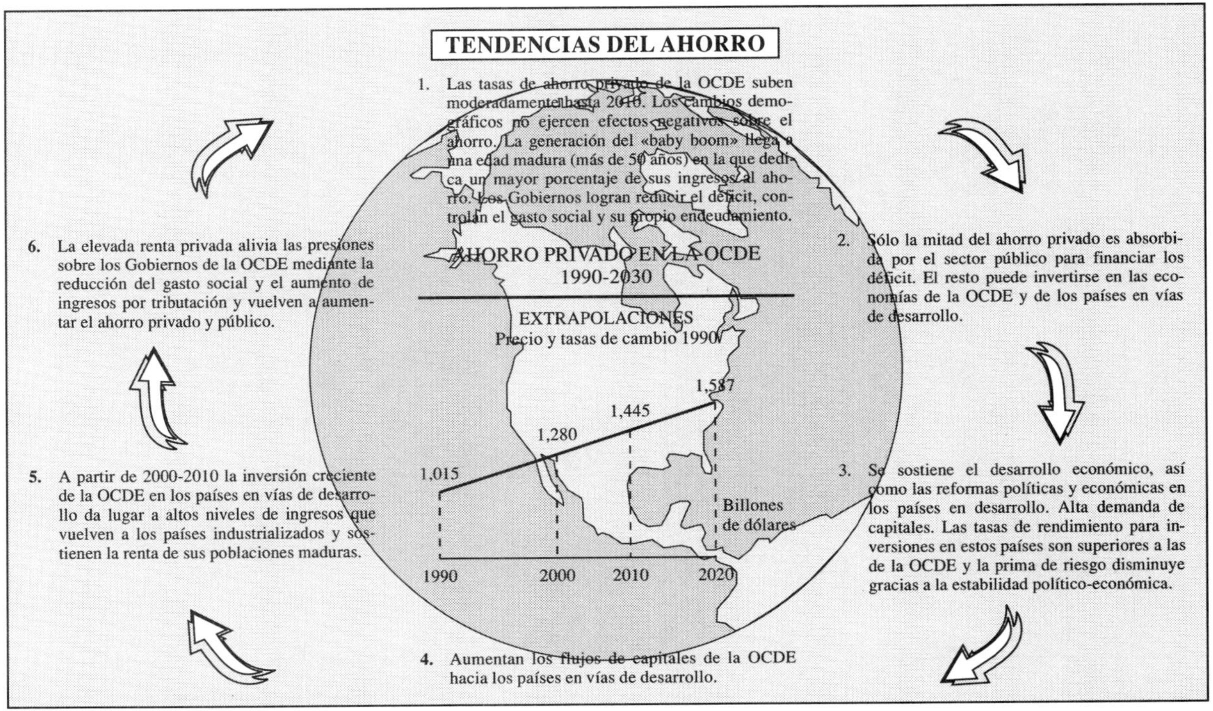

FUENTE: OCDE y elaboración propia.

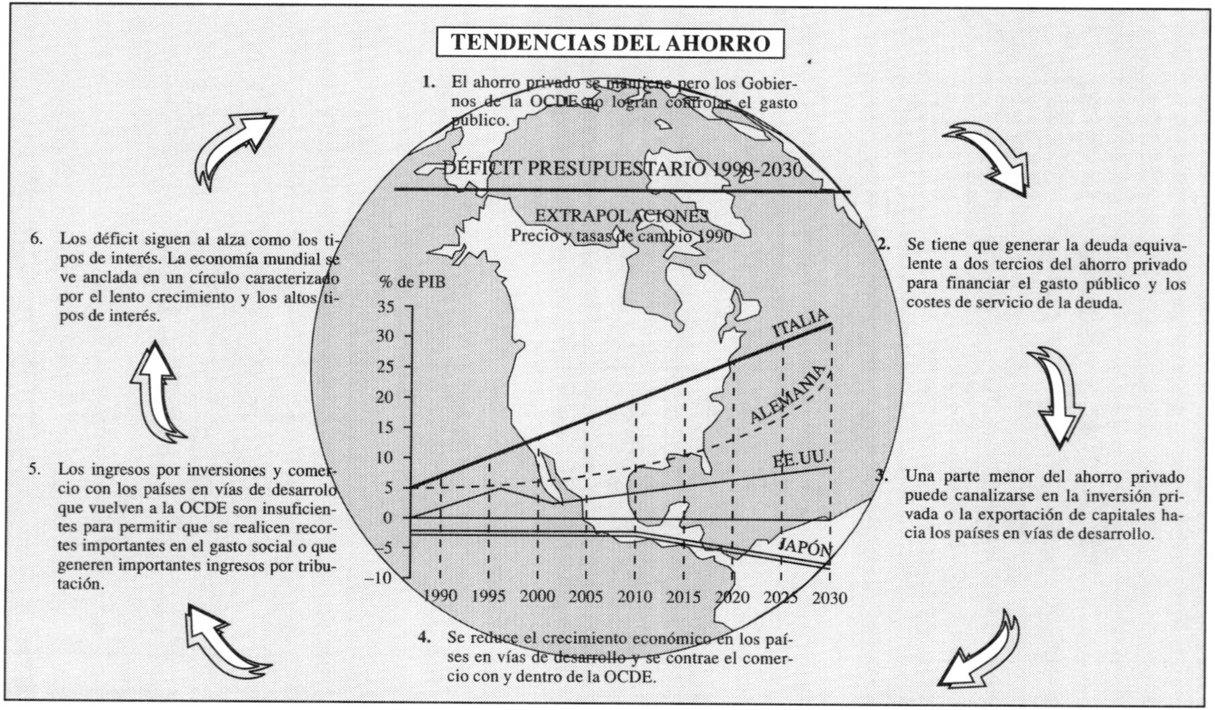

FUENTE: OCDE y elaboración propia.

El entorno económico de fin de siglo

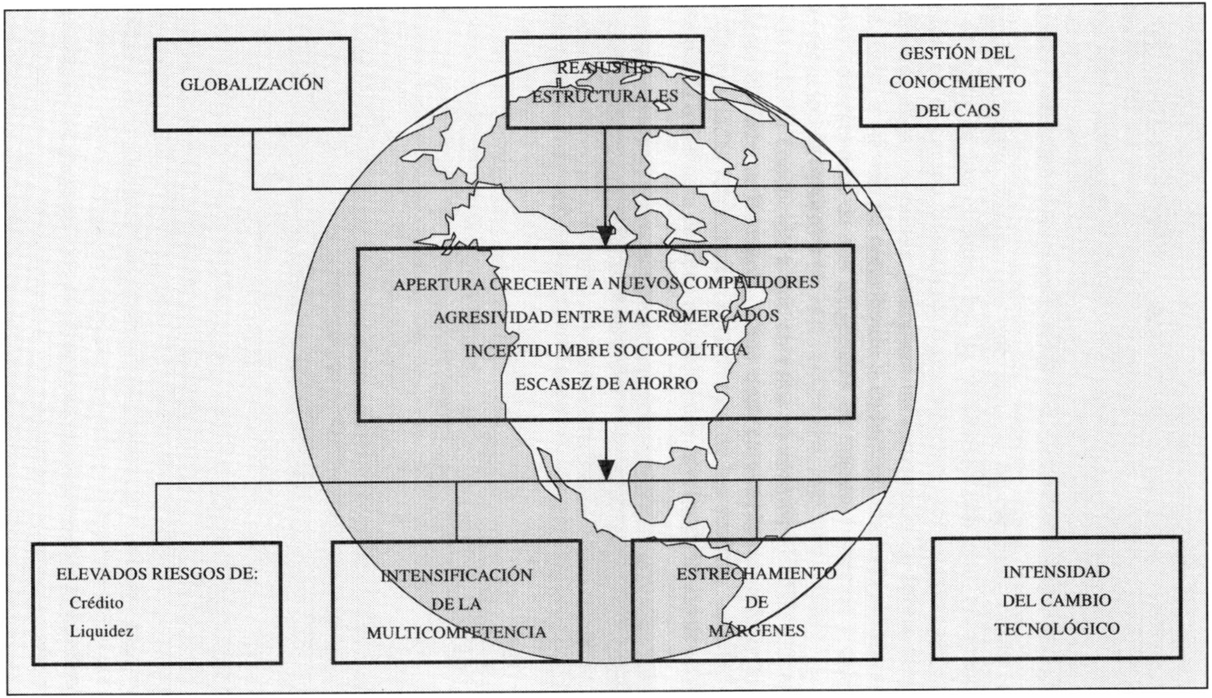

FUENTE: Juan R. Quintás de Seone y elaboración propia. *Tecnologías y estrategias en la banca de fin de siglo*. Véase bibliografía.

PARTE TERCERA
Notas de ampliación

Primera nota. El sistema de banca cooperativa

Un sector que viene modernizándose y acoplándose en la dura lucha competitiva desde el proceso de liberalización de la actividad financiera, son las cooperativas de crédito que, como intermediarios financieros de carácter privado, forman parte y compiten dentro del sistema financiero en paridad con la banca privada y las cajas de ahorro, con las que están prácticamente homogeneizadas operativa y disciplinariamente, con la facultad de prestar todos los servicios que integran el denominado «pasaporte comunitario» de las entidades de crédito, en lo que concierne a la captación de depósitos, concesión de créditos y préstamos, gestión de planes de pensiones, actividades de arrendamiento financiero, gestión de derechos de cobro, servicios de pago de transferencias, gestión de valores y medios de pago, etc.

La denominación de banca cooperativa suele utilizarse para atribuir una identidad común a las sociedades cooperativas de crédito y a otras formas empresariales que fundamentan su razón de ser en las primeras. Es decir, la banca cooperativa comprende un conjunto de instituciones cuyo núcleo genuino y fundamental son un tipo de entidades financieras clasificadas como sociedades cooperativas con actividad financiera (también llamadas Cajas Rurales y Cajas Profesionales y Populares), a las que pueden complementar, funcionalmente, otras entidades que desempeñan cometidos especializados, no necesariamente de carácter financiero, en ocasiones bajo forma jurídica diferente de la sociedad cooperativa.

En España, de hecho, existe un sistema de banca cooperativa organizado sobre la base de una central bancaria: el Banco Cooperativo Español, y constituido en torno a la Asociación Española de Cajas Rurales (AECR), cuya actuación se rige por criterios de productividad, rentabilidad e integración. Como órgano de representación institucional, el sistema cuenta con la Unión Nacional de Cooperativas de Crédito. A su vez, el conjunto de entidades que engloban la AECR cuenta con un grupo de empresas participadas, como son Rural Servicios Informáticos y Seguros RGA, y alguna empresa de servicios, como es el caso de Rural Tours.

Al margen de lo anterior, únicamente existe un pequeño grupo de cajas rurales vinculadas a un banco de titularidad pública, de escasa entidad y de evolución claramente regresiva.

La tradicional especialización originaria y el ámbito de actividad de la banca cooperativa permiten distinguir una doble manifestación —más teórica que práctica— dentro de la denominación genérica de cooperativas de crédito:

- Las Cajas Rurales, que si bien originariamente desempeñaron un papel primordial en la financiación del sector agrícola y del medio rural en general, actualmente están presentes en todos los sectores económicos y en multitud de ámbitos empresariales, gracias a una política de diversificación de su actividad. Este tipo de entidades constituyen el subgrupo más relevante dentro de la banca cooperativa española, tanto por su cobertura territorial como por el volumen de sus recursos propios y ajenos.
- Las Cajas Populares y Profesionales, que actúan primordialmente en el medio urbano, en relación con actividades comerciales, industriales o profesionales.

Marco legislativo

- Ley 3/1987, de 2 de abril, General de Cooperativas.

Constituye la norma estatal básica de regulación de las distintas clases de Sociedades Cooperativas, publicada a raíz del mandato constitucional de promoción de este tipo de Sociedades. Contiene la regulación tanto de su constitución, órganos y régimen de funcionamiento, como de sus relaciones con la Administración y de las posibles fórmulas asociativas en el ámbito cooperativo.

- Ley 13/1989, de 26 de mayo, de Cooperativas de Crédito.

Esta Ley recoge el régimen jurídico básico de las Cooperativas de Crédito, en cuanto entidades de crédito, fijando el sistema de fuentes aplicable a las mismas al delimitar las competencias estatales y autonómicas en cuanto a su regulación.

- Ley 20/1990, de 19 de diciembre, sobre Régimen Fiscal de las Cooperativas.

Esta Ley constituye la necesaria adaptación del tradicional régimen impositivo de las Cooperativas a la moderna legislación sobre estas Sociedades contenidas en la Ley 3/1987, al tiempo que se hace compatible la tributación sobre Cooperativas con el sistema tributario español posterior a la Constitución, en particular con la Ley sobre el Impuesto de Sociedades de 1978.

- Real Decreto 84/1993, de 22 de enero, por el que se aprueba el Reglamento de Cooperativas de Crédito.

Desarrolla la Ley 13/1989, completando la regulación de los aspectos básicos sobre creación y requisitos de las Cooperativas de Crédito, régimen económico y órganos de las mismas. Incorpora asimismo las novedades derivadas de las Directivas Comunitarias sobre solvencia de las entidades de crédito.

- Ley 3/1994, de 14 de abril, de Adaptación de la Legislación española de las Entidades de Crédito a la Segunda Directiva de Coordinación Bancaria.

Constituye la norma que incorpora al deracho español la Directiva 89/646/CEE, de Coordinación Bancaria, equiparando definitivamente a las Cooperativas de Crédito con el resto de las entidades de crédito a quienes se dota del denominado «pasaporte comunitario» para garantizar la libertad de establecimiento y de libre prestación de servicios bancarios en el territorio de la CEE. También contiene la regulación sustantiva sobre control del accionariado y composición del capital social de las entidades de crédito.

El grupo de Cajas Rurales

La fórmula de integración del crédito cooperativo se expresa a través de la Asociación Española de Cajas Rurales (anteriormente Asociación Española de Cooperativas de Crédito), constituida el 4 de julio de 1989. El marco institucional que representa en sí misma, así como la estructura empresarial que ha surgido en torno a ella, confirma la consolidación del proceso de concentración más reciente y de mayor envergadura realizado en la banca cooperativa española. El objetivo de su constitución, aparte de promocionar las actividades de las cooperativas de crédito asociadas, es impulsar y organizar todos los servicios comunes, tanto en el área técnica como jurídica y estadística, que favorezcan el desarrollo y la evolución competitiva de sus asociadas, bajo los principios de solidaridad y cooperación.

La propia dinámica de coordinación de la actuación de las cajas rurales en las sociedades participadas, ha creado un grupo empresarial financiero de base cooperativa, que aglutina más del 63 por 100 de los activos totales del sector.

Este grupo presenta un rasgo característico con sus homólogos en muchos países europeos, como es la proximidad al concepto de banca federada, que respeta la independencia y autonomía de cada Caja superando las limitaciones individuales, y dándoles así acceso a un mayor número de operaciones que quedan fueran de su dimensión o ámbito de actividad.

A 31 de diciembre de 1995, el grupo estaba integrado por 40 entidades, habiéndose incorporado en los comienzos de 1996 30 entidades más, con lo cual el grupo engloba ya a un total de 70 entidades. Básicamente en el ejercicio 1995, el Grupo de Cajas Rurales ha incrementado su beneficio después de impuestos, con respecto al año anterior, en un 24,7 por 100, alcanzando una cifra aproximada de 24.000 millones de pesetas. Este crecimiento ha sido corroborado por casi un 20 por 100 de aumento de la inversión crediticia y más del 14 por 100 en acreedores, con lo que los recursos ajenos están muy próximos a los 2 billones de pesetas. Durante 1995, se ha realizado una expansión en la red de oficinas, abriéndose 91, con lo que el grupo cuenta ya con más de 2.420 oficinas y un total de 7.974 empleados.

Empresas participadas

Puede comprobarse que las cooperativas de crédito también han asimilado el concepto estratégico de grupo financiero. De tal manera que cuentan con un grupo de empresas participadas constituido en torno a la AECR y compuesto por una central bancaria, un centro informático y un grupo asegurador: Banco Cooperativo Español (BCE), Rural Servicios Informáticos (RSI) y Seguros RGA.

El Banco Cooperativo, constituido el 31 de julio de 1990 con 3.000 millones de pesetas, aportado en un 85 por 100 por 24 cajas rurales (actualmente 40) y el 15 por 100 restante por el banco cooperativo alemán Deutsche Genossenschaftsbank, y con 15.000 millones de capital social actualmente, otorga a las cooperativas de crédito condiciones adecuadas de acuerdo con el mercado, concediéndoles líneas de crédito apropiadas y poniendo a su disposición créditos de refinanciación y complementarios en el marco de sus recursos propios y de la situación del momento. Además, hace posible el depósito de fondos de todo tipo y cuantía, manteniendo o ampliando departamentos de servicios productivos a la medida de las necesidades de sus Cajas, estructurándose a través de áreas de negocio (grandes empresas, banca comercial, mercados monetarios, de capitales, de divisas, área internacional, etc.). Como central bancaria, desarrolla la importante labor de captar y rentabilizar los sobrantes de liquidez de las cajas rurales, con el apoyo de la AECR, aparte de su indiscutible papel de coordinación bancaria, servicios comunes, sindicación de actuaciones, convenios con Administraciones Públicas, sectores productivos, grandes empresas, etc.

Rural Servicios Informáticos, constituida en 1986, tiene como objetivo facilitar a las cajas rurales el acceso a las tecnologías informáticas más avanzadas, desarrollando programas que se adapten a las necesidades específicas de aquéllas y sirviendo como centro corporativo de proceso de datos para las mismas, con la mejor relación calidad-precio. Se hace cargo de todos los flujos de información entre las cajas rurales y todas las entidades y clientes con los que se relacionan, así como de todos los flujos de gestión interna. Con sus más de 700.000 tarjetas Servired y 900 cajeros automáticos, se sitúa entre las primeras compañías del país en servicios informáticos.

Seguros RGA, que fue constituida también en 1986, incluye entre sus accionistas a la compañía alemana R + V Allgemeine Versicherung AG. Está constituida por cuatro entidades especializadas en seguros generales, seguros de vida, pensiones y automóviles, que comercializan sus productos a través de las oficinas de las propias Cajas. En 1995 obtuvo unos beneficios de 382 millones de pesetas, alcanzando su cifra de negocios los 15.452 millones.

La centralización de determinadas funciones en los sistemas de banca cooperativa no impide su organización y funcionamiento conforme a los principios cooperativos, que conceden prioridad al socio y propugnan un comportamiento descentralizador que representa el poder de decisión de las sociedades cooperativas de crédito.

Principios de actuación

1. *Cohesión del grupo.* Las cajas rurales, a través de la Asociación, fijan prioridades, estrategias y la política de actuación del grupo. El acercamiento a los objetivos y la potenciación de las sociedades participadas han constituido un elemento favorecedor de la cohesión, alentada por actuaciones en el terreno de la banca minorista, la optimización del excedente depósitos-inversión, y otros productos y servicios, sin olvidar áreas clave como el análisis de riesgos, el control de gestión o la auditoría interna.

2. *Concurrencia territorial.* Entre las cajas rurales asociadas existe el compromiso de respetar, en sus procesos de expansión territorial, el ámbito territorial originario de las restantes cajas miembros. En los supuestos de coincidencia de los ámbitos territoriales originarios, las cajas afectadas podrán pactar las reglas de concurrencia, sometiéndose en su caso al arbitraje de la Asociación.

3. *Colaboración interna y proyección externa.* Existen multitud de áreas en las que se pueden obtener economías de escala mediante la colaboración entre las cajas rurales del grupo, como base para aumentar su eficiencia. En cuanto a la proyección externa, es una vía para ampliar el número de terceros usuarios de los servicios ofrecidos por las sociedades participadas, mediante la reducción de costes y el uso de las estructuras ya existentes, siempre que se trate de actividades consideradas como no estratégicas para el grupo.

4. *Subsidiariedad.* El sistema de banca cooperativa de cajas rurales se caracteriza por su descentralización operativa y por la aplicación del principio de subsidiariedad, desarrollado éste sobre la base del respeto a la autonomía funcional y a la independencia jurídica y de decisión de cada miembro.

Fondos de garantía

La constitución de fondos de garantía privativos de cada sistema es una práctica extendida en la banca cooperativa europea. Estos fondos refuerzan la garantía ofrecida por las entidades asociadas y contribuyen a proyectar una favorable imagen de mercado. La administración de estos fondos recae, en general, en las organizaciones representativas o en órganos dependientes de ellas. Su constitución suele ser voluntaria para cada sistema de banca cooperativa, aunque obligatoria para las instituciones que lo integran (por régimen estatutario). Ese carácter voluntario hace que su garantía complemente, en su caso, a la de fondos públicos.

El Grupo de Cajas Rurales cuenta con un *fondo* destinado a prevenir o resolver situaciones de *insolvencia,* o de cobertura legal de recursos propios, que pudiera sobrevenir a cualquiera de las entidades asociadas, con carácter mutuo y solidario. La aportación de las Cajas a este fondo es del 2,5 por 1.000 de los activos totales a 31 de diciembre, dotado actualmente con 5.700 millones de pesetas.

Por esta razón, entre las funciones de la AECR destaca la de gestionar, administrar y disponer en su caso los fondos o depósitos que las entidades asociadas tengan constituidos.

Aparte de dichos fondos específicos, las cooperativas de crédito cuentan con el Fondo de Garantía de Depósitos —equivalente al de bancos y cajas de ahorros—, al que aportan anualmente sólo el 1 por 1.000 de sus depósitos, según Orden de 7 de febrero de 1996, del Ministerio de Economía y Hacienda, por la situación patrimonial alcanzada y las buenas perspectivas del sector.

En definitiva, el sistema español de banca cooperativa se orienta en su estructura y funcionamiento, a los esquemas europeos que han desarrollado modelos con una organización única, como es el caso del modelo alemán.

Banco Cooperativo Español (datos a 31-12-95)

Total balance	433.424 millones de pesetas
Débitos de clientes	36.498 millones de pesetas
Créditos a clientes	9.898 millones de pesetas
Beneficio neto consolidado	763 millones de pesetas
Núm. de entidades accionistas	40

Total sector cooperativas de crédito (datos a 31-12-95)

Total balance	3.778.738 millones de pesetas
Créditos a clientes	1.829.019 millones de pesetas
Débitos a clientes	3.158.103 millones de pesetas
Beneficio neto	42.000 millones de pesetas
Total entidades	95

Segunda nota. Administración y gestión de los bancos

Objetivos y control de beneficios

Podemos suponer que los bancos, como cualquier otra empresa privada en una economía de mercado, se proponen como objetivos maximizar el valor de alguna variable relacionada con los beneficios que pueden obtener en cada ejercicio económico. Algunos autores han resaltado la conveniencia de que los objetivos económicos no estén excesivamente centrados en el corto plazo, y que, en consecuencia, se adopte un enfoque intertemporal, con el tratamiento expreso de los problemas que conlleva el conocimiento incierto de los acontecimientos futuros[1].

Una tesis defendible *es que la banca se propone maximizar el valor patrimonial que la empresa puede alcanzar al cabo de cierto número de ejercicios económicos*. Una consecuencia de considerar un horizonte temporal relativamente largo en el análisis, es que las *tasas de beneficio* de cada uno de los períodos no son independientes entre sí, y que, en consecuencia, a veces convenga colocar fondos a corto plazo, sacrificando una cierta tasa de beneficio inmediato, para poder alcanzar rentabilidades más elevadas en años venideros. Así, por ejemplo, si se esperan descensos de los tipos de interés en los próximos años, resultará apropiado invertir en activos a largo plazo, aprovechando su ventaja en rentabilidad intertemporal, en lugar de adquirir activos que en estos momentos presenten una rentabilidad más atractiva, pero en absoluto trasladable a los períodos venideros como consecuencia de tener un vencimiento corto.

[1] Véase bibliografía: García Solanes, J., y Beyaert Stevens, A.: *La economía española en un escenario abierto. Intermediación financiera y transmisión de efectos de las políticas macroeconómicas.*

Para alcanzar sus objetivos de medio o largo plazo, las entidades bancarias deben seleccionar unas variables de control, y determinar el valor concreto de las medidas que deben adoptarse, pero teniendo en cuenta las restricciones del contexto en el que han de desenvolverse. Estas restricciones hacen referencia a las regulaciones establecidas por las autoridades monetarias, y a la estructura de los mercados en que participan. Las regulaciones confeccionan el marco de actuación. En los últimos años han sido objeto de cambios muy profundos en todos los países occidentales. Y más aún en nuestro país, por una doble razón: por las necesidades de modernizar un sistema financiero que hasta hace poco estaba modelado con principios autárquicos y proteccionistas, y por el compromiso de amoldarlos a las exigencias que impone el mercado financiero único europeo.

Las estructuras de los mercados condicionan decisivamente las estrategias de las empresas bancarias. En la banca española, estas estructuras también han sido objeto de cambios profundos en el curso de los últimos años. Una prueba evidente del interés que despierta el averiguar qué clase de estructura financiera predomina en los negocios bancarios y lo difícil que resulta llegar a resultados totalmente concluyentes, pues en los últimos tiempos han proliferado de manera extraordinaria los estudios encaminados a analizar el grado de competencia de la práctica bancaria española en los mercados en los que se lleva a cabo.

Las variables sobre las que puede actuar un banco, a fin de influir en la tasa de beneficio de algunos de los períodos que entran en el horizonte de su consideración, son aquellas que determinan el valor de sus ingresos y sus pagos, que son:

- — La estructura y rentabilidad de los elementos que componen el activo de su balance.
- — La clase de servicios que se ofrecen a los clientes y las comisiones que se cobran por ellos.
- — La estructura del pasivo y la retribución de los fondos que son captados.
- — Los gastos de explotación.

Las variables a cuya previsión hay que dedicar más atención a corto plazo, por ser sumamente flexibles y volátiles, y porque inciden notablemente en los resultados de las actividades bancarias, *son los tipos de interés, de corto y de largo plazo,* y los tipos de cambio, en especial cuando las empresas bancarias realizan operaciones con divisas internacionales.

En consecuencia, las entidades de crédito deben ser capaces de valorar el estado que presenta la economía en un momento dado, y también las tendencias previsibles de la misma para períodos futuros, porque de ella dependen tanto el valor de las variables a las que hemos hecho alusión, como las decisiones de los clientes que figuran en ambos lados del balance. Esto quiere decir que los analistas bancarios deben saber deducir las principales implicaciones macroeconómicas que se derivan de perturbaciones diversas, de carácter real y monetario, incluyendo las medidas que adoptan las autoridades monetarias y fiscales, y las perturbaciones que provienen del resto del mundo. Igualmente crucial será su capacidad para detectar las principales perturbaciones que estén ejerciendo sus efectos en la economía, a partir de la evolución de ciertas variables directamente observables.

Es muy importante pues, tener presente que al adoptar medidas encaminadas a optimizar sus resultados, las entidades modifican la estructura de sus balances e influyen, de esa manera, en los agregados monetarios de la economía y en el montante de crédito que se destina a inversores y consumidores.

Por la misma razón, cuando se producen crisis bancarias, tanto la transmisión de los impulsos monetarios como el proceso de creación de crédito resultan mermados, y ello afecta sustancialmente a las decisiones de gasto de los agentes económicos. Por consiguiente, el funcionamiento del sistema financiero, y en especial el comportamiento de las entidades bancarias, como respuesta a impulsos diversos, tiene efectos sobre las variables reales de la economía, tales como la producción, el empleo y el tipo de cambio real, al menos durante algunos ejercicios económicos.

Administración y gestión

Los bancos, sea cual sea su estatuto, o la reglamentación vigente en los diferentes países en los que se encuentren instalados, reciben fundamentalmente los depósitos de las familias y conceden créditos con los que financian el resto de la economía.

Es cierto que los bancos hacen mucho más que almacenar dinero: lo captan, crean y distribuyen (intermediación financiera). A diferencia del banco central, las entidades privadas crean dinero mediante la concesión de créditos y obtienen sus ganancias a través de ellos. La búsqueda de mayores beneficios lleva a los bancos a sobreexpandirse: conceden un gran volumen de préstamos y mantienen ajuntados recursos propios (capital y reservas). La ceguera en la carrera de beneficios puede minar, pues, la estabilidad bancaria. Si los depositantes tienen la sensación de que la entidad mantiene reservas escasas, o se está practicando una política alegre en la concesión de créditos y pasándose de lo prudente otorgando préstamos especulativos, corre el riesgo de que los clientes pierdan su confianza (base en la que se sustenta el negocio bancario) y retiren su dinero, produciéndose graves tensiones de liquidez. Si la entidad carece de liquidez, resulta ser insolvente, corriendo serios peligros los depositantes que aún no hayan recuperado su dinero[2].

La calidad de la *gestión y administración de los bancos,* como de las empresas no financieras, establece una importante diferencia entre *bancos sólidos y poco sólidos.* La experiencia demuestra que en la mayoría de los países, las instituciones financieras mejor administradas han logrado conservar su solvencia. Cuando no hay una supervisión eficaz, se observan comúnmente cuatro tipos de mala gestión y administración, que son:

— *Gestión de riesgos.* La forma más común de una deficiente gestión de riesgos es la de las políticas desacertadas en el otorgamiento de préstamos, y éstas, generalmente, se deben a la deficiencia de los controles internos, al análisis inadecuado del crédito o a las presiones políticas. Las políticas crediticias desacertadas llevan frecuentemente a una concentración excesiva de los riesgos, como consecuencia de otorgar una elevada proporción de préstamos a un solo prestatario, a una determinada industria, sector o región. También se da el caso de que los bancos a veces prestan demasiado a compañías relacionadas directa e indirectamente. La falta de consonancia entre los activos y los pasivos en lo que respecta a monedas, tipos de interés o vencimientos es otra forma común de la mala gestión.

— *Huida hacia delante.* La gerencia se encuentra en una encrucijada cuando el banco arroja pérdidas. Una supervisión eficiente o un buen consejo de administración se asegurarían de que las pérdidas se declararan y que se tomaran medidas correctivas. Sin ello, los bancos pueden practicar la huida hacia delante para aparentar normalidad, procurando ocultar las pérdidas pasadas y actuales. Hay muchas maneras de lograr esto. A fin de no alertar a los accionistas respecto de sus dificultades, los bancos a menudo mantienen los dividendos constantes aunque los ingresos disminuyan. Asimismo, con objeto de mantener dividendos elevados, los bancos a veces retienen una proporción menor de los ingresos para reservas, sacrificando así la suficiencia de capital. Si la meta que se ha fijado para los dividendos es superior a las ganancias, los bancos pueden recurrir a medidas contables que elevan los beneficios netos en el papel, aun cuando esto signifique que habrá que pagar mayores impuestos. Mediante el procedimiento de reprogramar los préstamos, un banco puede clasificar préstamos incobrables como préstamos cuya amortización e intereses se están pagando y de esa manera evitar tener que establecer una reserva para cubrir pérdidas por ese concepto. La capitalización de

[2] En España el Fondo de Garantía asegura hasta 1.500.000 pesetas por depositante.

los intereses no pagados eleva las utilidades al incrementar los ingresos aparentes. También se puede adelantar el registro de los ingresos y aplazar el registro de los gastos.

— *Huida desesperada.* Cuando las pérdidas son demasiado elevadas para ocultarlas mediante argucias contables, los bancos adoptan a veces estrategias más desesperadas. Entre las más comunes, se cuentan los préstamos para proyectos arriesgados a tipos de interés elevados, la especulación en la bolsa y los mercados inmobiliarios. No obstante, esas estrategias encierran mayor riesgo y bien pueden conducir a nuevas pérdidas. Entonces el problema es de flujo de fondos, pues resulta más difícil pagar dividendos, sufragar los costos de operaciones y satisfacer la demanda de retiros de los depositantes, con los ingresos devengados de los restantes activos productivos. Para evitar una crisis de liquidez, es posible que el banco ofrezca tipos de interés altos sobre los depósitos para atraer nuevos depositantes, pero el costo superior de los fondos termina por agravar los problemas.

— *Fraude.* El comportamiento fraudulento generalmente se produce por las pérdidas, que provocan una inevitable falta de liquidez; entonces, el fraude es muy común. A medida que se acerca el fin, los banqueros se sienten tentados a otorgarse a sí mismos préstamos, siendo lo más probable que no se vayan a reembolsar. Otro fraude común es el de la «propiedad oscilante» de compañías parcialmente de propiedad del banco o de allegados (directivos o terceras personas de confianza); si una compañía obtiene ganancias, el banquero tratará de comprársela al banco a un precio bajo, y si la compañía no es rentable, el banquero se la venderá al banco a un precio alto.

— *Solvencia y liquidez.* Los bancos son solventes cuando el valor de sus activos es superior al valor de sus pasivos ante los depositantes y otros acreedores; el «patrimonio neto» es el monto por el cual los activos exceden de los pasivos. Cuanto mayor es el patrimonio neto de un banco, mayor es su protección contra la insolvencia, es decir, mayor es la reducción del valor de sus activos que el banco puede absorber sin perder su solvencia. Los supervisores de banca tratan de velar porque los bancos tengan capital suficiente, que a menudo se define como una fracción mínima de los activos totales o de activos que presentan riesgos. Si la relación requerida entre capital y activos es de 5 por 100, por ejemplo, un banco que tuviera 1.000 millones de pesetas en activos y 980 millones en pasivos (es decir, un patrimonio neto de 20 millones) tendría que procurarse 30 millones de capital adicional para elevar su patrimonio neto a 50 millones de pesetas.

Los bancos son líquidos mientras pueden hacer frente a sus gastos de operaciones y retiros normales de fondos. Debido a que tienen un alto nivel de endeudamiento, los bancos pueden permanecer líquidos mucho después de haberse tornado insolventes. Si los bancos son de propiedad pública, las garantías explícitas o implícitas de los depósitos en casos de crisis están más resguardados, pues el suministro periódico de liquidez reduce las probabilidades de que los depositantes retiren sus fondos de bancos insolventes y, por tanto, les ayudarán a preservar su liquidez y su saneamiento.

Conclusión

Contrariamente a la teoría de que las crisis financieras se deben únicamente a factores macroeconómicos, *es indudable el papel de la gestión, como elemento fundamental en todas las crisis bancarias*. También se pone de relieve el hecho de que los buenos banqueros, cuando se ven en apuros, se convierten frecuentemente en malos banqueros, a través de una serie de actitudes que se van deteriorando.

Una mala gestión y una supervisión ineficaz son factores relevantes, no sólo en las crisis de instituciones aisladas o en aquellas que afectan a una parte del sistema bancario, como podría parecer obvio. Constituyen, también, *un elemento esencial de las crisis financieras generales* que afectan a la totalidad de un sistema. Estas crisis pueden estar motivadas por *conmociones económicas,* por una *política monetaria o económica inadecuada* o por una *liberalización brusca.* Aun en este contexto, *pueden encontrarse tanto bancos buenos como bancos malos,* según sea la calidad de su gestión, ya que una buena gestión puede permitir a los bancos sobrevivir y estar razonablemente sanos. En cambio, la mala gestión puede conducir a una crisis más profunda, con pérdidas crecientes, mala asignación de recursos y elevados tipos de interés[3].

En España, afortunadamente, la experiencia en el tratamiento de las crisis bancarias *reafirma lo decisivo que significa una buena administración y gestión de los bancos.*

---

[3] Aristóbulo de Juan. De buenos banqueros a malos banqueros (mimeo).

Tercera nota. Calidad de servicio. Relaciones banco-cliente-oficina*

Generalidades

Para crear un Modelo de Atención al Cliente que sea eficaz y que distinga a la entidad bancaria de las demás, en principio es preciso responder con claridad a las preguntas siguientes:

— ¿Por qué acuden los clientes, y público en general, a una sucursal o agencia bancaria? ¿Qué razones les mueven?
— ¿Qué buscan los clientes, y público en general, en una sucursal o agencia bancaria?
— ¿Cuáles son los factores que hacen que una determinada persona se transforme en un cliente fiel del banco?

Conocer con exactitud las respuestas a estas cuestiones permitirá a todo profesional que atienda al público:

— Descubrir cuáles son los factores que le han conducido al éxito con sus clientes.
— Evaluar el conjunto de sus actuaciones frente a los clientes fijos y potenciales de su sucursal.
— Orientar sus actuaciones futuras para aumentar su éxito personal.

El entorno bancario y clientes

Como he analizado a lo largo del libro, en el entorno bancario se están produciendo variaciones importantes que, también como en tiempos pasados, fuerzan al banco y a todos sus profesionales a evolucionar para mante-

* Lo denominaré también, indistintamente, sucursal o agencia.

nerse adaptados y brindar una creciente calidad a sus clientes y así poder contrarrestar sus influencias hostiles.

Entre las variaciones del entorno bancario, conviene señalar las siguientes:

— Aumento progresivo de la cualificación profesional del sector.
— Intensificación de la actividad comercial de las instituciones.
— Aumento de las acciones de promoción y publicidad.
— Aumento de la calidad de la información que los bancos ofrecen a sus clientes.
— Mayor cultura financiera de los clientes actuales y potenciales.
— Mayor poder de negociación y exigencia de los clientes.
— Diversificación de la oferta financiera.

Estas y otras variaciones del entorno son las causas de que en la banca española se estén produciendo transformaciones importantes y de que la formación o cualificación profesional adquiera una importancia considerable.

El banco ganador en esta dinámica competitiva será aquel que mejor capacite, cohesione y motive a sus equipos humanos.

El entorno evoluciona con rapidez

Las exigencias del cliente evolucionan con rapidez

— Productos y servicios más ajustados al cliente.
— Clientes más entendidos, exigentes y críticos.
— Mayor y mejor comunicación con el cliente.

↓

Es necesario

— Personalizar la relación con el cliente.
— Evolucionar en la atención al cliente.
— Captar oportunidades para ofrecer nuevos productos y servicios.

↓

De este modo mantendremos el presente y ganaremos el futuro.

↓

Una vez más, el éxito y la evolución están en manos del factor humano.

Atención al cliente

Gestión integral del cliente a lo largo de todo el ciclo de vida, desde la primera etapa de prospección hasta su mantenimiento y fidelización.

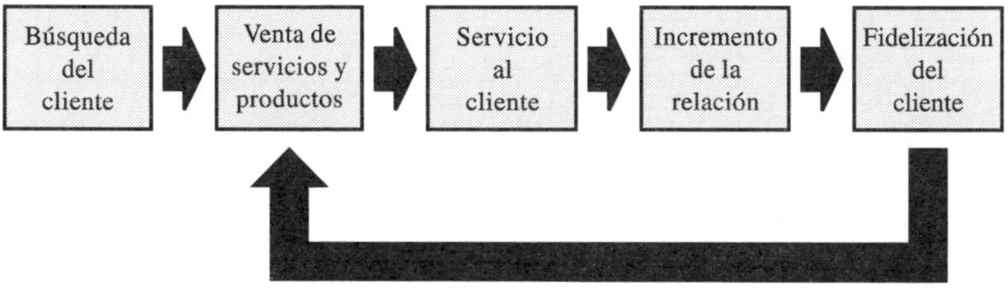

> La gestión integral del cliente a lo largo de todo su ciclo de vida es lo que se impone.

Calidad y competitividad

— Los clientes y público en general acuden al banco para que les satisfagan sus necesidades racionales y encubiertas.

— Para los clientes del banco, las necesidades racionales y encubiertas son iguales en importancia aunque sólo afloren las primeras.

— La calidad de una sucursal bancaria se mide por su capacidad para satisfacer plenamente las necesidades de los clientes que acuden a ella.

— El nivel de calidad de una agencia bancaria depende de:

  — La calidad de Atención al Cliente que ofrecen sus empleados.

  — La Calidad de sus productos y servicios.

— La calidad y la competitividad están íntimamente relacionadas, aumentando esta última cuando aumenta la calidad.

— La competitividad es el factor clave para atraer a los clientes potenciales y transformarlos en fijos. Objetivo fundamental: *Fidelizar al cliente*.

Objetivo fundamental

↓

Fidelizar al cliente

Factores de éxito de la oficina bancaria

Los clientes acuden a la sucursal bancaria porque tienen necesidades o expectativas y buscan satisfacciones a las mismas.

Los medios de que disponen las agencias para dar satisfacciones a los clientes son:

— Las instalaciones de las oficinas.
— Los productos bancarios y parabancarios.
— Los servicios del banco.
— La información a transmitir.
— La relación personal con los clientes.

Por otro lado, y haciendo referencia a lo expuesto a lo largo del libro, se puede concluir que el éxito de la sucursal bancaria descansa en:

— La calidad de la relación empleado-cliente.
— La calidad de la información facilitada al cliente.
— La calidad de la imagen de la sucursal.
— La calidad de las acciones promocionales y publicitarias del banco.
— La competitividad de sus productos (calidad-precio).
— La competitividad de sus servicios.
— La comodidad y confort de la oficina.
— La venta suplementaria o cruzada.

Sin duda alguna, la calidad de los servicios ofertados y la relación empleado-cliente son las más importantes para el éxito de las sucursales.

Cuanto más alto sea el nivel de estos factores, mayor será el número de clientes que acudan a la oficina bancaria para depositar sus fondos y adquirir sus productos y servicios, y de este modo, se elevará el volumen de ingresos y presumiblemente las ganancias.

Papel del empleado de sucursal/agencia

El papel de cualquier empleado en las empresas se concreta en unas misiones u objetivos a lograr y una actividad a desarrollar para materializar las misiones.

A la luz de todo lo expresado hasta el momento y respecto al empleado que atiende al cliente, su papel se concreta en:

Misiones

— Lograr que los clientes queden plenamente satisfechos con el servicio y la atención prestada.

— Contribuir a captar fondos monetarios.
— Contribuir a aumentar la adquisición de los servicios y productos ofrecidos por la sucursal.
— Evitar errores en las operaciones y tramitación de los productos y servicios bancarios.

Actividades

Las actividades a realizar se deducen fácilmente del proceso lógico de relación del cliente con la oficina, el cual es el siguiente:

— Organización y preparación del lugar de trabajo.
— Acogida a los clientes.
— Captación de sus expectativas o necesidades.
— Ofrecer los productos y servicios que satisfagan las necesidades del cliente.
— Operar y tramitar los productos y servicios solicitados.
— Captar oportunidades de venta cruzada.
— Despedir al cliente con amabilidad.

Atención al cliente

La calidad de atención al cliente que es capaz de desarrollar cada empleado de la sucursal bancaria, dependerá de sus aptitudes personales, de su nivel de conocimientos profesionales y dominios específicos de los principios y técnicas de la comunicación verbal.

Naturalmente, es la formación permanente y el desarrollo de habilidades de comunicación interpersonal, el mejor medio para evolucionar y perfeccionar la Calidad de Atención al Cliente.

Pero las entidades no sólo necesitan una elevada calidad de atención al cliente, sino también precisan mantener de manera similar, el nivel de calidad en todas las agencias y sucursales del banco. Por este motivo la definición de estos modelos es fundamental para unificar comportamientos que ayuden a unificar las actuaciones en todas las oficinas del banco.

Ciclo de vida del cliente

FASES	DEFINICIÓN	EJEMPLO	APLICACIÓN
Búsqueda	Identificar y seleccionar clientes potenciales.	Buscar clientes interesados en cuentas financieras, planes de ahorro, pensiones, seguros.	Generación de listas y bases de datos.
Venta	Venderles el producto o servicio.	Venderles un plan de ahorro, pensión, seguro,...	Ventas *(outbound)*, seguimiento de la operación, etc.
Servicio	Satisfacerles ofreciendo un servicio ágil, preciso y libre de errores.	Proporcionar un servicio de mayor valor; ayudarles a encontrar la pensión adecuada a sus necesidades/plantearles otras posibilidades.	Servicio al cliente (información, seguimiento, etc.)
Servicio	Inducirles a comprar productos adicionales.	Conseguir que compren este producto y otros servicios.	Gestión de cuentas (reactivación de clientes, venta cruzada, etc.)
Fidelización	Si se realiza todo lo anterior, la fidelidad del cliente y una relación a largo plazo están aseguradas.	Conseguir que nos confíen su próxima operación financiera.	Marketing de bases de datos.

La competitividad bancaria. Las nuevas tendencias

PRINCIPALES RAZONES POR LAS QUE ELIGE EL CLIENTE

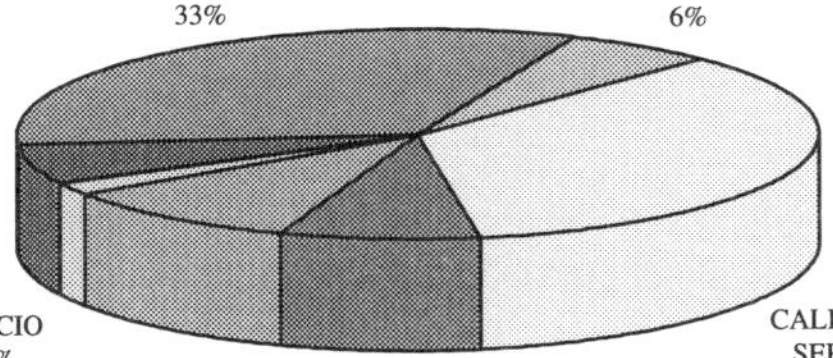

FACTORES DE ÉXITO EN LA ATENCIÓN A SUS CLIENTES

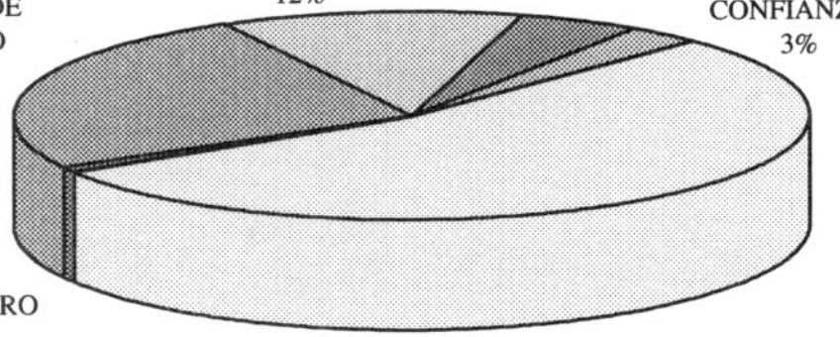

Cuarta nota. La oficina bancaria. Importancia y papel de futuro

Generalidades

Una de las características del sector bancario español que más llama la atención a visitantes y analistas extranjeros, es la enorme densidad de oficinas bancarias existentes. De hecho, en la Comunidad Europea, sólo Luxemburgo presenta un número de oficinas bancarias por cada 1.000 habitantes superior al de España.

Como es conocido, esta elevada densidad tiene su origen en la fuerte regulación e intervención a la que el sector estuvo sometido desde los años cincuenta hasta finales de los setenta. Sólo hasta finales de los años setenta, los precios de activo y pasivo venían fijados por las autoridades y, por tanto, los márgenes de negocio, de tal forma que al final el objetivo de maximización de beneficios estaba en consecuencia directa a la maximización del volumen de negocio, para lo cual era necesario disponer de cuantas más sucursales, mejor.

También se ha señalado que el número de oficinas bancarias en España no es excesivo, sino que lo que se produce es que el sistema de distribución minorista difiere del existente en otros países, obligando a situar oficinas cerca del lugar de residencia del cliente, que a su vez visita éstas con mayor regularidad y un mayor número de veces que en otros países de nuestro entorno. Tampoco debemos olvidar que actúan como un blindaje ante la posible penetración de la banca extranjera en el segmento de banca al por menor.

Aunque no es objeto de este análisis, sí es pertinente preguntarse, independientemente de este tipo de discusiones, hasta cierto punto estériles, quizá la pregunta fundamental en este momento: ¿hasta qué punto el negocio bancario tradicional de banca al por menor genera resultados suficientes como para rentabilizar las enormes redes de oficinas y los elevados gastos de estructura que se requieren para llevar a cabo este tipo de actividad en nuestro país? Dicho de otra forma, la cuestión clave en este momento es si el negocio bancario tradicional de banca al por menor se mantendrá rentable.

Importancia de la oficina

Como ya he puesto de manifiesto, en la banca, la oficina ha sido considerada tradicionalmente como un factor muy importante en relación con la cuenta de resultados de las entidades.

Desde esta perspectiva, meramente deseo destacar la evolución del papel del director de la oficina, que ha pasado de ser un mero administrador de pasivo a ser un gerente, no sólo preocupado por la colocación de sus productos financieros, sino también por la gestión de los recursos humanos, en consecuencia, por el desarrollo de la competitividad. Todo lo cual, le permite aumentar la calidad, el servicio y la satisfacción de los clientes.

Es evidente que los clientes acuden a la oficina bancaria porque tienen necesidades o expectativas, y buscan satisfacer las mismas, por lo cual es necesario dotarlas de los medios necesarios. Actualmente, los medios de las oficinas para dar servicio a los clientes son:

— Las instalaciones.
— Los productos bancarios y parabancarios.
— La información bancaria y financiera.
— Los servicios integrales del grupo.
— El equipamiento tecnológico.
— La calidad profesional de los empleados.

De otra manera, se puede concluir que el éxito de la oficina bancaria descansa en:

— El liderazgo del director
— La calidad de la relación empleado-cliente.
— La calidad de la información facilitada al cliente.
— La calidad de la imagen de la oficina.
— La profesionalidad de los empleados.
— La calidad de las acciones promocionales y publicitarias del Banco.
— La competitividad de sus productos (calidad-precio).
— La competitividad de sus servicios propios y del grupo.
— La ergonomía y confort de sus instalaciones.
— La venta complementaria y/o cruzada.

Sin duda alguna, la calidad de los servicios ofertados y la relación empleado-cliente son las más importantes para el éxito de las oficinas/sucursales.

Cuanto más alto sea el nivel de estos factores, mayor será el número de clientes que acudan para depositar sus fondos y adquirir sus productos y servicios, y de este modo, se elevará el volumen de ingresos y presumiblemente, las ganancias.

Por todo ello cobra toda su fuerza la figura del director de la oficina bancaria, no sólo como responsable de la entidad ante el cliente y reflejo de toda la organización, sino como destacado suministrador de beneficios.

En definitiva, la banca está pagando las consecuencias de la apertura indiscriminada de oficinas en los años setenta, en los cuales el crecimiento se expresaba por el número de sucursales abiertas en el período considerado, si bien es el pago por un blindaje ante la competencia externa en un periodo determinado.

Esta situación ha supuesto un incremento en los costes de estructura que, sumado a la disminución del margen financiero de las entidades, obliga de alguna manera a tener que redimensionar las redes existentes en el sector. Algunas de las alternativas posibles para hacer frente a esta situación y que de hecho ya se están realizando, consisten en el intercambio y venta de oficinas con entidades financieras extranjeras, así como la venta de segundas marcas bancarias a las Cajas de Ahorros y establecimiento de joint ventures o alianzas estratégicas en los sectores de seguros y servicios financieros.

La oficina tradicional

Para entender el nuevo papel que las oficinas bancarias deben desempeñar en el futuro, conviene repasar cuáles han sido sus funciones y características tradicionales, así como las presiones a las que están sometidas en la actualidad, tanto por la intensa lucha competitiva, como por los nuevos canales emergentes, consecuencia de la aplicación de las nuevas tecnologías de la información. La oficina tradicional ha venido caracterizada por:

— Ser, históricamente, el único canal de distribución y continuar en la actualidad representando el canal dominante para muchos productos financieros. En Europa —en el mundo—, se distribuyen a través de las oficinas prácticamente todos los depósitos tradicionales, así como casi el 70% de la inversión crediticia.

— Facilitar a las entidades financieras la capacidad de estar próximas a sus clientes. La cercanía al domicilio del cliente es actualmente el principal motivo en el inicio de una relación bancaria.

— Representar la «línea caliente» en la relación comercial con el cliente.
— Suponer un porcentaje muy elevado de la estructura de costes del banco.
— Suponer un porcentaje muy elevado de los ingresos del banco.

La oficina del futuro

En cuanto a las presiones que modifican el papel de la oficina bancaria tradicional destacan:

— El desarrollo de las nuevas tecnologías y las comunicaciones, se traduce en la disminución de la importancia de la proximidad física del cliente, la posibilidad de reducir costes operativos y la necesidad de cambiar la forma de trabajar del personal de la oficina. Este accionar supone principalmente una reducción en las tareas administrativas, pero potencia las actividades comerciales.
— La falta de tiempo de los clientes y la rigidez de los horarios extienden el uso de los cajeros.
— La introducción de nuevos canales de distribución y atención al cliente, destacando principalmente: la banca telefónica, banco en casa, oficinas portátiles. También la venta por catálogo, fuerzas de ventas a comisión y prescriptores.
— Un entorno más desregulado, que genera un incremento de la competencia, trasladándose ésta no sólo al canal de distribución —número de sucursales—, sino también a la aparición de nuevos productos comercializados con precios atractivos y apoyados por fuertes campañas de publicidad y promociones.
— Una reducción de márgenes financieros, lo que provoca una mayor dificultad para rentabilizar un canal de distribución basado en sucursales, debido a los elevados costes que supone.

Lo afirmado anteriormente constituye y refleja el avance que irremediablemente se producirá en un inmediato futuro, en donde el cliente podrá acceder al banco a través de distintos canales, por lo que escogerá la combinación más adecuada, dependiendo de los servicios financieros que solicite. De esta manera, la sucursal bancaria continuará como el canal de distribución dominante, pero dentro de un entorno de integración de redes de oficinas y canales alternativos.

Conclusión

Es evidente pues, que la puesta en escena del *nuevo rol* por parte de la oficina, requiere actuar de forma simultánea en distintos campos, siendo los fundamentales:

— *Tecnología:* que potenciará notablemente los cajeros, que ofrecerán nuevos productos y servicios; el desarrollo de los servicios telefónicos y otros canales como el videokiosko que complementen a la sucursal. Nuevos equipamientos informáticos que automatizarán la oficina y permitirán potenciar el front office, al facilitar la reducción de las tareas administrativas-back office.

— *Productividad:* rediseño operativo, reducir el back office, trasladando la mayor parte de las tareas administrativas a servicios centrales. Especialización de las sucursales siguiendo una estrategia de segmentación de clientes. Elaboración de planes de formación que actúen sobre la cultura y los valores de su personal, orientándoles hacia la venta y la calidad del servicio prestado.

— *Gestión comercial:* definir zonas de influencia, estimar mercados potenciales, cuotas de mercado y objetivos. Analizar la rentabilidad de clientes y productividad según los objetivos fijados. Dar énfasis a la calidad. Encuestas y entrevistas a clientes y análisis de reclamaciones serán aspectos básicos para medir la gestión de la sucursal.

En resumen, la oficina bancaria del futuro mantendrá su papel predominante en la distribución de servicios financieros, debiendo transformarse reduciendo su tamaño y costes mediante la centralización y automatización de procesos de back office, potenciando las capacidades comerciales, y complementarse e integrarse con otros canales alternativos —actualmente emergentes—. Continuará siendo la máxima contribuyente a la cuenta de resultados del banco o caja de ahorros.

La oficina bancaria actual

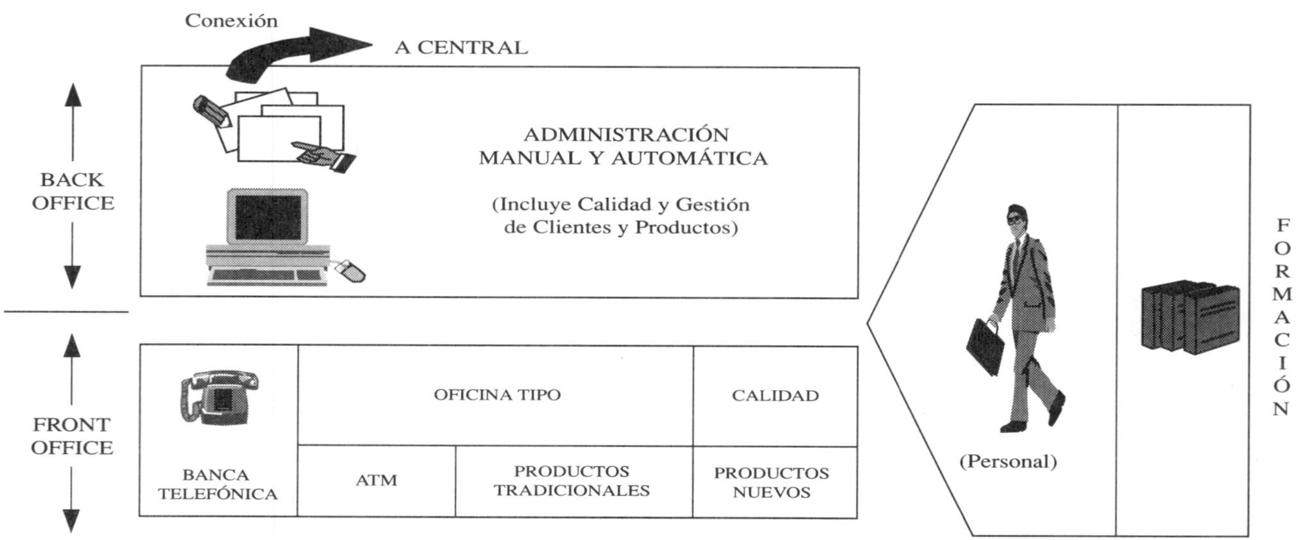

La oficina bancaria del futuro

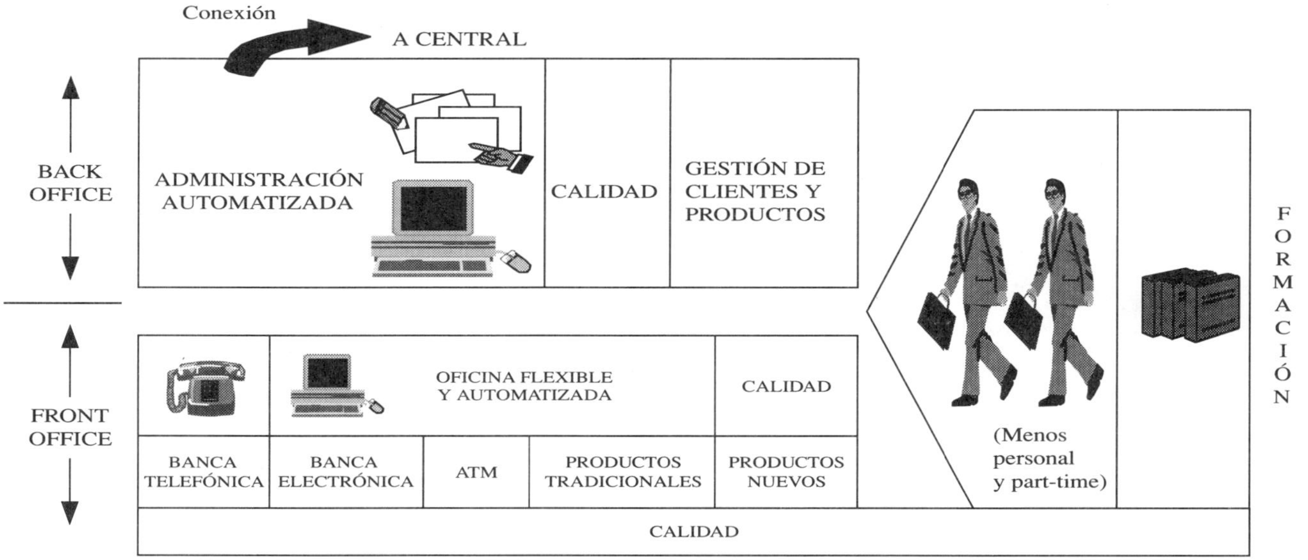

Esquemas gráficos*. Las oficinas en el futuro de la banca

* FUENTE: Juan María Nin, Banco Central Hispano, y elaboración propia. Madrid, 1995.

Oficinas bancarias y sistema financiero

La mayor densidad de la red de oficinas parece explicarse por un mayor peso de la estructura de depósitos del mercado financiero de cada país

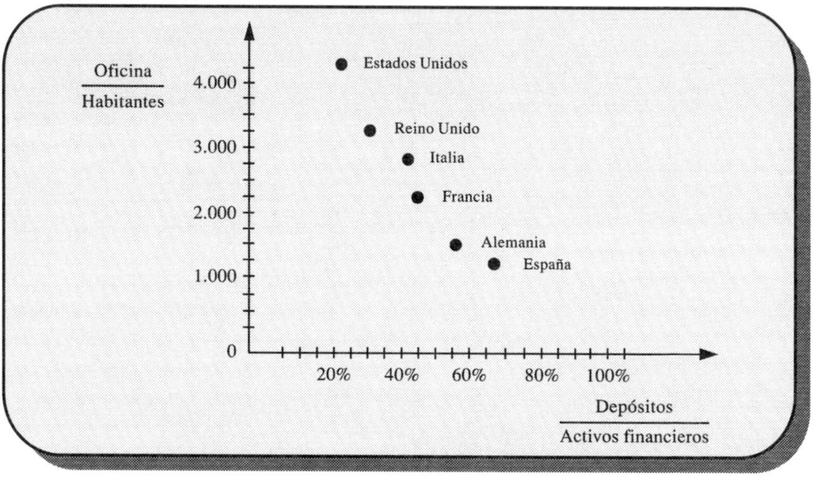

Dimensión relativa de las oficinas

Las oficinas en España tienen una dimensión menor que las de otros países

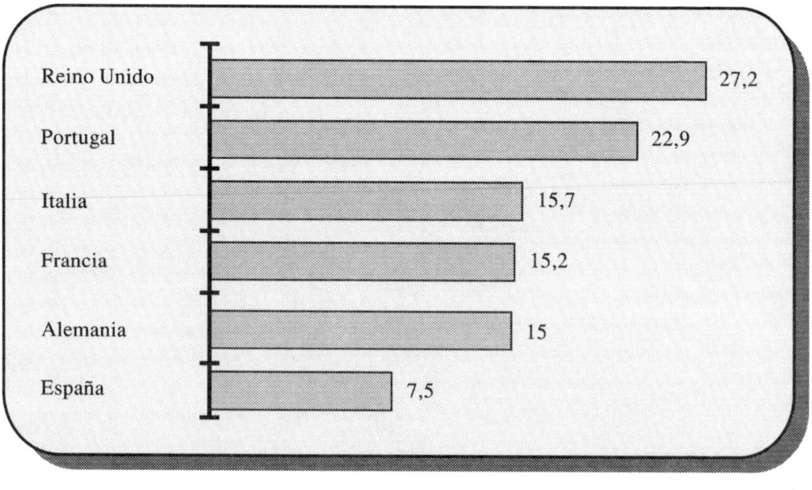

Importancia de la oficina bancaria tradicional

La oficina mantiene su importancia en la distribución de los productos tradicionales incrementando la oferta en nuevos productos, como seguros, fondos de inversiones, de pensiones...

PRODUCTO	% DISTRIBUIDO POR CANAL BANCARIO		TENDENCIA	
	ESPAÑA	EUROPA	ESPAÑA	EUROPA
Depósitos	99%	99%	=	=
Títulos	80%	76%	↓	=
Fondos de inversión	95%	57%	=	↓
Financiación consumo	45%	61%	↑	↓
Financiación hipotecaria	50%	73%	↑	↓
Seguros vida	25%	13%	↑	↑
Seguros no vida	5%	10%	↑	↑

Ventajas de las oficinas frente a otros canales: Aspectos cualitativos

PARA EL BANCO/CAJA

Mayor conocimiento de la zona.

Forma efectiva de seguimiento y recobro de algunos riesgos.

Mayor posibilidad de fomentar la lealtad del cliente.

Escaparate de implantación de la imagen ins-

PARA EL CLIENTE

Trato más personalizado y posibilidad de asesoramiento personal.

Mayor tangibilidad para los clientes (mayor seguridad percibida).

Presiones del entorno

La red de oficinas continúa siendo el canal clave, pero sometido cada vez a mayores presiones

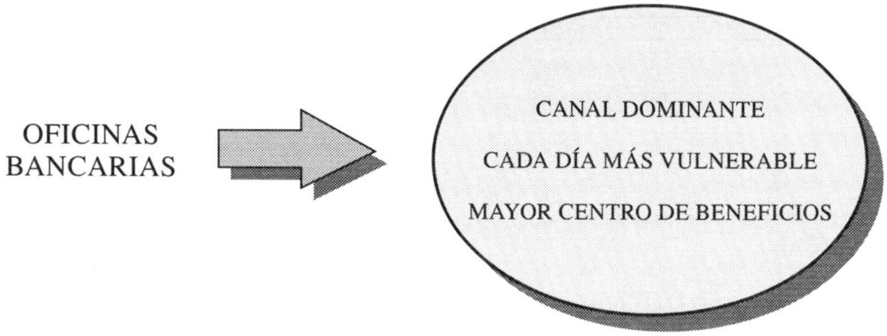

Tendencias en el entorno

Presiones sobre las oficinas

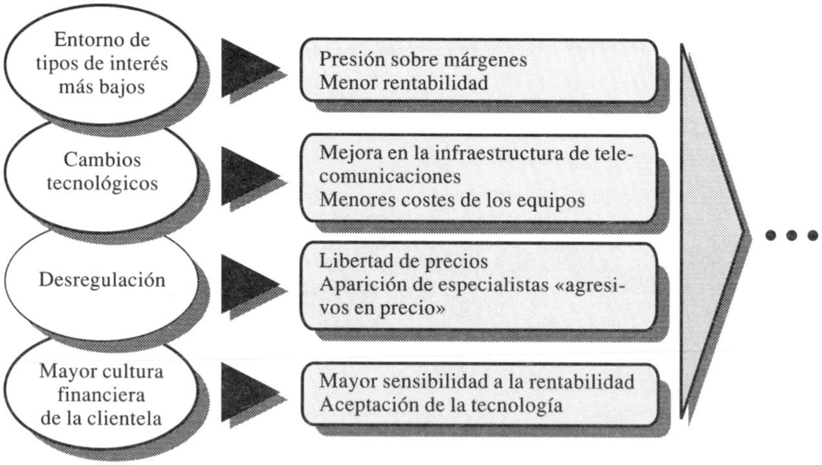

Tendencias en el entorno

Presiones sobre las oficinas (continuación)

• • • PRESIONES

Menor atractivo de la capilaridad para el Banco

Menor rentabilidad de la oficina por márgenes decrecientes

Costes más elevados que en canales alternativos

Menor importancia de la proximidad para el cliente (algunos clientes):

- Menor necesidad de desplazarse a la oficina (banca directa)
- Mayor disposición a desplazarse más lejos por productos de mayor valor añadido
- Creciente importancia del servicio especializado

Canales emergentes

Canales alternativos, no como sustitutivos sino complementarios a la red de oficinas tradicional

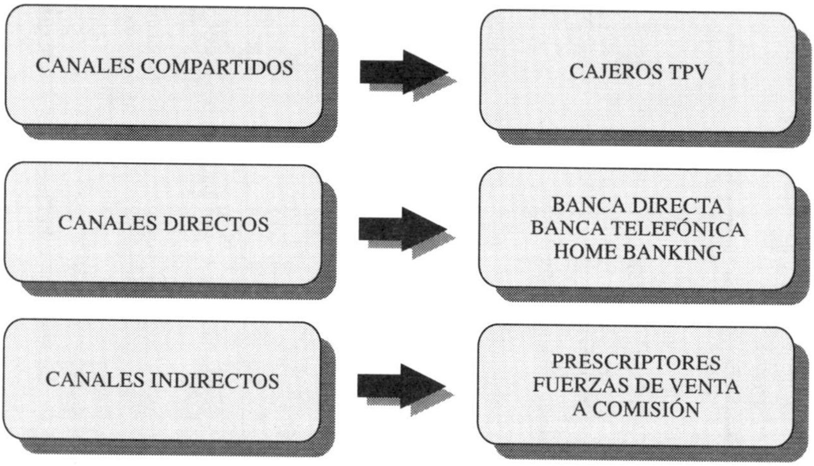

Actividades de las oficinas

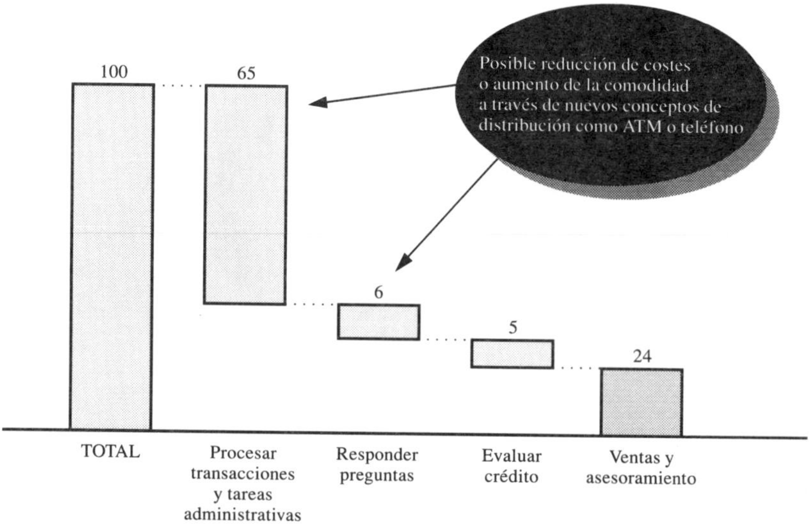

Potencial de mejora en la oficina

Con la incorporación de nuevas tecnologías y canales emergentes, el tráfico a través de la oficina se verá significativamente reducido y los empleados dispondrán de más tiempo para dedicarse a la venta y atención al cliente

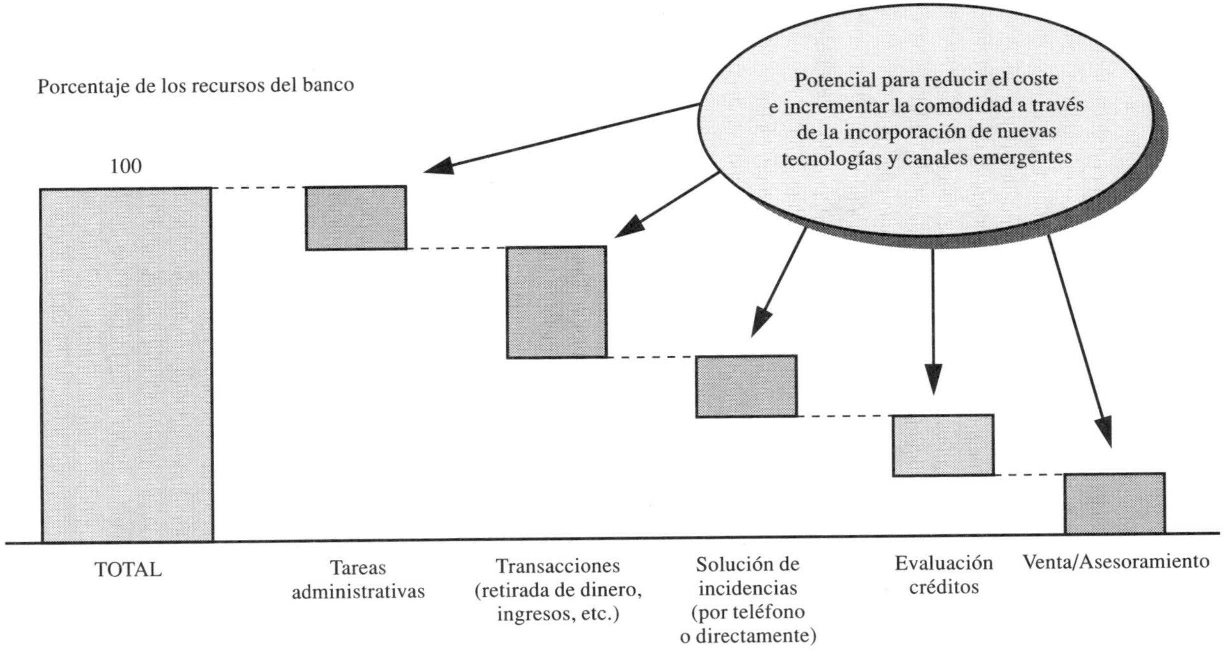

Potencial de mejora en la oficina (continuación)

Rediseñar sucursales

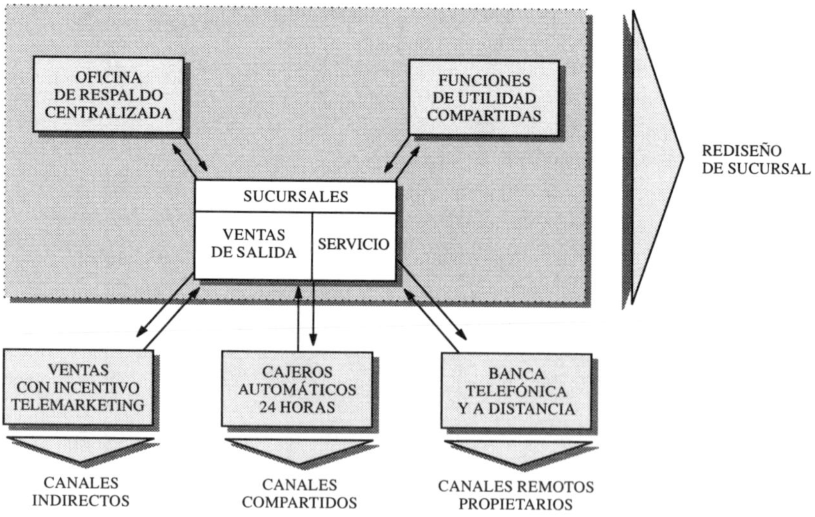

Influencia de las nuevas tecnologías

TECNOLOGÍA EN OFICINA

Videokiosko
Cajeros ampliados
Atención remota multimedia

TECNOLOGÍA FRENTE A LA OFICINA

Teléfono
Oficina portátil
PC conectado (portátil)
Televisión interactiva

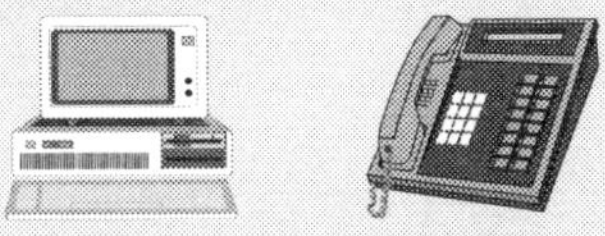

Videokiosko

COMUNICACIÓN CON UN EMPLEADO DEL BANCO A TRAVÉS DE LA PANTALLA

Banco en casa/Banco en la empresa

TELEVISIÓN INTERACTIVA

TELÉFONO CON PANTALLA

ORDENADOR PERSONAL

Introducción del banco móvil y virtual

Los clientes serán capaces de acceder a cualquiera de los servicios del banco y su grupo financiero desde cualquier lugar

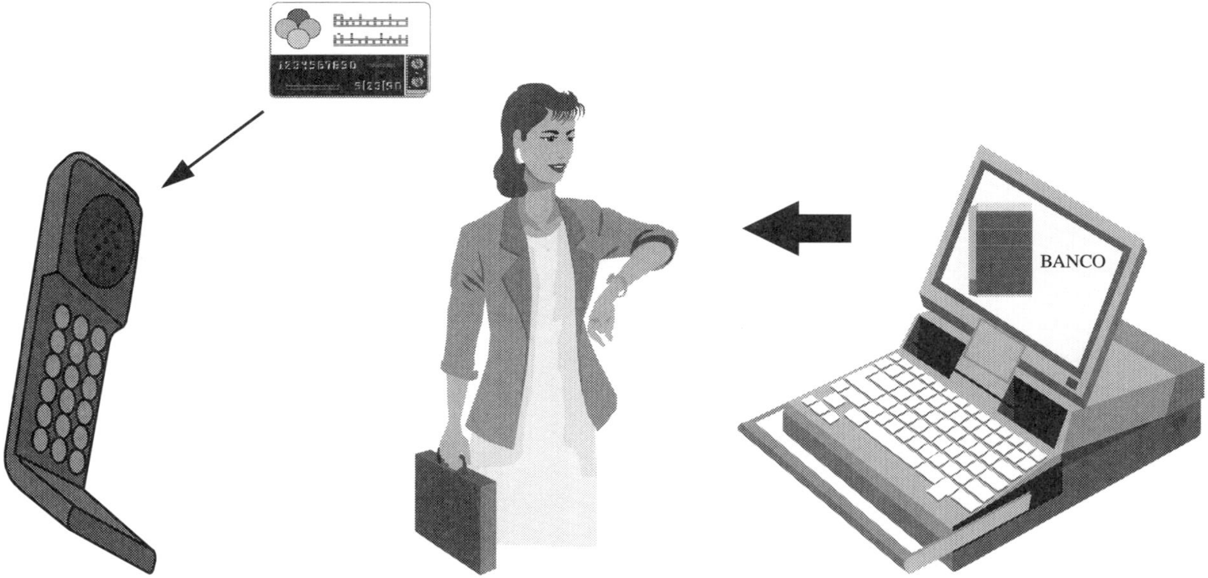

Quinta nota. El avance de la banca virtual

Generalidades

Como vengo exponiendo en diferentes trabajos, el avance de lo que denomino banca virtual es irreversible, pues la intensa demanda de que es objeto el dinero digital está democratizando la bancas al poner los servicios financieros electrónicos más modernos al alcance de los clientes de todas las categorías, así como de las correspondientes compañías y ciudades de todo el mundo. Para millones de clientes, especialmente aquellos que poseen unas cuentas bancarias de cierta importancia y unas necesidades financieras complejas, resultará más sencillo gestionar sus finanzas. Es muy posible que, antes de que termine la década, el canal bidireccional de transmisión de información monetaria llegue incluso hasta los domicilios particulares (autopistas de la información).

Esta banca virtual eliminará, entre otras cosas, las rutinarias colas en las oficinas, creando una nueva cultura financiera entre los clientes de los bancos de todo el mundo. Los clientes comenzarán acostumbrándose a utilizar teléfonos provistos de pantallas de ordenador, cajeros automáticos en los que puedan negociar títulos, e incluso sistemas de videoconferencia atendidos por expertos en temas que van desde los préstamos hipotecarios hasta los fondos de inversión. Las grandes empresas se decantan hacia las transacciones electrónicas para las transferencias internacionales de fondos y para el procesamiento de las transacciones. El sistema bancario mundial, basado en las tradicionales sucursales, está transformándose rápidamente en una vasta red electrónica que rebasa las fronteras nacionales, configurando una única red mundial.

Los clientes podrán, por ejemplo, pagar facturas electrónicamente o incluso comprar títulos utilizando para ello sus aparatos de televisión. Las pequeñas y medianas empresas podrán realizar operaciones comerciales como si se tratase de multinacionales virtuales, utilizando las nuevas tecnologías que existen para las transacciones internacionales y accediendo a los mercados de todo el mundo. La banca electrónica hace más eficiente su gestión.

El gran giro hacia el suministro de servicios bancarios electrónicos es un giro de corte ofensivo, diseñado por muchos bancos en su diferenciación estratégica, como toma de posición anticipándose ante las entidades que aún se resisten en adoptar este planteamiento.

Actualmente, con el aumento que están experimentando los viajes de negocios, con un porcentaje cada vez mayor de matrimonios en los que los dos cónyuges son profesionales con unas jornadas laborales medias cada vez más extensas, los clientes valoran y otorgan más importancia a su tiempo, la comodidad y la flexibilidad a la hora de elegir su banco. Es más, cuando consideran en dónde invertir su dinero, tanto para los particulares como para las empresas, cada vez existen más alternativas financieras no bancarias. Esto hace que los bancos, si desean conservar a sus mejores clientes, se vean obligados a ofrecer un servicio completo, durante las 24 horas del día, utilizando el teléfono — banca telefónica — y el televisor, además de los ordenadores personales.

El impulso de la banca virtual

En gran medida, la existencia de una banca más competitiva en los Estados Unidos, está impulsando a los norteamericanos a ser los protagonistas de muchos de los progresos de la banca virtual. Incluso los bancos regionales americanos están realizando grandes avances. Como muestra de estos protagonismos, Huntington Bancshares —Ohio— está instalando cabinas para videoconferencias que permiten a sus clientes ponerse en contacto con un empleado de banca a cualquier hora del día o de la noche para realizar cualquier consulta, desde los requisitos necesarios para la concesión de un préstamo hipotecario hasta los fondos de inversión. El banco tiene previsto instalar cien cabinas en sus oficinas y sucursales durante los próximos dos años.

Si se entra en una de las sucursales modelo del Citibank[1], podrán verse más cajeros automáticos que personales, siendo lo mismo que se esté en Mahanttan o en Santiago de Chile. En los cajeros automáticos del Citibank,

---

[1] Este banco se caracteriza por su acusada tecnología, pero no por su buen planteamiento de negocio de banca al por menor en España.

pueden realizarse en la actualidad más de 150 tipos de transacciones, que van desde la simple extracción de efectivo hasta la colocación de dinero en fondos de inversión, y algunos clientes norteamericanos pueden incluso negociar títulos. Es posible que las sucursales del Citibank en Hong Kong sean las más futuristas del mundo; en ellas se ofrece a los clientes la posibilidad de abrir cuentas utilizando 10 tipos de divisas diferentes. En la actualidad, una práctica corriente entre los clientes de Hong Kong es la de llamar a las líneas directas permanentes del banco desde sus teléfonos móviles, varias veces al día, para preguntar por los tipos de cambio de las divisas y transferir dinero de unas cuentas a otras según los cambios vigentes en cada momento.

Sin embargo, la revolución tecnológica consiste en algo más que los cajeros automáticos deslumbrantes o unas líneas telefónicas bancarias sobrecargadas. El Citibank está desarrollando también un sistema electrónico ultramoderno en Singapur, que permitirá a cualquier sucursal de Asia consultar la información correspondiente a la cuenta de cualquier cliente. Igualmente podrán consultarse todas las conversaciones que se han mantenido con cualquier cliente, de tal forma que si un cliente del Citibank cambia de sucursal, podrá hacerse cargo de su problema reanudando las gestiones donde las hubiera dejado. De esa forma, los clientes obtienen un conjunto común de servicios.

Los cambios tecnológicos influyen directamente sobre la forma en la que los bancos plantean sus actividades. *La influencia que ejerce la banca virtual ante la gestión de los propios negocios bancarios no ha hecho más que comenzar*. Considérese el caso del Chase Manhattan Corp.[2], que ha construido un centro internacional en Bournemouth (Inglaterra) para procesar las transacciones que se producen en todo el mundo. En dichas instalaciones, establecidas en una ciudad en la que el Chase tiene posibilidades de expansión, se utiliza una red de satélites para conectar las oficinas de Nueva York, Londres, Hong Kong y Tokio. En el centro de Bournemouth, entre las transacciones monetarias, los servicios mundiales de valores mobiliarios y los pagos de dividendos, se procesan transacciones por valor de varios billones de dólares al año.

A medida que los bancos dedican una mayor parte de sus esfuerzos a la tecnología, van surgiendo nuevas conexiones entre ellos y las compañías no financieras. En esta dinámica, deseo destacar cómo el Banco Santander, el Royal Bank of Scotland, Goldman Sachs y Electronic Data Systems, han creado de forma conjunta el Interbank On-Line System (Sistema Interbancario en Línea, IBOS) constituyendo una red bancaria electrónica capaz de transferir digitalmente fondos entre sus bancos asociados de cualquier parte

[2] Antes de la fusión con Midland Bank.

del mundo en sólo siete segundos. Aunque en la actualidad sólo se encuentra en estado embrionario, la red es un anuncio de la próxima revolución de los servicios bancarios.

La citada red está compitiendo para ayudar a las pequeñas y medianas empresas a acelerar sus transacciones. Una compañía con sede en Londres, ya no tendrá los problemas clásicos cuando las transferencias de efectivo que realizaba a su filial de Madrid se perdían en el espacio durante semanas enteras. Hoy en día, gracias al IBOS, el dinero se transfiere de Londres a Madrid en el instante, lo que supone un ahorro real para la empresa. También para los bancos que forman parte del sistema, las posibilidades de obtener un beneficio resultan evidentes, pues pueden hacer uso de las redes de sucursales de los otros bancos para hacer negocios en mercados a los que nunca habían sido capaces de acceder previamente.

Sin embargo, a pesar de todas las expectativas provocadas por la alta tecnología, aún es necesario resolver algunas cuestiones críticas, antes de que la banca virtual pase a ser algo habitual. A medida que un mayor número de personas y empresas transfieran dinero electrónicamente, mayores serán las posibilidades de que los delincuentes intercepten o intervengan dichos movimientos. Sin embargo, es poco probable que dichos motivos de preocupación hagan retroceder la carrera de la banca hacia las nuevas tecnologías. Todos pronto podremos pagar, contratar servicios y realizar las más variadas inversiones a través de nuestro televisor, e incluso las pequeñas empresas actuarán como multinacionales virtuales.

La banca está transformándose en una certeza virtual en todo el mundo y por extensión lo está haciendo con la propia economía.

Esquema gráfico. El avance de la banca virtual. La oficina móvil

Introducción

Desde finales de los años setenta, el Sistema Bancario Español (SBE) está viviendo una profunda transformación, evolucionando hacia lograr una mayor eficacia en la prestación de sus servicios, más acorde con las necesidades del momento económico y preferencia de los clientes.

Todo este proceso de cambio e innovación se caracteriza por la alteración constante del entorno donde se produce la actividad bancaria. Un factor de indudable relieve que está aportando *ventajas competitivas* para consolidar y ganar cuota de mercado de algunas entidades, *lo constituye el aprovechamiento de los avances en las nuevas tecnologías de la información.*

Respecto a la innovación tecnológica, es indudable el alcance y suprema importancia que adquiere para el desarrollo del negocio bancario, así como su condicionamiento *por convertirse en consustancial con la propia actividad bancaria.*

Estrategia competitiva

LA OFICINA BANCARIA TRADICIONAL

En Banca, la oficina ha sido considerada tradicionalmente como un factor muy importante en relación con la cuenta de resultados de las entidades.

Actualmente, esta situación **se** *ha modificado cualitativamente,* de tal modo que se ha observado que suponen importantes costes de estructura, que unido a la disminución del margen financiero y a la duplicidad de oficinas por las fusiones realizadas por algunas entidades, conlleva a un redimensionamiento de las redes existentes.

LA OFICINA VIRTUAL

Personalización del servicio, disminución de la red de sucursales, reducción de costes, precios más competitivos, exigencias de calidad y precisión de la información, son algunos de los *elementos que están cambiando el concepto tradicional del negocio bancario.*

Adaptarse a estos cambios requiere un nuevo enfoque del hacer bancario y *particularmente de la gestión comercial.*

La utilización de las tecnologías facilita la satisfacción de las exigencias de los clientes ofreciéndoles *la oficina móvil o banco virtual.*

APLICACIÓN TECNOLÓGICA PARA LA GESTIÓN COMERCIAL

Utilizando las tecnologías de *la información*, se puede construir una *oficina bancaria móvil transportable a cada cliente*, sea éste particular o empresarial. Por consiguiente, se reforzará el valor estratégico de proximidad al cliente, *ofreciendo un servicio preciso, ágil y libre de errores*.

Un claro ejemplo lo ofrecen los clientes «empresariales», a los que se les podrá ofrecer «in situ» toda la amplia gama de productos y servicios a través de la utilización de ordenadores portátiles, visualizando sus rentabilidades, riesgos y simulaciones financieras de acuerdo con sus operaciones, con lo cual, los argumentos quedarán perfectamente apoyados y *el cliente, obtendrá la información precisa, facilitándole sus decisiones*. Igualmente se puede realizar por los clientes de renta alta (banca personal).

También las empresas podrán *utilizar la «oficina bancaria virtual», basándose en los propios sistemas de información del banco*. Esta oficina puede ser compartida en un «joint ven-

LA OFICINA MÓVIL

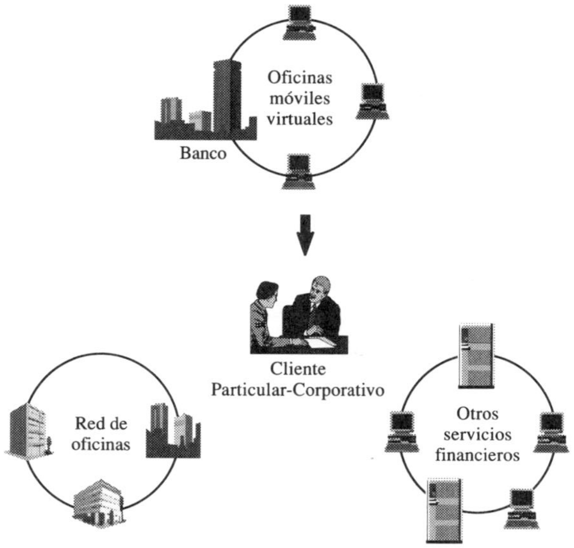

Estrategias competitivas

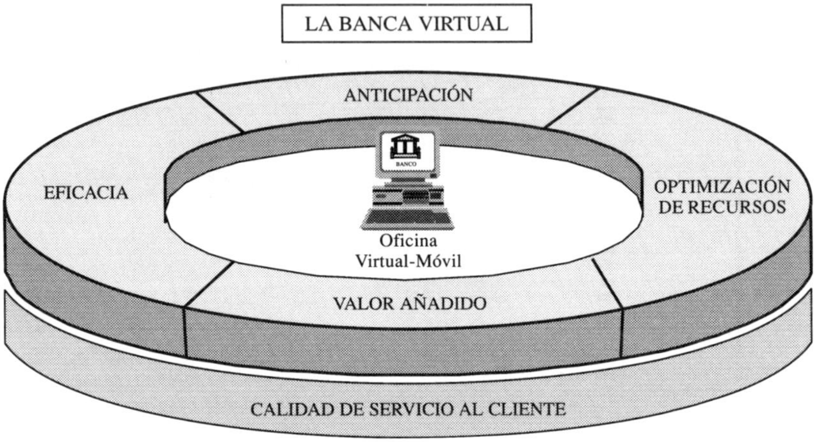

Sexta nota. Tendencias tecnológicas en banca. Banca electrónica y telefónica*

Como ya he expuesto en diversos apartados de este libro, las Tecnologías de la Información vienen adquiriendo un protagonismo creciente en las entidades, siendo utilizadas desde diferentes áreas. El propósito es claro, bien para reducir costes, agilizar las operaciones, innovar procesos, acercar los servicios al cliente...

Todo ello, insisto una vez más, con el objetivo común de ganar (de no perder) competitividad, según demanden los mercados bancarios y financieros en los que se esté presente.

Así surgen inevitablemente, con la incorporación plena de las TI, nuevos canales en la práctica de banca comercial, como son:

— Banca Telefónica.
— Banca Electrónica.

A continuación recojo someramente el planteamiento de ambos en lo que se refiere a cómo innovar procesos y acercar los servicios al cliente.

* Esta nota está basada en información procedente de NorSistemas Consultores, División de Entidades Financieras.

Nuevos canales en banca comercial

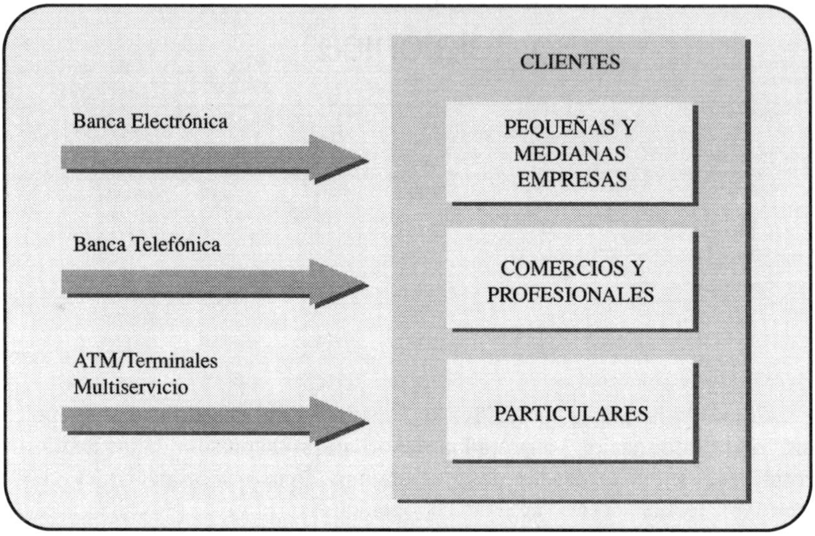

Nuevos canales en banca comercial

- Diversos estudios realizados en Estados Unidos revelan el creciente peso de estos nuevos canales en la actividad bancaria, por lo cual es evidente que estas soluciones son del máximo interés para las instituciones financieras españolas. La siguiente figura expresa claramente lo que queremos decir.

	1985	1993	VARIACIÓN
OFICINAS	71	54	▼ DESCENSO
CAJEROS AUTOMÁTICOS	25	35	▲ INCREMENTO
BANCA TELEFÓNICA	3	9	▲ MULTIPLICADO × 3
BANCA ELECTRÓNICA	1	2	▲ MULTIPLICADO × 2

Medios utilizados por los norteamericanos para realizar sus transacciones bancarias, en porcentaje.

Banca electrónica. Fidelización del cliente

Un servicio de banca electrónica persigue la canalización a través del banco de la mayor parte de las operaciones bancarias del cliente. Se trata, por tanto de fidelizar aún más al cliente

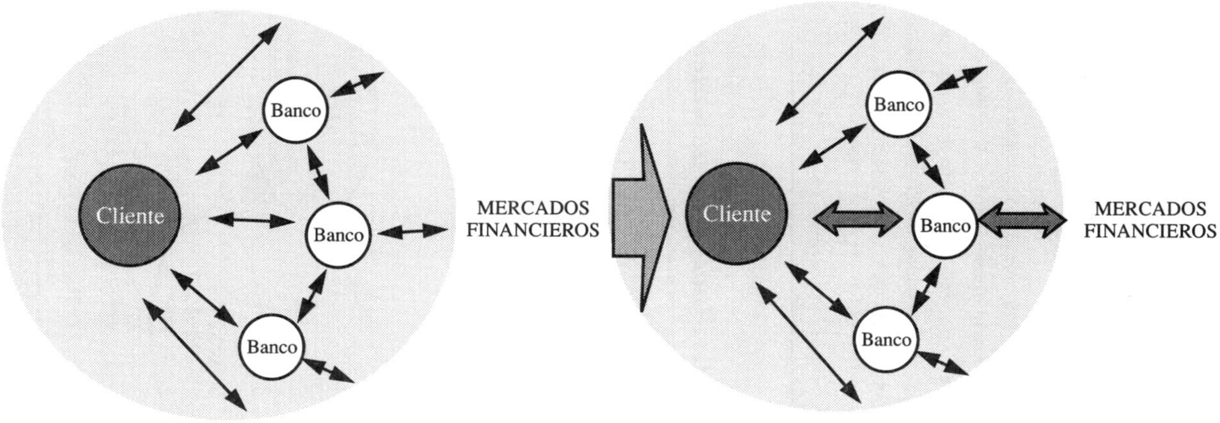

Banca electrónica. Módulo básico

Numerosas entidades han implantado o están acometiendo proyectos de desarrollo de aplicaciones de banca electrónica con la siguiente funcionalidad:

- Cuentas: información sobre cuentas.
- Carteras: información sobre situación de riesgo y efectos.
- Pagos a proveedores: transferencias, cheques, pagarés, etc.
- Pagos a empleados: transferencia nómina, cheque nómina, etc.
- Cobros a clientes: recibos domiciliados, efectos al descuento, etc.

Evolución de la banca electrónica

Algunas entidades están emprendiendo procesos de crecimiento de la funcionalidad de sus servicios de banca electrónica, ofreciendo así a sus clientes nuevas posibilidades de operativa bancaria

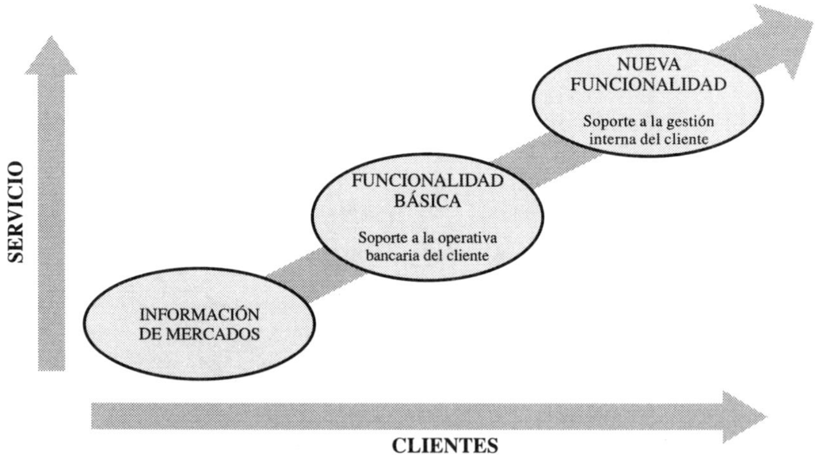

Banca electrónica para empresas. Nuevas funcionalidades

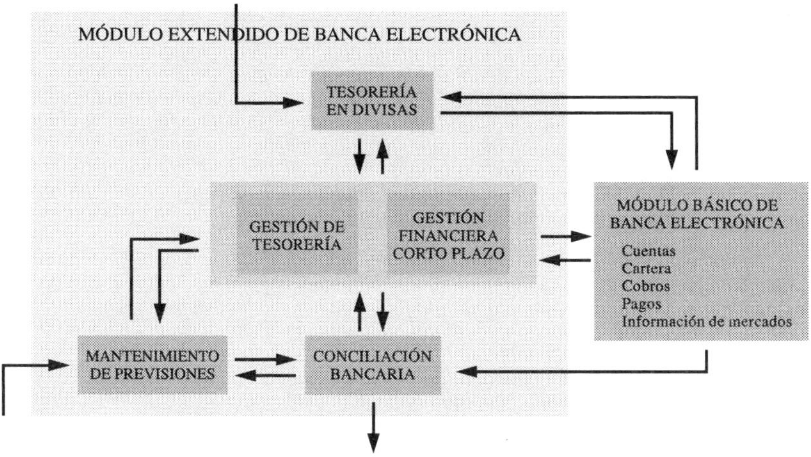

Banca telefónica

La **banca telefónica** es una nueva forma de hacer banca que, apoyándose en una **plataforma telefónica** avanzada integrada con los **sistemas de información,** permite al banco ofrecer al cliente una oferta de **productos y servicios** adaptados a sus necesidades, a través del teléfono. Este servicio bancario se dirige principalmente al segmento de clientes particulares urbanos, de edad comprendida entre 25 y 45 años, con amplia cultura telefónica y que disponen de poco tiempo.

Diversas entidades están utilizando ya este canal de comunicación con propósitos diversos:

- **Línea directa:** dirigido al cliente; se ofrece la posibilidad de realizar operaciones bancarias a través del teléfono.
- **Promoción comercial:** campañas de promoción de productos concretos; también dirigida al cliente.
- **Recobros:** recuperación de cuotas impagadas de amortización de préstamos.
- **Apoyo a sucursales:** apoyo y asesoramiento a los empleados de sucursales sobre temas

Evolución de la banca telefónica

ENFOQUE ACTUAL		NUEVOS ENFOQUES
PARCIAL: visión parcial del cliente, en función de productos y operaciones	→	**INTEGRAL:** visión integral de características y necesidades del cliente
FRAGMENTADO: diversos centros que mantienen relación con el cliente con propósitos diversos	→	**UNIFICADO:** único centro de relación con el cliente
REACTIVO: reacción a las peticiones del cliente, sin capacidad de anticipación a sus necesidades	→	**PROACTIVO:** permite determinar necesidades del cliente y anticiparse en la satisfacción de las mismas
DISCONTINUO: acciones puntuales discontinuas en el tiempo	→	**CONTINUO:** Actividades continuas en el tiempo

Enfoque actual de banca telefónica

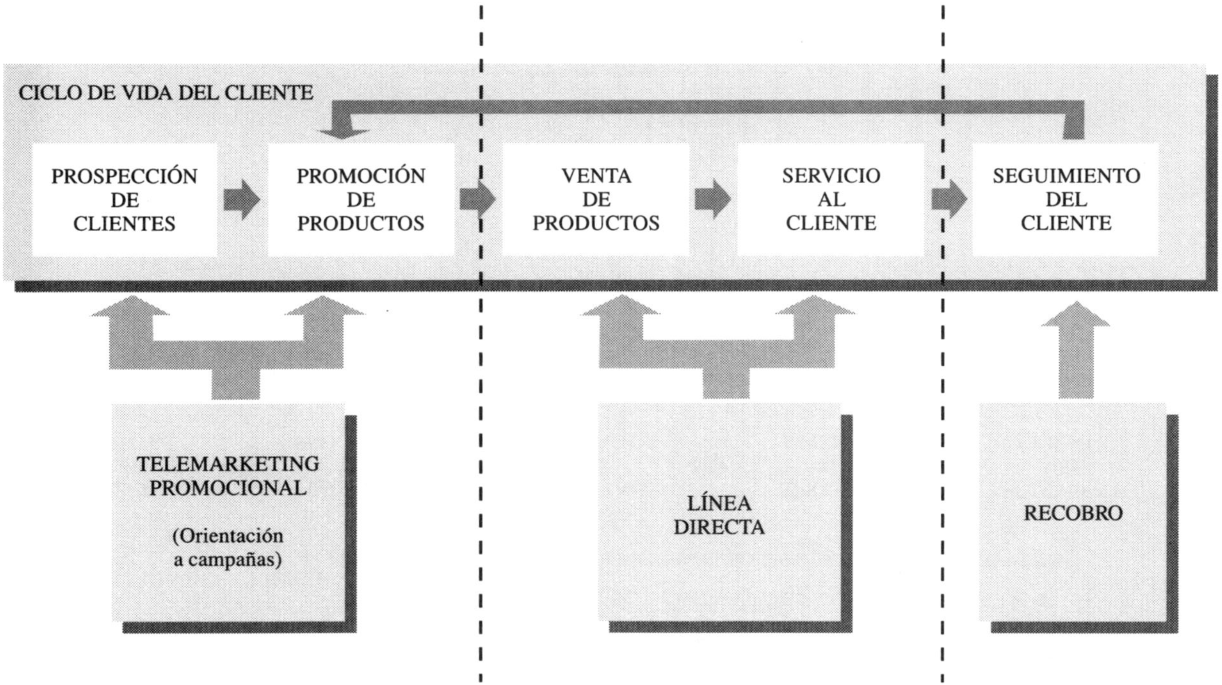

Nuevos enfoques de banca telefónica

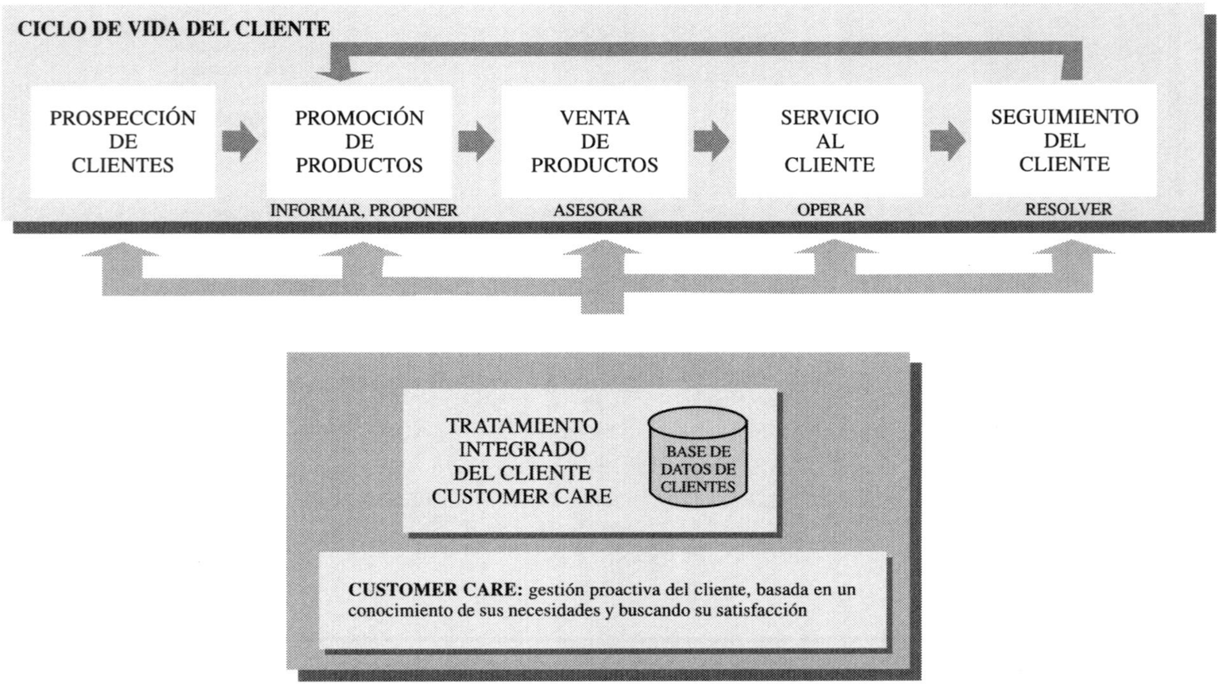

Componentes de un servicio de banca telefónica

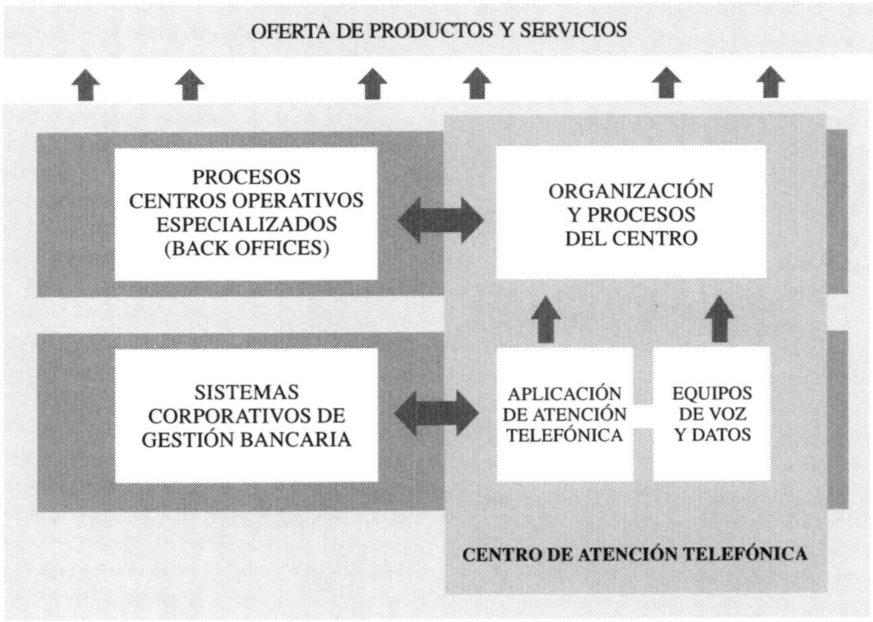

El modelo de procesos y organización debe garantizar la integración con los restantes procesos de la entidad y la atención específica a las peticiones de los clientes.

Plataforma tecnológica: bloque de elementos de telefonía integrados con aplicación específica para atención telefónica. Debe garantizar la integración con los sistemas del banco.

Séptima nota. De la banca de productos a la banca de clientes

Características generales

Se hace evidente que las nuevas realidades que presionan sobre la actividad bancaria hacen que surjan nuevos conceptos, enfoques y perspectivas para abordar el negocio bancario. Fruto de estos aconteceres, se establece como premisa fundamental *rebasar la añeja banca de productos, para pasar hacia una nueva y dinámica banca de clientes.*

La banca de productos se caracteriza por ser una banca con un enfoque tradicional. Su planteamiento se basa en buscar la rentabilidad de cada operación, de crecer en número de operaciones, de realizar ventas aisladas y que cada una se rentabilice por sí misma, dependiendo el precio exclusivamente del momento en que se realice la operación. En consecuencia, las instituciones se organizan para conseguir todo lo anterior, lo que se traduce en una cultura y organización del negocio bancario.

Esta clase de banca ha sufrido una crisis bastante consolidable, pues la mayoría de la instituciones financieras españolas se involucraron durante los últimos años en una acelerada transformación hacia una *banca de clientes.* Este enfoque responde a una evolución lógica en un mercado mucho más abierto y competitivo, como es el mercado español.

Esta concepción de hacer *banca de clientes* ha significado un profundo cambio en las organizaciones, máxime si se tiene presente el comportamiento tradicional de los bancos españoles.

La nota característica que denota el *cambio en las instituciones* ha sido el rebasar el perfil profesional de las personas que realizan banca de productos hacia otro que es sustancialmente diferente para gestionar banca de clientes. En efecto, uno es básicamente captador de pasivo y el otro responde a un perfil de personas con una visión, concepción y conocimientos del negocio bancario más amplios y especializados. Se puede decir que este personal de banca de clientes, que indudablemente puede ser practicada por el personal que realiza banca de productos —una vez reciclado—, responde a una mentalidad financiera global en consonancia con la diversidad de necesidades, servicios y atención que reclama la clientela.

La transformación

La experiencia de la banca española, una vez adoptada esta idea, ha demostrado que organizarse para llevarla a cabo ha significado una *profunda transformación de las instituciones.*

Aunque la banca de clientes pueda ser una idea clásica, el mercado español no la ha incorporado hasta fechas recientes, *debido a que ha estado condicionada no solamente por elementos culturales, sino por los elementos profesionales y tecnológicos de una manera muy acusada.*

El rasgo fundamental por el que se caracteriza la banca de clientes *es la búsqueda de una gran cantidad de lazos o de relaciones con cada uno de ellos.* Su base se inscribe, precisamente, en buscar la *venta cruzada;* lo que significa que a un cliente no se le rentabilice por una sola operación, sino *por un conjunto de relaciones comerciales que se establecen, sean éstas de activo o de pasivo.* Así pues, la idea central es *rentabilizar la relación con cada cliente y vincularle el máximo.*

Organizarse para cruzar las ventas y que cada cliente sea algo más que una operación es realmente complicado. Por tal motivo, este enfoque significa, sin duda alguna, cambiar la mentalidad de la gente, hacerla, en definitiva, trabajar de otra manera y además contar con los *medios tecnológicos adecuados.*

La banca de clientes, como enfoque estratégico, tiene determinadas ventajas y fortalezas sobre la banca de productos. Implica desarrollar y ofrecer mayor calidad y servicio al cliente, lo que confiere que la relación con éste, sea mucho más profesional y personalizada.

Esto significa que las instituciones que aciertan en hacer banca de clientes, conseguirán *fidelizarlos.* Una estrategia de la banca de clientes consiste en *desplazarla lo más lejos posible en el tiempo;* así se compensan rendimientos actuales por beneficios futuros. Igualmente, se establecen barreras de entrada para otros competidores, dificultando la captación del cliente, constituyendo una fortaleza contra los competidores del mercado.

Todo lo dicho comporta un tipo de gestión bancaria muy distinto del que se ha venido realizando. También supone cambios en el balance de los bancos, en el *marketing* y, sobre todo, en los *sistemas de información.* El balance se lee de forma distinta a lo leído hasta ahora. No tiene mucho sentido ver el tipo de interés que se pagan por los distintos productos; lo interesante es mirar la cuenta de resultados y comprobar qué *rentabilidad obtiene el banco en su diferente gama de productos por segmentos de clientes*. Sin duda, en principio resultó dificultoso establecer esta modalidad de gestión en la banca española, debido a su pensamiento tradicional. Pero pasados estos primeros momentos, indudablemente se está consolidando este hacer bancario.

En este proceso de gestión, la contabilidad analítica adquiere un lugar destacado. De otra menera, sería imposible asignar correctamente los costes que se incurren en las diversas operaciones. Es de destacar que la rentabilidad por cliente, tiene poco sentido cuando nos encontramos en una fase muy avanzada de este tipo de banca, porque lo que interesa es obtener una rentabilidad por grupo de clientes, lo que conlleva a segmentar el mercado cada vez más (un ejemplo concreto puede ser el segmento joven, que los bancos y cajas se disputarán cada vez más).

Marketing y sistemas de información

En banca de clientes, al no comercializarse un solo producto sino una extensa gama, se hace más complicado establecer un marketing de este tipo de banca. Esto impone establecer diferentes especificaciones que no son necesarias en la banca de productos. El marketing de la banca de clientes se desarrolla en torno a los colectivos, utilizando las técnicas de acercamiento a éstos. En cualquier caso, el marketing se convierte en un instrumento fundamental para saber entender y comunicar las necesidades mutuas del banco y los clientes. Hay que tener muy presente que la obtención de *nuevos clientes* y la *fidelización* de los actuales se consigue en gran medida gracias a su conocimiento exhaustivo y a la comunicación personalizada.

De acuerdo con lo señalado, el factor por el que el cliente —cada vez más exigente y con más cultura financiera— seleccionará una entidad u otra para establecer una mayor vinculación con ella, será el hecho de recibir un tratamiento personalizado que le satisfaga sus necesidades de forma global. Para ello, el perfil de la red comercial de las entidades está evolucionando hacia características más asesoras y proactivas, que permitan establecer este tipo de relación con el cliente.

Ahora bien, el éxito de esta estrategia de acercamiento de la red comercial a los clientes no depende exclusivamente de su actitud y formación, sino que dependerá de la información de la que dispongan de sus clientes y de la facilidad de obtención de dicha información.

Toda esta filosofía, que incide sobre las necesidades del cliente, *adquie-*

re una especial relevancia con el desarrollo de nuevos productos, la política de precios y la distribución comercial. En este enfoque destaca un elemento al cual en principio se le brindó poca importancia y, sin duda, ya está irremediablemente unido en la realización de banca de clientes. Se trata de los *sistemas de información, que discriminan en favor o en contra del banco.*

Por tanto, se puede afirmar con rotundidad que una destacada ventaja competitiva en la banca actual es tener buenos sistemas de información. Para ello es imprescindible disponer de una base de datos de clientes que permita obtener de una forma integrada y ágil la información que se desee de los clientes y prospectos del banco. Adicionalmente, se deberá proporcionar a la red comercial las máximas facilidades para que añadan en dicha base de datos toda la información que puedan capturar del cliente en cada contacto comercial con el mismo.

De esta manera, analizando la información de estos *almacenes de datos de clientes* se obtendrán resultados que *faciliten la labor de venta,* perfeccionando los criterios de segmentación de mercados, los cuales permitirán un acercamiento más fácil a las necesidades del cliente y facilitarán la definición más acertada de venta cruzada para lograr la satisfacción global de las necesidades del cliente.

Todo lo apuntado viene a reafirmar que para realizar un acertado *marketing es decisivo* poder contar con los adecuados sistemas de información, ya que las tecnologías de la información se han hecho *consustanciales con el negocio bancario.*

Banca de clientes. La clave del futuro

Conducidos por lo que comporta realizar banca de clientes, entramos en un elemento de reflexión que reclama la máxima atención para todos los que trabajamos y nos ocupamos de la banca. Esto es, concentrarnos en realizar una reflexión profunda sobre cómo mejorar nuestras propias habilidades *directivas*[1].

Como he manifestado, la tecnología es de trascendental importancia en el desarrollo del negocio bancario, pero indudablemente, con el tiempo, las diferentes instituciones contarán con similares tecnologías, no representando una ventaja competitiva. Por consiguiente, los bancos se diferenciarán poco unos de otros. Ahora bien, *¿cuál será el componente diferenciador?*

Sin ninguna duda será el *componente humano,* que se constituirá en el recurso fundamental que marcará las diferencias competitivas entre los bancos e instituciones financieras de todo signo.

---

[1] Me incluyo.

Cada vez será más necesaria la innovación a través de la creatividad y la inteligencia gestora de los directivos. Será decisiva para situar a la entidad en una posición ventajosa, que la distinga por su habilidad organizativa y motivación de los equipos humanos.

DE LA
BANCA DE PRODUCTOS

A LA
BANCA DE CLIENTES

- PROCESO LARGO, DIFÍCIL Y LLENO DE OBSTÁCULOS
- ¿DÓNDE ESTÁ CADA ENTIDAD BANCARIA?
- ¿HASTA DÓNDE SE ESTÁ DECIDIDO A LLEGAR?

Octava nota. La innovación financiera, un proceso continuo

Economía e innovación financiera

Como es sabido, la misión fundamental de las instituciones que componen el sistema financiero es conectar los excedentes de ahorro de las unidades económicas con las demandas de otras que, al tener proyectos de empleo de recursos por encima de sus posibilidades de ahorro, están dispuestas a pagar una remuneración por su utilización.

Así, un sistema financiero adecuado puede ofrecer incentivos a los agentes económicos, desviándoles del consumo y de la colocación al exterior, aumentando el flujo interno de ahorro disponible.

Todo sistema financiero debe perseguir tres objetivos: objetivos cuyo grado de consecución, además de ser responsabilidad compartida de los poderes públicos y de las entidades privadas, constituye fiel contraste de su eficacia económica.

Estos tres objetivos son los siguientes: fomentar el ahorro privado, asignar eficazmente los escasos recursos financieros a fin de obtener la acumulación más eficiente posible del capital existente en la economía, y actuar con la flexibilidad necesaria para que las instituciones, los instrumentos y los mercados se adapten a los cambios precisos para obtener los dos primeros objetivos.

El proceso de innovación financiera facilita, a través del aumento de la gama de activos disponibles, la realización del ahorro y, al mismo tiempo, mejora la gestión de tesorería de las empresas, facilitando una combinación más adecuada de inversión financiera.

Además, la innovación financiera posibilita la dispersión del riesgo y reduce los costes de intermediación del sistema bancario, facilitándose así el desarrollo de las inversiones.

A estas consecuencias generales de la innovación financiera, habría que añadir las que directamente pueden tener cada una de las innovaciones sobre los procesos de inversión, al afectar a las distintas fuentes de financiación de la empresa y a la importancia de éstas en la práctica financiera de cada país.

Esos beneficios potenciales sobre la economía se añadirían a los anteriores mencionados, justificando así la aparición y difusión de las innovaciones financieras.

El decálogo de ventajas e inconvenientes de la innovación financiera se concreta en un claro saldo favorable, que se verifica en las mayores posibilidades que las mismas suponen para el desempeño de las funciones del sistema financiero en nuestro tiempo, a las que ningún país puede renunciar. Afirmar que ese saldo de la innovación es positivo no equivale a negar los nuevos problemas y peligros que la innovación plantea, y a cuya solución y reducción debe colaborar la política económica de cada nación. Obviamente, si la innovación financiera se desea, las vías para su penetración y difusión deben abrirse. Esas vías son dos: la desregulación o liberalización del sistema financiero y su internacionalización. Y por esas vías —abiertas con más o menos intensidad en todos los países— ha discurrido la práctica de la innovación financiera en nuestro tiempo.

Nadie niega hoy las ventajas y la necesidad de la innovación financiera. Lo que en la actualidad es objeto de discusión en los diferentes países, son los límites de ese proceso de liberalización, o bien, alternativamente, las exigencias mínimas de regulación e intervención del sistema financiero, porque la innovación ha probado, en algunos casos, la fuerza negativa de sus efectos sobre la estabilidad del sistema financiero, que debe asegurarse a toda costa.

La intermediación y los intermediarios

Anteriormente, hemos hablado del sistema financiero como intermediario entre los ahorradores y los inversores. Para que esto sea posible, se requiere que ese intermediario pueda ofrecer un incentivo suficiente en cuanto a seguridad y rendimiento, para con ello fomentar el ahorro en lugar del consumo.

Los intermediarios financieros no pueden ser meros mediadores sin ausencia de riesgo, sino que deben actuar como verdaderos agentes económicos que, al tiempo que presten el servicio, añadan valor económico y logren un beneficio justificado por haber asumido el riesgo. Sin embargo, pese a lo expuesto, la trascendencia del sistema financiero hay que situarla con relación a los efectos que se derivan de su funcionamiento sobre ofertantes y demandantes de fondos. Es claro que las implicaciones entre la economía real y el sistema financiero son mutuas e intensas. Si una estructura financiera adecuada acelera el crecimiento económico y mejora el funcionamiento general, desde el momento en que facilita la movilidad de los fondos hacia su mejor uso, no es menos cierto que el grado de desarrollo de un país condiciona pesadamente el de su sistema de financiación, tanto en lo que hace a su dimensión cuantitativa y renovación técnica, como a la diversificación de instituciones y activos financieros. En este sentido, podemos afirmar que cuanto más avanzada está una economía, más relevancia tendrán en ella los mercados mobiliarios y los nuevos tipos de entidades de financiación especializada, como las sociedades de inversión, de factoring o ventas a plazos.

De acuerdo con esto, la banca verá reducido su peso específico sobre el total a medida que la economía de un país avanza, siendo su predominio total y absoluto síntoma de subdesarrollo financiero. Sin que por ello deje de constituir, entiéndase bien, el más importante de los intermediarios financieros en los países avanzados.

Razones para la innovacion financiera

Para que una idea sea viable como innovación financiera, ha de contribuir a hacer más eficientes y/o completos, en un sentido operativo, los mercados financieros en que tiene lugar. Por supuesto, el sentido de los mercados financieros es el de canalizar los ahorros de la sociedad, hacia las oportunidades de inversión de mayor rentabilidad ajustadas por el riesgo, así como por las molestias causadas a una o ambas partes.

Partimos de la base de que estamos interesados en buscar lo que podríamos denominar «la novedad útil» o dicho de otra forma, la novedad que nos permita:

- Hacer que el dinero que se encuentra fuera del sistema financiero o en otra entidad nos sea confiado.
- Aumentar la cuota de mercado y el margen de beneficio.
- O, incluso, objetivo que muchas veces no supone falta de ambición, conservar la cuota de mercado y el margen de beneficio si una u otro tienen tendencia a disminuir.

Haciendo un breve repaso, una innovación financiera puede ser tanto un nuevo producto como los pagarés de empresa, los planes de ahorro sistemático, las cuentas corrientes de alta remuneración, las cuentas directas de deuda anotada o un nuevo proceso, como el sistema de envío de fondos mediante transferencia electrónica. Sin embargo, raramente observamos que la innovación financiera suponga la introducción de algo novedoso en su totalidad.

Pienso que difícilmente podemos razonar de otro modo. Y ello por dos razones:

Primera razón: Los productos actuales son prácticamente idénticos en todas las entidades financieras. Analizando las operaciones de pasivo de los bancos, puede observarse que los elementos básicos de los productos financieros que ofrecen no son diferenciados. La diferenciación entre las entidades financieras se obtiene a través de otros aspectos, como la red de oficinas, el servicio al cliente, la seguridad e imagen de la entidad, etc. Esta homogeneidad de productos es debida, más que a los propios mecanismos financieros, a las presiones que ejerce el mercado.

Segunda razón: Los productos financieros no son patentables, ni hay forma de que sean protegidos en la práctica. Cuando un producto es lanzado al mercado, la mayoría de las entidades financieras lo incluyen en su gama. Ejemplo: ¿Cuánto tiempo ha transcurrido entre el lanzamiento de la primera cuenta corriente de alta remuneración y las siguientes? El plazo ha sido extremadamente corto. En general, tal plazo será inferior al período de tiempo necesario para que el ahorrador comprenda la novedad del producto y cambie su cuenta de una entidad a otra.

Otra fuente de innovación financiera es el movimiento hacia la consecución de un mercado completo. Existe un mercado completo cuando toda posible contingencia se corresponde con activo financiero específico. Por el contrario, el mercado se considera incompleto cuando el número y tipo de activos financieros disponibles no cubren estas posibles contingencias. En otras palabras, cuando existe una demanda no satisfecha de determinado activo financiero deseado por la clientela inversora. Por consiguiente, si un mercado es incompleto, existe el hueco para la actuación de un intermediario financiero o un prestatario directo, para que aproveche la oportunidad de amoldar las ofertas de activos a los deseos insatisfechos de los inversores, y cubra dicha insatisfacción de las condiciones originalmente ofertadas de vencimiento, garantías, amortización o características del flujo de fondos acordado, etc. Como la mayoría de las cosas, el acertar plenamente es cuestión de grados.

El número estricto de activos necesarios para convertir un mercado en teóricamente eficiente, seguramente resultará insuficiente en la realidad. La cuestión es si existe un número suficiente de activos como para hacer un mercado razonablemente completo y no de manera absoluta.

Por tanto, las innovaciones financieras tienen lugar como respuesta a las oportunidades de beneficio que surgen por causa de las insuficiencias de la intermediación financiera y/o de un mercado incompleto. Si los mercados son verdaderamente competitivos, la rentabilidad que una innovación financiera proporciona a su promotor original se reducirá a lo largo del tiempo. Por supuesto, la existencia de una innovación rentable invita a que otros agentes lancen al mercado productos o procesos financieros semejantes. En la medida en que esto ocurra, los márgenes de beneficio del agente innovador se deteriorarán y la rentabilidad relativa de los consumidores de servicios financieros frente al promotor, se incrementará. En otros términos, a medida que madura una innovación financiera, los márgenes de rentabilidad del promotor se reducen y los beneficios de la innovación redundan paulatinamente en mayor medida en favor del consumidor. Por lo menos, así habría de ser, y generalmente lo es.

Los cambios que impulsan la innovación financiera

En un equilibrio estático del mercado, no resultaría posible hacer ese mercado más eficiente y/o completo. Todas las oportunidades de explotación rentable de las innovaciones financieras se agotarían dentro de los límites de los costes de búsqueda. Esto es, un mundo sin cambios, que se caracterizaría por la ausencia de nuevos productos o procesos financieros. El entorno ha de cambiar, para que se den oportunidades rentables y se verifique una extensa innovación financiera. A lo largo de los últimos años, la confluencia de una serie de hechos ha creado un ambiente favorable para la innovación financiera. Con cada variación importante en el ambiente, se desata una actividad intensa, cuyo conjunto sólo puede describirse como sorprendente.

Los cambios que motivan la innovación financiera incluyen:

— La volatilidad de los tipos de interés y de las tasas de inflación.
— Las variaciones de la regulación o las acciones destinadas a evitar los efectos de aquélla.
— Los cambios en el sistema fiscal e impositivo.
— Los avances tecnológicos.
— El nivel de actividad económica.
— El trabajo académico sobre la eficiencia e ineficiencia de los mercados.

Así como puede haber desacuerdo en torno a la importancia relativa de cada uno de ellos, la mayoría piensa que estos factores tienen un alto grado de influencia. Considerémoslos detenidamente.

En un mundo con tasas de inflación cambiantes y tipos de interés variables, se diseñan nuevos productos financieros para reducir los riesgos implícitos a estos fenómenos. En otras palabras, un entorno de tipos de interés y tasas de inflación variables, genera una demanda de tipos diferentes de instrumentos financieros. Las nuevas cuentas de depósito y de inversión, así como los préstamos a tipo de interés variable, son ejemplos de respuestas a estos estímulos. En parte, la tendencia a una mayor negociabilidad de los activos financieros es el resultado de la variabilidad de los tipos de interés. La considerable variación de los tipos de interés y de las tasas de inflación experimentadas a lo largo de los últimos diez años, ha dado lugar a la reconsideración de los instrumentos financieros existentes y a la presentación de otros nuevos y más eficaces para los tiempos.

El segundo factor, las variaciones en la regulación y las maniobras encaminadas a evitar los efectos de la misma, también ha motivado muchas innovaciones financieras. A lo largo de los últimos años de la década de los setenta, y con especial intensidad durante los primeros de la de los ochenta, se experimentó todo un proceso de desregulación de la industria de los servicios financieros. Las fronteras que claramente delimitaban los campos de actividad de las diversas instituciones financieras, se hicieron menos estrictas y, en algunos casos, desaparecieron por completo. Por supuesto, cuando se reducen las restricciones, los participantes en el mercado se introducen en nuevas líneas de actividad dotadas de posibilidades de beneficio y/o reducción de riesgo previamente inaccesibles. Por otro lado, cuando se imponen nuevas limitaciones o se incrementan las restricciones ya existentes, también tienen lugar procesos de reajuste de cartera. En este caso, la innovación financiera tiende a tener un carácter defensivo y a dedicarse a la reconstrucción de la rentabilidad y/o a la reducción del riesgo.

A lo largo de los últimos años, la mayor parte de los cambios habidos en la legislación han estado dirigidos hacia la eliminación o reducción de restricciones. Con esta desregulación financiera, la diferencia entre bancos comerciales, cajas de ahorro y bancos industriales, se ha difuminado. Como contrapartida, ya no resulta posible para una institución, refugiarse en su cómoda y segura parcela de mercado. Con cada paso hacia delante, en el cambio de la desregulación financiera, la innovación se convierte en cada vez más necesaria para la supervivencia. Esta potente fuerza, ha sido uno de los más importantes estímulos para el cambio.

El tercer factor, la variación de las leyes fiscales, también motiva la innovación financiera. Así ocurrió cuando apareció la Ley de Régimen Fiscal de determinados Activos Financieros (Ley 114/1985, de 29 de Mayo), la cual actuó de palanca innovadora a una serie de modificaciones en el mercado financiero. Este pie de la innovación financiera, producto de la aplicación de la mencionada ley, restringió igualmente el uso de determinados productos. Como observación final, se puede constatar, en mi opinión, un mercado monetario y de capitales aún incompleto pero muy desarrollado.

Los avances tecnológicos, que por su desarrollo en la industria financiera, lo convierte en consustancial con el negocio, provocan más cambios en los procesos que en los productos financieros. La era del ordenador ha traído consigo una ampliación de las aplicaciones a la industria de los servicios financieros y una reducción de los costes por transacción. Las transferencias electrónicas de fondos, los cajeros automáticos, los terminales en los puntos de venta, el proceso de datos de las tarjetas de crédito, los ordenadores personales que permiten la realización de transacciones bancarias desde el hogar y las telecomunicaciones, han cambiado drásticamente tanto la provisión de los productos financieros como la fijación de sus precios. La automatización ha incrementado tanto la velocidad como la precisión de las transacciones y los costes estructurales se han reducido. En la mayor parte de las áreas del servicio financiero, la eficiencia de la entrega resulta crucial. Así como aún hay huecos de mercado para boutiques, el conjunto de la industria de los servicios financieros está regido por la eficacia de los costes.

La revolución continúa y la mayoría coincide en que en el futuro habrá menos proveedores de servicios financieros de los que hay ahora.

Los cambios en el nivel de actividad económica pueden estimular la innovación financiera. En un período de prosperidad económica, la mayor parte de las instituciones financieras se encuentran dispuestas a poner en práctica nuevas ideas como fruto de su infatigable persecución de crecimiento. Sin embargo, en períodos de turbulencia, como los habidos durante la profunda crisis bancaria (1977-1983), la atención se desvía hacia la liquidez y la reducción de riesgo. Tomando como ejemplo la actividad bancaria internacional, las innovaciones introducidas a lo largo de la década de los setenta tenían como objetivo esencial la expansión del negocio. Préstamos con opción de divisas, préstamos paralelos, acuerdos swap especiales y muchas otras innovaciones, fueron emprendidas en búsqueda de un mayor volumen de préstamos. El resultado fue la aparición de muchos nuevos negocios, si bien, la mayoría de las veces, con unos diferenciales de interés generalmente reducidos. Con la aparición de los problemas crediticios de los países en desarrollo a lo largo de la década de los ochenta, la postura de los bancos internacionales cambió hacia la de «tentarse la ropa» a través de operaciones de reducción del riesgo. Toda la innovación financiera habida a lo largo de este período, va encaminada en este sentido. En definitiva, la variación en el nivel de actividad económica afecta no solamente a la magnitud y a la naturaleza de los fondos necesitados, sino también a las actitudes hacia el riesgo de las instituciones financieras y otros participantes en el mercado. A su vez, esto afecta a las innovaciones financieras.

En último lugar, aunque no por su importancia, está el trabajo académico sobre valoración de activos, opciones, tipos de interés, mercado de futuros y activos. El sector financiero también se encuentra crecientemente receptivo a estas ideas, pues está claro que se beneficia de ellas. También, a medida que un mayor número de estudiantes de la moderna teoría financiera se incorporan al sector, propician la introducción de cambios en este sentido.

El entorno financiero como determinante de la innovación

Existe últimamente una cierta ola de entusiasmo acerca de la innovación financiera. Este entusiasmo no resulta sorprendente en vista del cambiante entorno financiero que nos ha precedido y precederá. Hoy en día, prácticamente cualquier propuesta atrae la atención, a diferencia del pasado, cuando toda propuesta de cambio era contemplada con un escepticismo innato. Nunca han sido los tiempos mejores para las nuevas ideas. Desde luego, esta reducción de la hostilidad favorece hasta cierto punto a los mercados financieros. Sin embargo, también permite que ciertos negocios se disfracen de innovaciones financieras. La receptividad de los consumidores de servicios financieros, hacia prácticamente cualquier novedad, ha permitido que los bancos y otras instituciones financieras propusieran cosas carentes del fundamento necesario, para intentar conseguir unos mercados financieros operativamente más eficientes y/o más completos. En verdad, parece que no existiera reparo a la hora de probar un nuevo instrumento o proceso financiero, sin importar su efectividad o su alto coste.

Comprensiblemente, el promotor desea realizar un beneficio, independientemente de que la idea tenga o no contenido. En tanto que la gente considere la innovación como solución para determinados males, los promotores se aprovecharán de la oportunidad que se les brinda. Sin embargo, encuentro preocupante que se defiendan cosas como ciertas operaciones swap[2] de interés, planes de inversión destinados a realizar dinero a costa de un determinado plan de pensiones, o la adquisición de empresas por otras, apoyándose en el efecto apalancamiento de la financiación con deuda. Muchas de estas operaciones están destinadas a incrementar los beneficios contables con poca o ninguna ganancia económica verdadera.

A la luz de los rápidos cambios experimentados en el entorno, resulta inevitable que en el camino de la verdadera innovación financiera, surjan tanto buenas como malas ideas. Sin embargo, cabría esperar que las ideas carentes de un verdadero contenido, desapareciesen. Pienso que existen ocasiones en las que prevalece la irracionalidad y éste es el terreno en el que se siembran las semillas no absolutamente productivas, e incluso estériles. En el momento de la siembra, muchos piensan que las semillas rendirán frutos abundantes y están dispuestos a pagar importantes cantidades por ellas. Después de todo, están plantadas en un terreno en el que crecen muchas verdaderas innovaciones financieras.

Evidentemente, resulta difícil diferenciar la buena semilla de aquella que, en última instancia, se muestra menos productiva o, en caso extremo, estéril. Después de todo, es la búsqueda del beneficio el motivo último de la inno-

[2] De intercambio.

vación financiera. La disciplina ha de provenir del propio mercado, pero de un mercado que sea, esperemos, crecientemente bien informado y precavido, un mercado que responda racional y efectivamente a la cascada de ideas financieras que se vienen continuamente produciendo.

Nuevos instrumentos financieros: NIF, Swaps, Opciones y FRA[3]

Dentro de los instrumentos calificados estrictamente como nuevos instrumentos financieros, las «euronotes» simbolizan a la perfección el proceso de innovación financiera puesto en marcha.

Estos instrumentos recogen y utilizan una serie de técnicas y características ya existentes en los mercados financieros, tales como las propias de los eurocréditos, de los bonos a tipos de interés flotante y el mercado de comercial paper de Estados Unidos.

En realidad, las euronotas se articulan como programas de financiación a medio plazo, instrumentados a través de la suscripción de títulos a corto plazo. Estas euronotas suelen estar aseguradas por uno o más «merchant-banks» y se emiten a vencimiento fijo de uno, tres y seis meses, renovándose a través de un mecanismo «roll-over». El valor nominal de la emisión suele ser de 500.000 dólares.

El NIF (Note Issuance Facility) es el más común de los diversos términos utilizados para definir un acuerdo a medio plazo, en virtud del cual un prestatario puede emitir y poner en circulación instrumentos a corto plazo para financiarse. El éxito de estos instrumentos se refleja con claridad en las altas cifras que han alcanzado. Las dos razones fundamentales que explican el éxito de estos instrumentos han sido su reducido coste y su elevada flexibilidad.

Como característica definitiva en los NIF, los bancos aseguradores no sólo asumen el compromiso de adquirir los títulos no vendidos, sino que además facilitan créditos «stand by» a los emisores. El esquema de colocación sería el siguiente:

A comienzos de la década de los años ochenta, apareció otro nuevo

[3] Agradezco la ayuda para la redacción de este punto a Manuel Monjas, profesor de Economía Financiera de la Universidad Autónoma de Madrid.

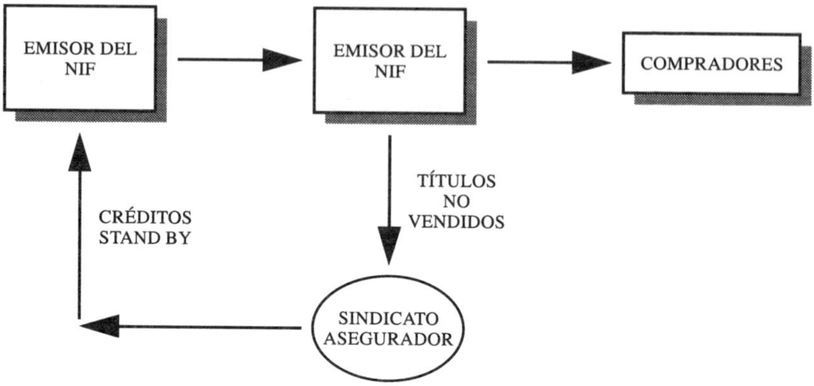

producto financiero: el swap a medio plazo. El swap es una transacción entre dos partes para intercambiar flujos de pagos en el tiempo. Estas operaciones se han utilizado, tanto para evitar las diferencias de costes de endeudamiento entre los grandes mercados financieros, como para redistribuir los pagos del tipo de cambio y de tipos de interés implícitos en las operaciones financieras a medio plazo. Los swaps pueden ser de divisas o de tipos de interés. Los swaps de divisas son transacciones por medio de las cuales dos partes pueden intercambiar cantidades específicas de dos monedas, reembolsándolas a lo largo del tiempo de acuerdo con una regla determinada.

Por su parte, los swaps de tipos de interés, «Interest Rate Swap» (I.R.S), consisten en la permuta entre dos prestatarios de los intereses que origine la deuda de cada uno de ellos. Es decir, no se efectúa en ningún momento el intercambio del principal, siendo el objeto de intercambio los flujos que pagan en concepto de intereses.

Tanto en los swaps de divisas como en los de I.R.S, las reglas que determinan la cuantía de los pagos entre las partes se fundamentan en la calificación crediticia de las mismas, su facilidad de acceso a los diferentes mercados de financiación, y sobre todo el poder de negociación, tanto con respecto al «broker», como en relación a la contrapartida.

También las opciones sobre divisas y tipos de interés y los contratos a plazos de interés, «Forward Rate Agreements» (FRA), han registrado un crecimiento considerable durante la década de los ochenta. Una opción comprada sobre divisas o tipos de interés es un contrato que incorpora el derecho, aunque no la obligación, de comprar o vender un instrumento financiero específico a un precio determinado, antes de, o en una fecha futura concreta.

Por el contrario, el emisor o vendedor de una opción sobre divisas o tipos de interés asume el compromiso de adquirir o enajenar el activo subyacente, a un precio determinado (precio del ejercicio), siempre que el comprador le ejecute la opción.

Por su parte, un FRA es un acuerdo en virtud del cual dos partes fijan el tipo de interés que rinde un depósito teórico a un plazo determinado en una fecha de liquidación. Los tipos de interés elevados y la volatilidad de los mismos y de los tipos de cambio, han expuesto cada vez más a las empresas a riesgos de pérdidas derivadas de acontecimientos difíciles de predecir y, en todo caso, fuera de su control, como ha sido el caso de la crisis monetaria desencadenada en septiembre de 1992 en el seno del Sistema Monetario Europeo (SME), la cual ha afectado en gran medida a las empresas españolas, como consecuencia de las sucesivas devaluaciones de la peseta, siendo el sector eléctrico quien recogió el mayor impacto, cifrado en torno a 70.000 millones de pesetas.

Esta creciente volatilidad en los precios hace necesaria la utilización de técnicas de gestión financiera, basadas en el empleo de estos nuevos instrumentos financieros para el control de riesgos. No es aventurado señalar que aquellas empresas que conozcan y usen estos productos, partirán de una situación de ventaja respecto de aquellas que no los emplean.

Los productos derivados en la gestión del riesgo

En cuanto a los productos derivados en la gestión de riesgos, es preciso destacar que si algo caracteriza la evolución reciente de los mercados financieros internacionales, es la creciente volatilidad precio para la mayor parte de los activos financieros. En este contexto, los instrumentos derivados (futuros, opciones, swap, etc.) cumplen la función básica de transferencia del riesgo, proporcionando a los agentes una cobertura ante movimientos no deseados del tipo de interés, tipo de cambio y cualquier otra variable financiera relevante.

Ahora bien, no hemos de olvidar que otra de las estrategias susceptibles de aplicación con este tipo de instrumentos es la especulación, potenciada, en algunos casos, por el alto nivel de apalancamiento que ofrecen estos productos. A partir de este punto, se entra en el terreno del riesgo, a cambio de la esperanza de maximizar beneficios si se acierta con la tendencia esperada en la variable económica sobre la que estemos actuando. No cabe duda de que la actitud especulativa frente al mercado de derivados puede resultar muy peligrosa, si no se toman unas mínimas medidas de control. El ejemplo del banco británico Barings resulta suficientemente ilustrativo. Un solo operador tomó un gran número de posiciones compradoras sobre futuros en índices bursátiles japoneses. La caída en la bolsa de Tokio, tras el terremoto de Kobe, hizo que el banco tuviese que reponer rápidamente las garantías de sus órdenes. Para ello, el operador vendió opciones para cubrir las pérdidas con las primas recibidas. La mala evolución de la economía japonesa provocó el ejercicio de las opciones, con lo cual sus pérdidas se multiplicaron, arrastrando a Barings a la quiebra. En una semana se producía el hundimiento de uno de los bancos centenarios de la City. Esta situación podría haberse evitado con una adecuada supervisión y control desde el área de Intervención hacia la Tesorería.

No obstante, los derivados son más beneficiosos que perjudiciales. No es casualidad que en España, las entidades financieras que menos han perdido en la reciente crisis de la deuda, han sido aquellas que más activamente han utilizado los derivados como instrumentos de cobertura. En realidad, los productos derivados en sí mismos no son especulativos; es el uso que de ellos pueda hacerse lo que determina su bondad o maldad; sin embargo, las tres estrategias que pueden llevarse a cabo con los mismos (cobertura, especulación y arbitraje), se necesitan y complementan. Así la cobertura soluciona el problema del riesgo del mercado, o al menos tiende a reducirlo. Por su parte, los especuladores proporcionan liquidez al mercado, ofreciendo contrapartida a las posiciones de cobertura. Por último, los arbitrajistas conducen al mercado a posiciones de equilibrio, incrementando con ello la eficiencia en los mecanismos de formación de precios.

Novena nota. Análisis gráfico. Bancos versus cajas de ahorros

* Deseo agradecer al profesor Prosper Lamothe Fernández, catedrático de Economía Financiera de la Universidad Autónoma de Madrid, su magnífica ayuda en la realización de este análisis gráfico.

Diferencias fundamentales entre bancos y cajas de ahorros

FACETA	BANCOS	CAJAS DE AHORROS
Naturaleza jurídica	Sociedades mercantiles	Entidades de carácter funcional
Orientación básica	Capitalista privada	Social
Distribución externa del beneficio	Dividendos	Obra social
Ampliaciones de capital ordinario	Posibles	No posibles
Capital sin derechos políticos	Acciones sin voto	Cuotas participativas
Vinculación territorial	Opcional	Originaria
Competencia reguladora	Estado	Estado Comunidades Autónomas
Órganos rectores	Junta General Consejo de Administración	Asamblea General Consejo de Administración Comisión de Control Corporaciones locales
Grupos de representación básicos	Acciones	Impositores Entidades fundadoras Empleados

FUENTE: Elaboración propia.

Proceso de liberalización del sistema financiero en España y en Estados Unidos

El proceso de liberalización ha tenido diferentes secuencias en España y en Estados Unidos

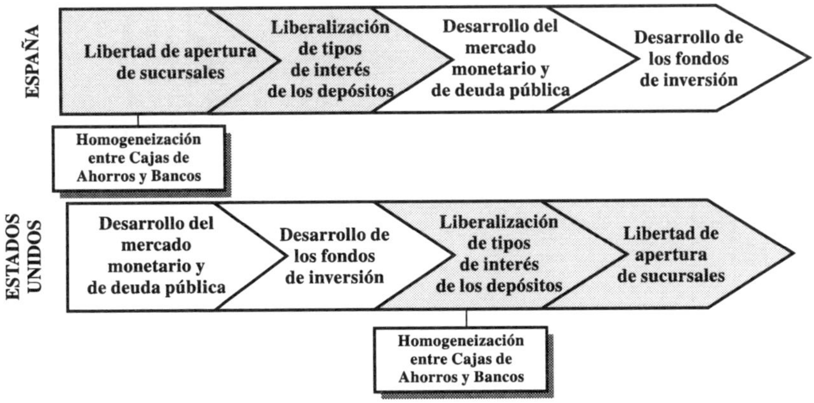

FUENTE: Servicio Estudios BCH.

Etapas de liberalización del sistema financiero español

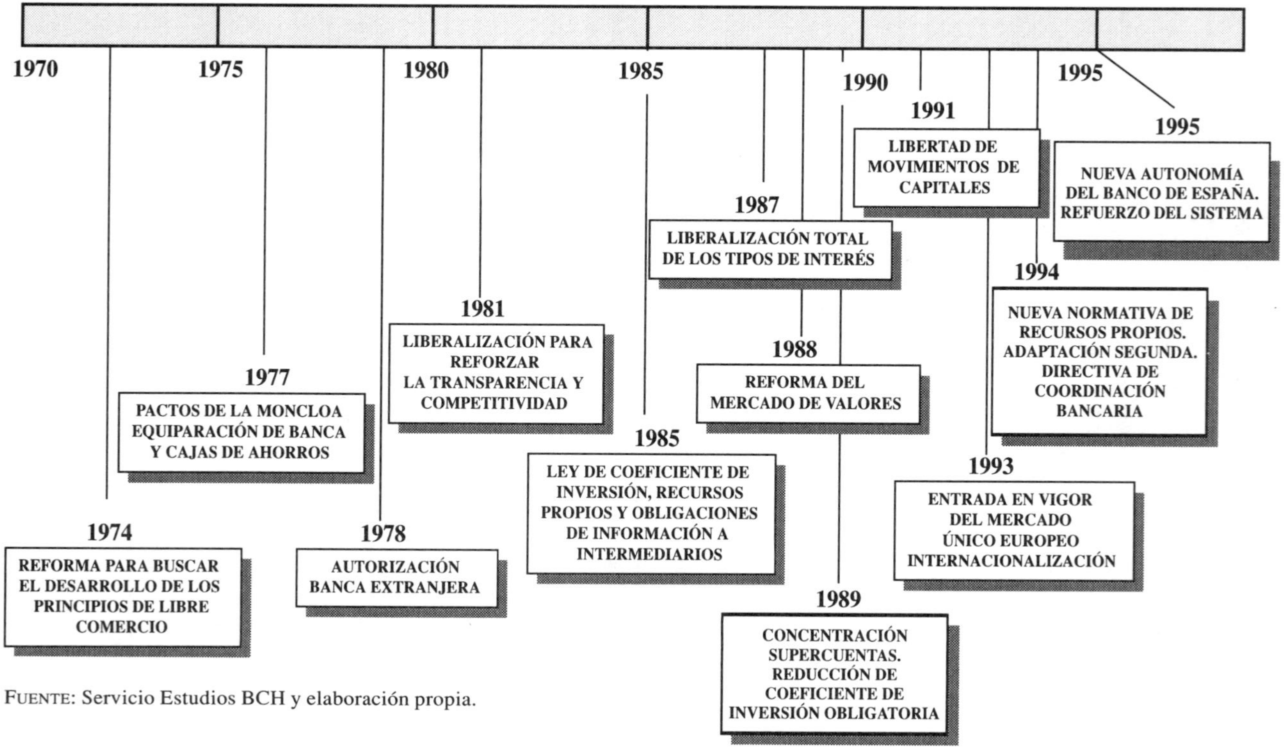

FUENTE: Servicio Estudios BCH y elaboración propia.

Cambios en las estrategias competitivos

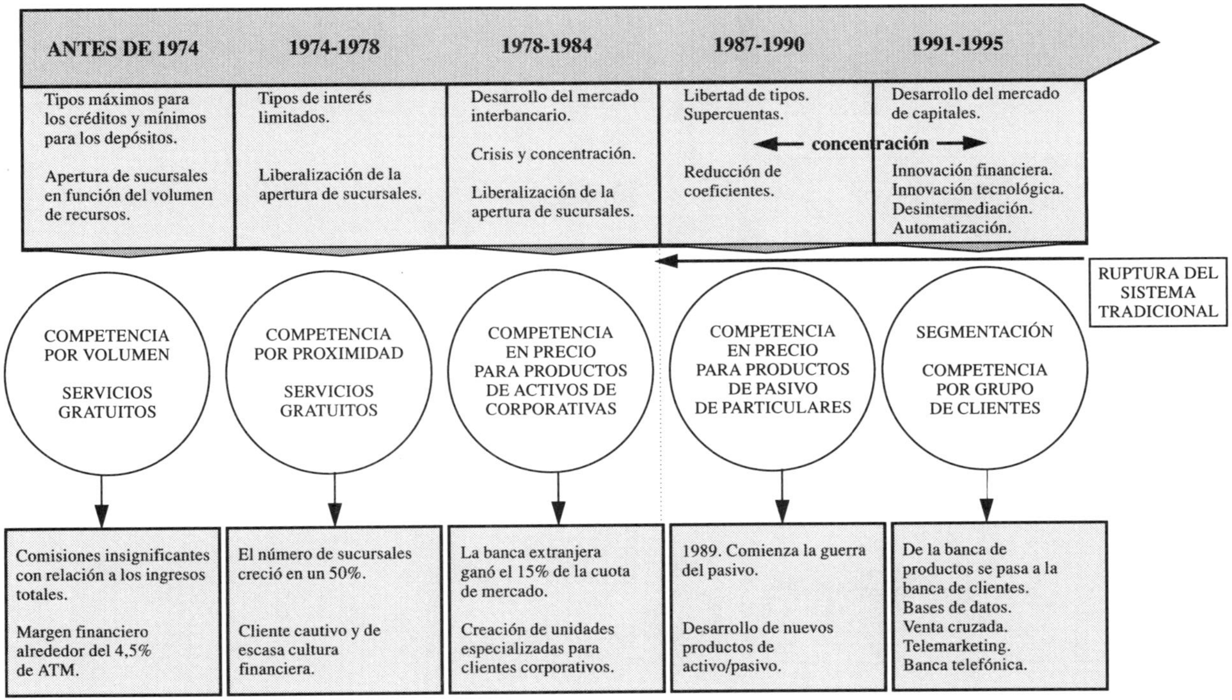

FUENTE: Servicio Estudios BCH y elaboración propia.

Transformación del sistema bancario español*

Aumento del número de instituciones y entrada de la banca extranjera

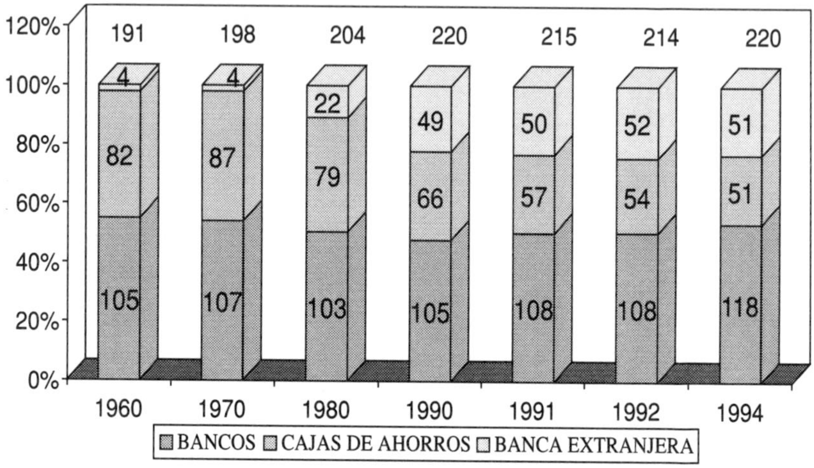

* No se incluyen las cooperativas de crédito.

Fusiones más importantes realizadas por las cajas en los últimos años

CAJA MADRID:
CAJA MADRID
C.A. DE CEUTA

CAJA ESPAÑA:
CAJA DE LEÓN
CAJA DE PALENCIA
CAJA POPULAR DE VALLADOLID

CAJA GUIPÚZCOA Y SAN SEBASTIÁN (KUTXA):
CAJA MUNICIPAL DE SAN SEBASTIÁN
CAJA PROVINCIAL DE GUIPÚZCOA

BILBAO BIZCAIA KUTXA:
CAJA MUNICIPAL DE BILBAO
CAJA VIZCAÍNA

UNICAJA:
CAJA DE ALMERÍA
C. DE ANTEQUERA
C. DE CÁDIZ.
C PROV. DE MÁLAGA
C. DE RONDA.

CAJA DE AHORROS DE VITORIA Y ÁLAVA:
CAJA PROVINCIAL DE ÁLAVA
CAJA MUNICIPAL DE VITORIA

CAJA DE EXTREMADURA:
CAJA DE AHORROS DE CÁCERES
CAJA DE AHORROS DE PLASENCIA

CAJA GENERAL DE GRANADA:
CAJA GENERAL DE GRANADA
CAJA PROVINCIAL DE GRANADA

C. CASTILLA-LA MANCHA:
C. PROV. DE TOLEDO
C.A. DE CUENCA Y CIUDAD REAL
C.A. PROV. DE ALBACETE

CAJA DE AHORROS DEL MEDITERRÁNEO:
C.A. ALICANTE Y MURCIA
C. PROVINICIAL DE ALICANTE Y MURCIA.

CAJA DE SALAMANCA Y SORIA:
CAJA DE SALAMANCA
C.A. Y PRÉSTAMOS DE SORIA

LA CAIXA:
CAJA DE PENSIONES DE CATALUÑA Y BALEARES
CAJA DE BARCELONA

CAJA DE AHORROS Y MONTE DE PIEDAD DE HUELVA Y SEVILLA
C. PROV. DE HUELVA
MONTE DE PIEDAD Y C.A. DE SEVILLA

BANCAJA:
C.A. DE VALENCIA
C. GRAL. DE CASTELLÓN
C.A. DE SEGORBE
C.A. DE SAGUNTO

CAJA SAN FERNANDO DE SEVILLA Y JEREZ:
CAJA DE SAN FERNANDO DE SEVILLA
CAJA DE JEREZ

CAJA SUR:
CAJA DE CÓRDOBA
CAJA PROVINCIAL DE CÓRDOBA

PRINCIPALES OPERACIONES BANCARIAS

LA CAIXA:
BANCO DE EUROPA
BANCO HERRERO
BANCO GRANADA Y JEREZ

CAJA ESPAÑA:
BANCO DE FOMENTO

BANCAJA:
BANCO DE VALENCIA
BANCO DE MURCIA

CAJA MADRID:
BANCO CRÉDITO Y AHORRO

CAJA CANTABRIA:
CAIXA DE BALEARES:
CAJA DE SEGOVIA:
BANCO DE LA PROVINCIA DE BUENOS AIRES:
PROBANCA

FUENTE: Elaboración propia.

*Situación de las cajas de ahorros**

Núm. de entidades	51
Activos	36.033 billones
Recursos ajenos	28.694 billones
Inversión crediticia	27.932 billones
Beneficio neto	247.032 billones
Incremento beneficio neto	7,46 %
Incremento beneficio neto bancos	–18 %

* Datos a 31/12/94.

Cuota de mercado de recursos ajenos de cajas y bancos

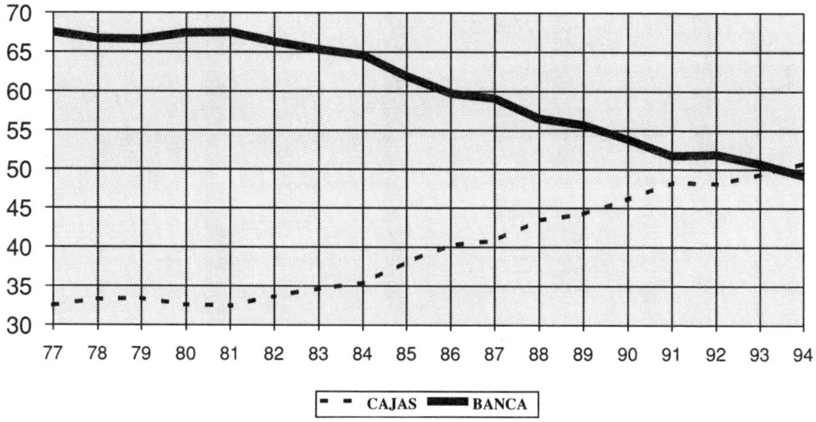

FUENTE: Boletín Estadístico del Banco de España y CECA, 1995.

Cuota de mercado de créditos de cajas y bancos

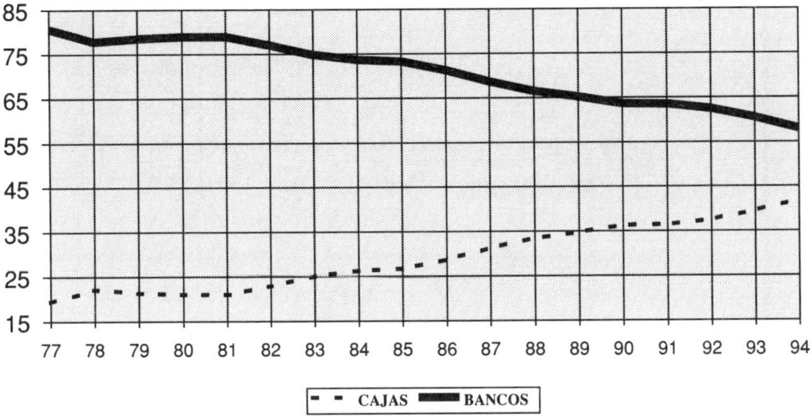

FUENTE: Boletín Estadístico del Banco de España y CECA, 1995.

Cuota de mercado. Acreedores

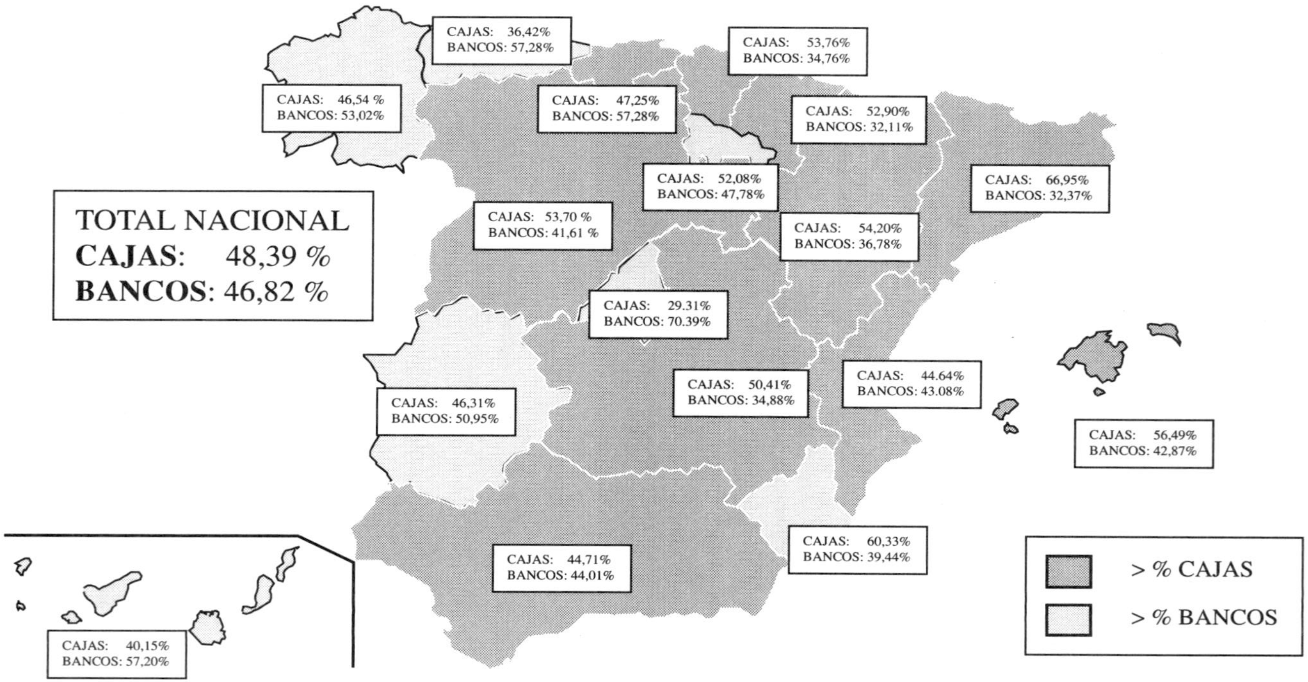

FUENTE: Elaboración propia.

Cuota de mercado. Créditos

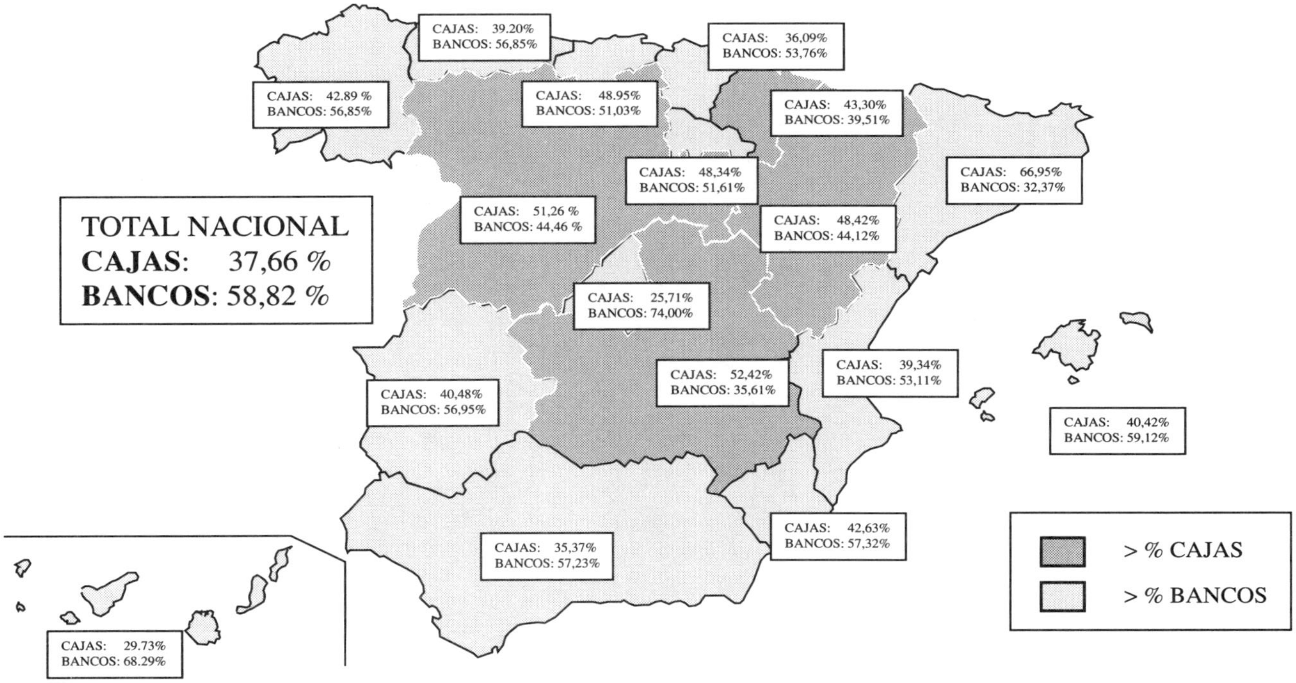

FUENTE: Elaboración propia.

Cajas: cuota de mercado. Crédito

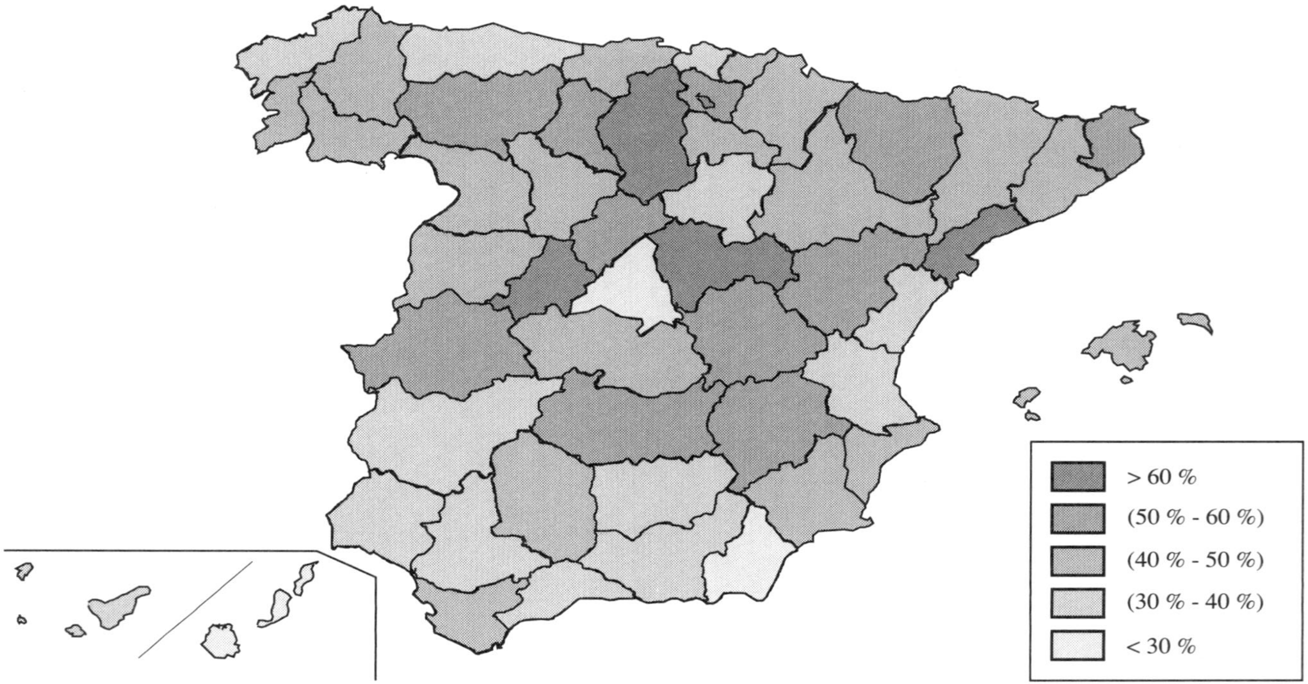

FUENTE: Elaboración propia.

Cajas: cuota de mercado. Acreedores

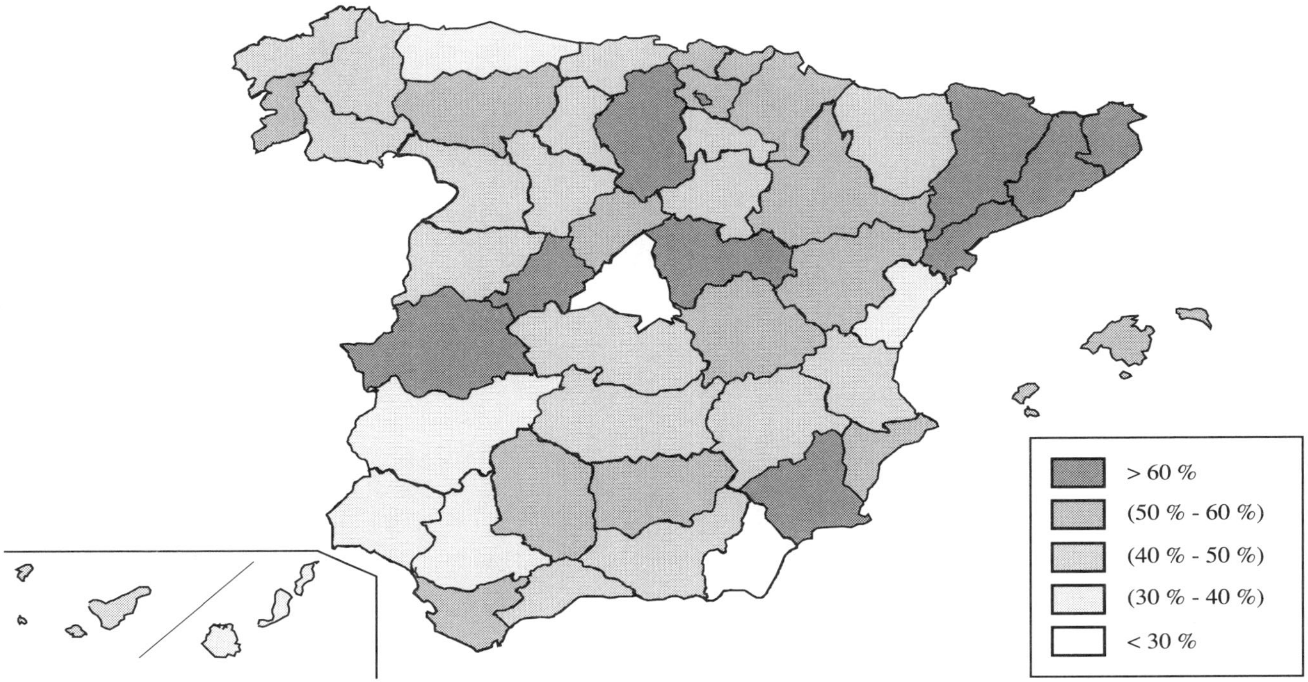

FUENTE: Elaboración propia.

Ranking por número de sucursales

FUENTE: Elaboración propia.

Evolución de la cuenta de resultados bancos y cajas (% sobre activos totales medios)

	CAJAS DE AHORROS					BANCA				
	1990	1991	1992	1993	1994	1990	1991	1992	1993	1994
Productos financieros	11,09	11,10	11,01	11,04	9,00	12,31	11,76	11,45	11,05	8,74
Costes financieros	-7,03	-7,12	-6,97	-7,19	-5,31	-8,30	-8,21	-8,12	-8,23	-6,11
Margen de intermediación	4,06	3,98	4,04	3,85	3,69	4,00	3,55	3,33	2,82	2,63
Productos ordinarios	0,27	0,32	0,48	0,61	0,52	0,73	0,77	0,82	1,04	0,47
Margen ordinario	4,33	4,30	4,52	4,46	4,21	4,73	4,32	4,15	3,86	3,10
Gastos explotación	-2,95	-2,88	-2,91	-2,78	-2,69	-2,74	-2,56	-2,59	-2,30	-2,12
Personal	-1,75	-1,71	-1,75	-1,67	-1,65	-1,68	-1,54	-1,59	-1,41	-1,30
Generales y tributos	-0,91	-0,86	-0,85	-0,81	-0,75	-0,89	-0,85	-0,81	-0,70	-0,64
Amortizaciones	-0,28	-0,31	-0,31	-0,30	-0,30	-0,17	-0,17	-0,19	-0,18	-0,18
Margen de explotación	-1,38	1,42	1,61	1,68	1,52	1,99	1,76	1,56	1,55	0,98
Venta valores e inmuebles	0,16	0,13	0,15	0,10	0,13	0,32	0,37	0,11	0,17	0,26
Saneamiento de créditos	-0,26	-0,50	-0,64	-0,89	-0,60	-0,35	-0,52	-0,62	-0,70	-0,46
Saneamiento de valores	-0,26	-0,13	-0,25	0,00	-0,24	-0,27	-0,14	-0,03	-0,19	-0,29
B.A.I.	0,99	1,04	1,05	0,97	0,92	1,55	1,42	1,11	0,88	0,65

FUENTE: *Boletín Estadistico del Banco de España,* 1995, y elaboración propia.

Rentabilidad de bancos y cajas

	CAJAS DE AHORROS					BANCA				
	1990	**1991**	**1992**	**1993**	**1994**	**1990**	**1991**	**1992**	**1993**	**1994**
Resultado después de impuestos / ATM	0,77	0,80	0,80	0,73	0,71	1,12	1,05	0,81	0,63	0,48
Rentabilidad recursos propios (a)	11,58	15,02	14,77	13,92	13,65	16,92	16,18	11,74	10,31	8,61
ATM / Recursos propios	20,22	18,89	18,55	19,18	19,11	15,13	15,37	14,42	16,45	17,81
Margen de explotación / n.º de empleados	3,7	4,18	5,29	6,34	6,23	5,24	5,49	5,43	6,71	4,70

(a)Capital (neto de acciones en cartera y accionistas), reservas (netas de resultados negativos de ejercicios anteriores) y fondo para riesgos generales.

FUENTE: *Boletín Estadistico del Banco de España,* 1 995, y elaboración propia.

Margen de intermediación (% sobre activos totales medios)

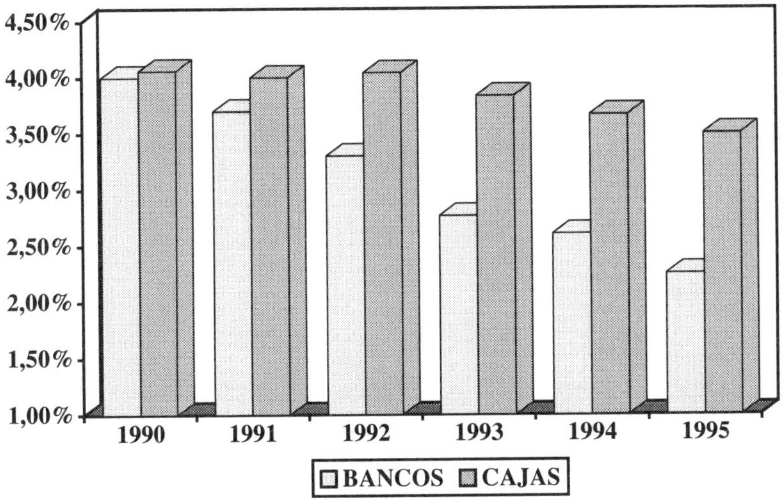

FUENTE: *Boletín Estadístico del Banco de España,* 1 996, y elaboración propia.

Margen ordinario (% sobre activos totales medios)

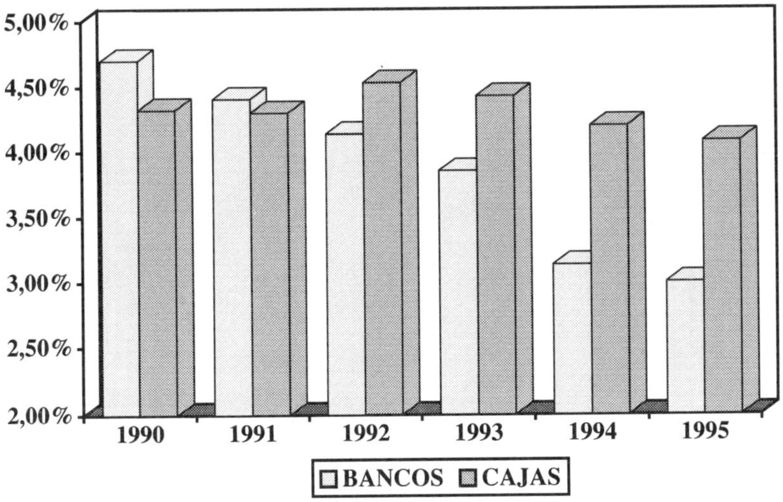

FUENTE: *Boletín Estadístico del Banco de España,* 1 996, y elaboración propia.

Margen de explotación (% sobre activos totales medios)

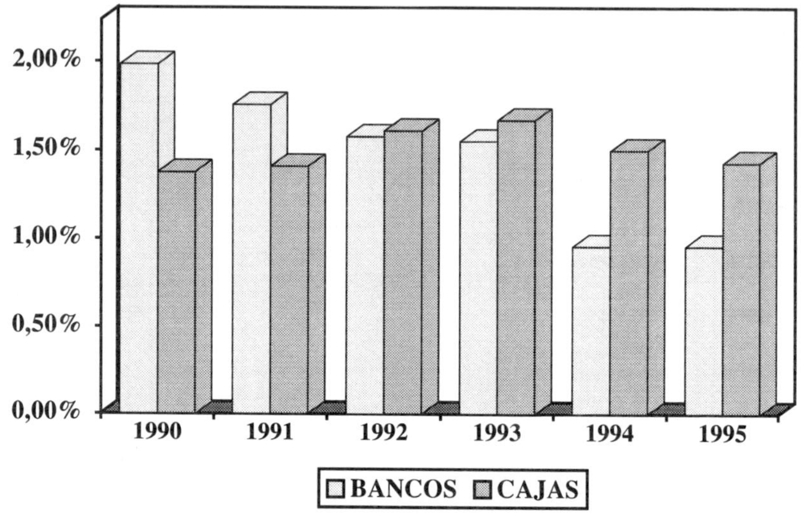

FUENTE: *Boletín Estadístico del Banco de España,* 1 996, y elaboración propia.

Saneamiento de créditos (% sobre activos totales medios)

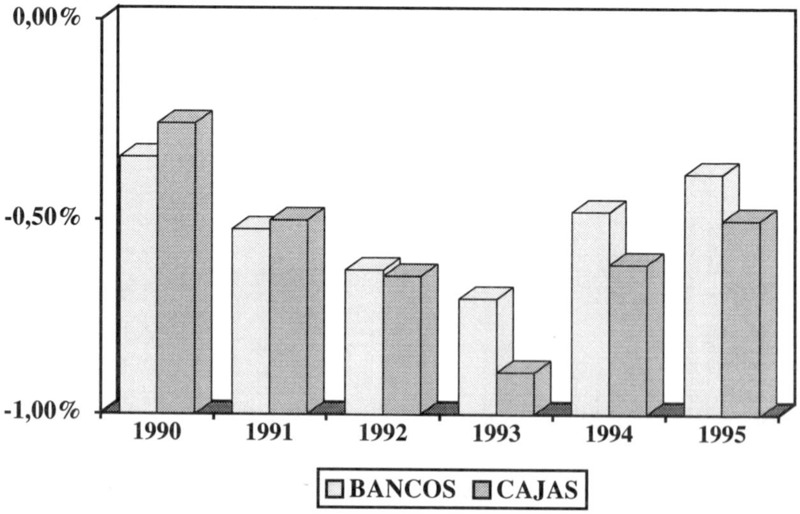

FUENTE: *Boletín Estadístico del Banco de España,* 1 996, y elaboración propia.

Otros productos ordinarios (% sobre activos totales medios)

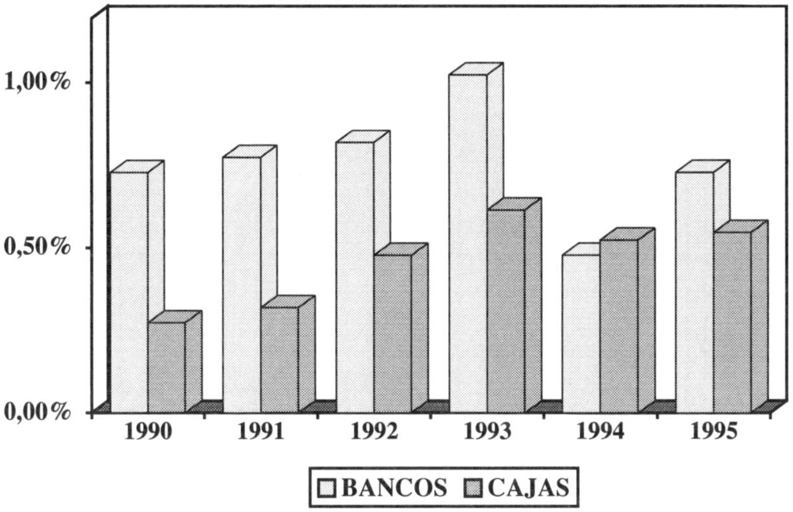

FUENTE: *Boletín Estadístico del Banco de España,* 1 996, y elaboración propia.

Rentabilidad (% sobre activos totales medios)

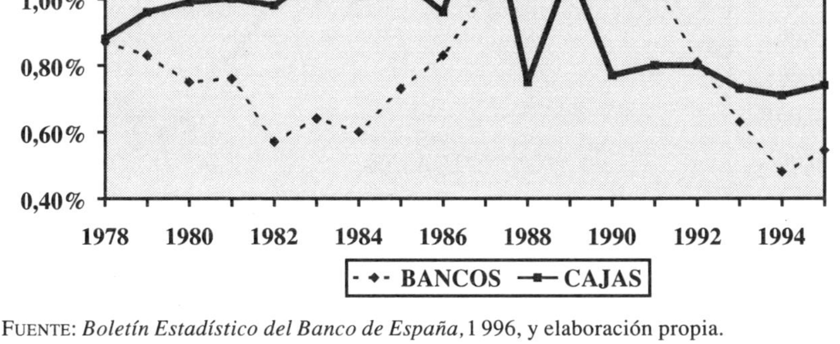

FUENTE: *Boletín Estadístico del Banco de España,* 1 996, y elaboración propia.

Gastos de explotación (% sobre activos totales medios)

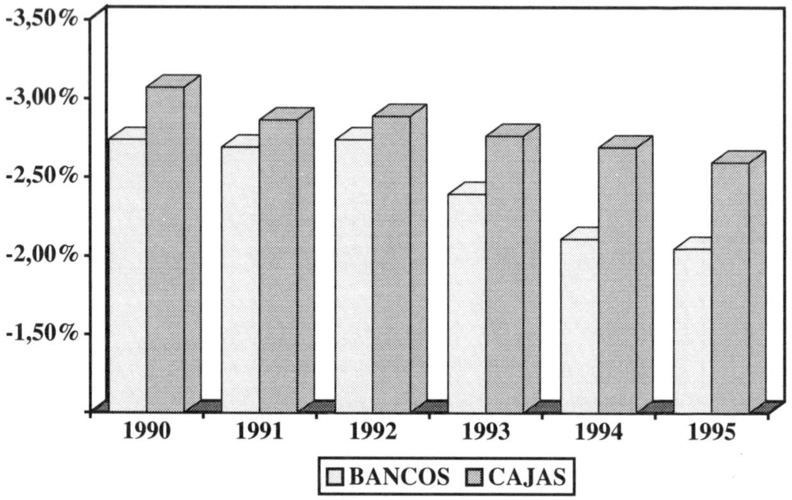

FUENTE: *Boletín Estadístico del Banco de España,* 1 996, y elaboración propia.

Evolución de la morosidad

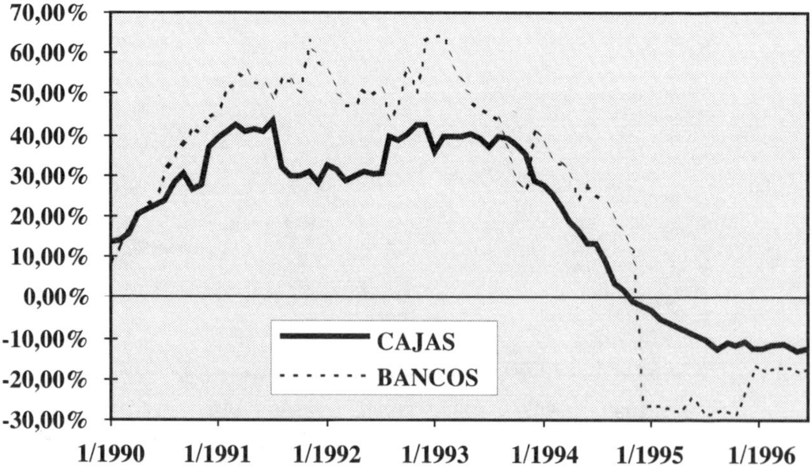

FUENTE: *Boletín Estadístico del Banco de España,* 1 996, y elaboración propia.

Distribución del crédito por actividades productivas

Situación a diciembre de 1995

BANCOS

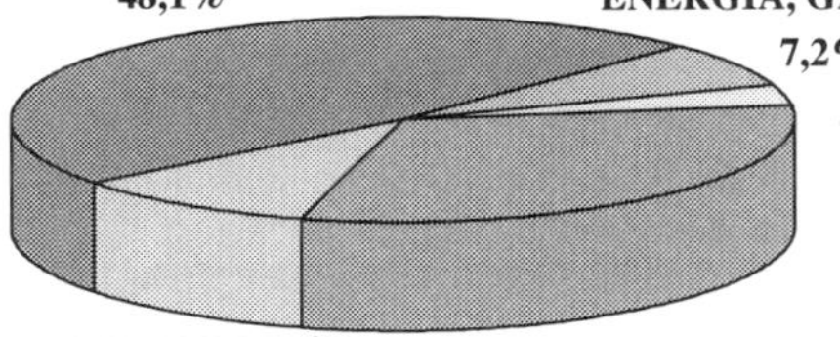

CAJAS DE AHORROS

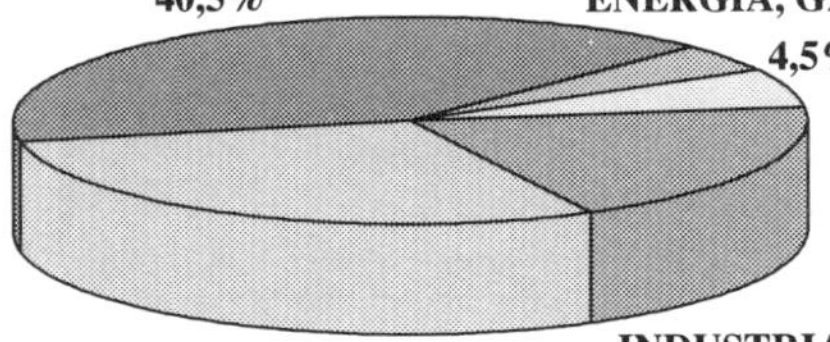

FUENTE: *Boletín Estadístico del Banco de España,* 1 996, y elaboración propia.

*Entorno bancario español 1995**

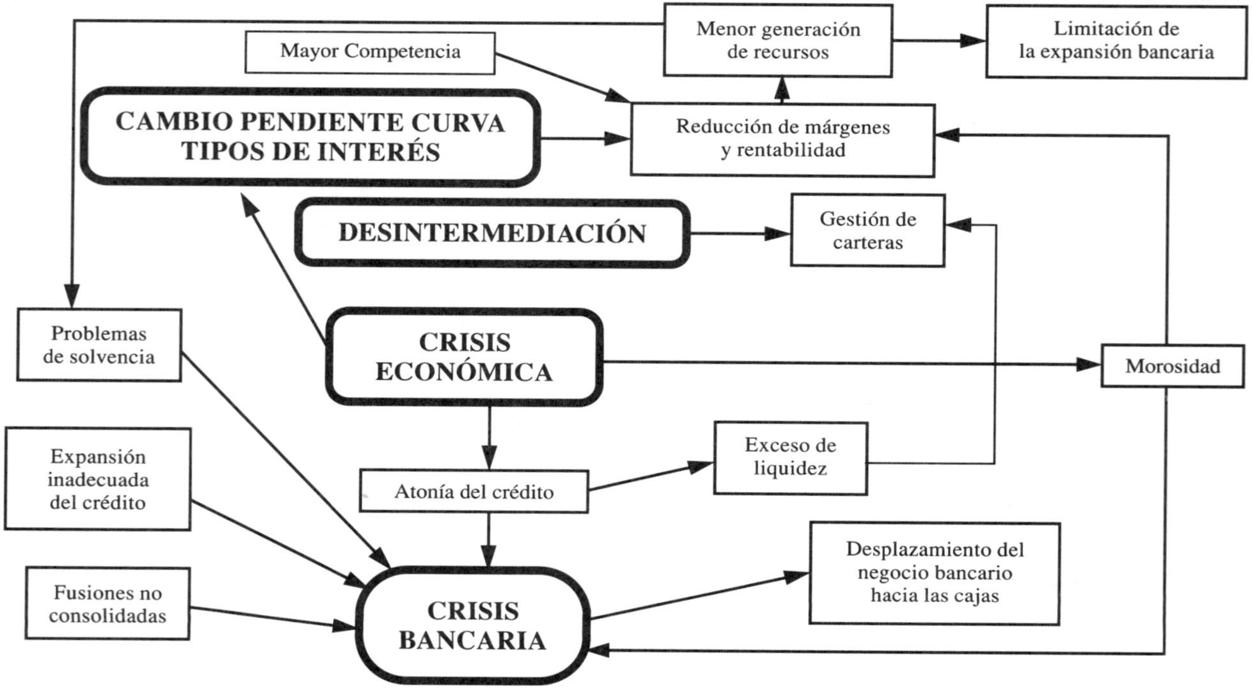

* Este entorno, como es sabido, ha evolucionado, aunque algunos puntos reflejados no se han modificado.

Intermediación sector bancario

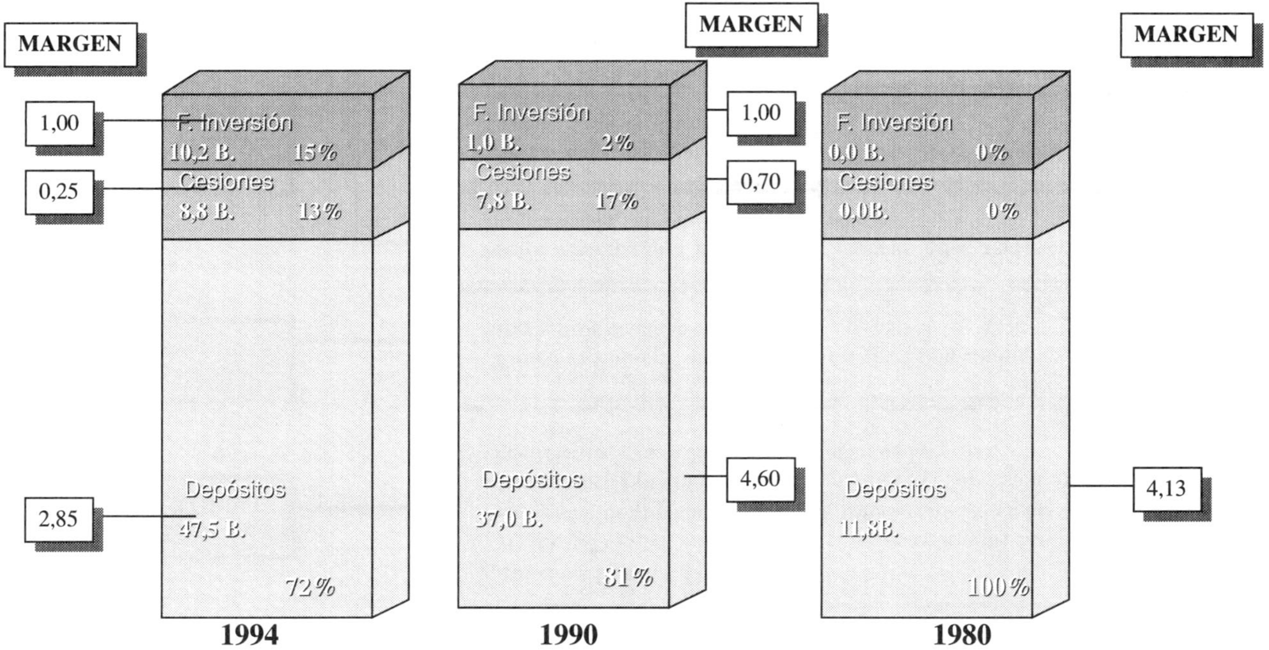

FUENTE: *Boletín Estadístico del Banco de España,* 1 995.

Nivel de competencia actual

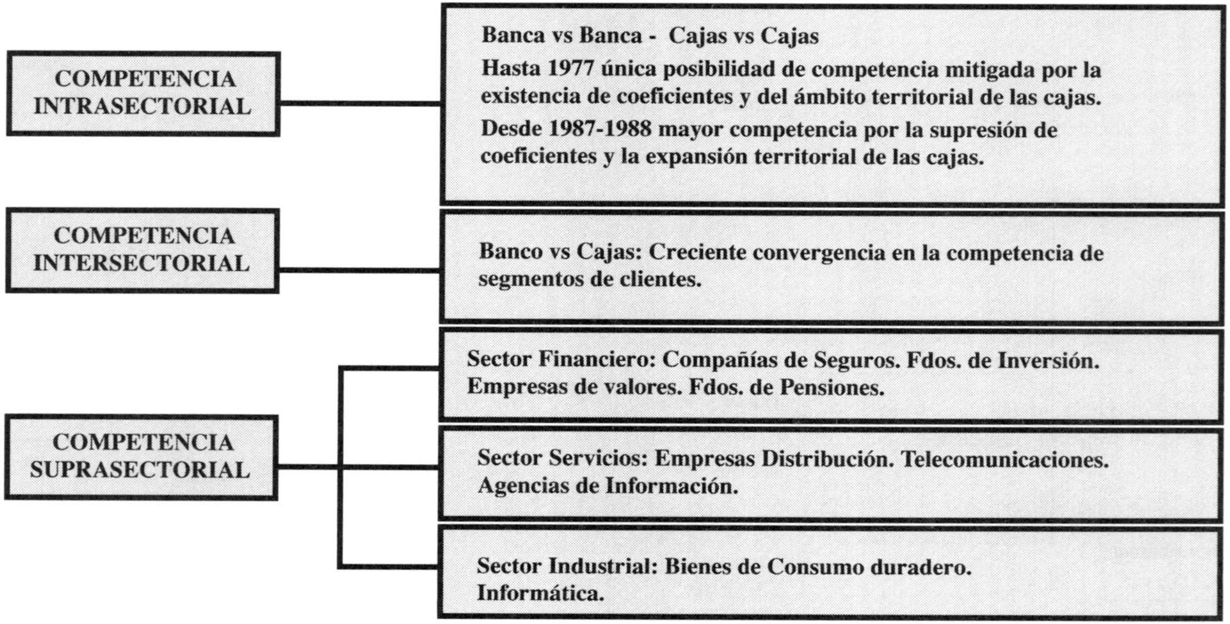

FUENTE: Egea, C.: «Aproximación estratégica al sector de Cajas de Ahorro», en *La banca del futuro,* E. Bueno y J. M. Rodríguez, Pirámide, Madrid, 1995.

Nivel de competencia actual

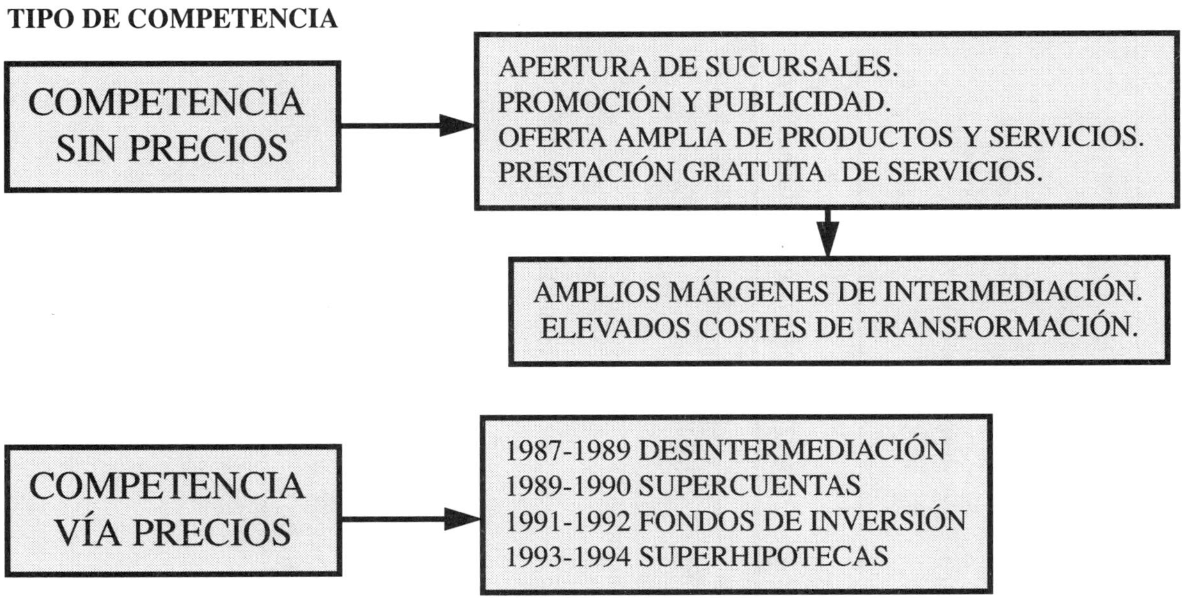

FUENTE: Egea, C.: «Aproximación estratégica de Cajas de Ahorros», en E. Bueno y J. M. Rodríguez, *La banca del futuro*, Pirámide, Madrid, 1995.

Aspectos fundamentales en la estrtegia bancaria

GESTIÓN DE LOS RIESGOS DE MERCADO Y DE LA INNOVACIÓN FINANCIERA.

CREACIÓN DE NUEVOS PRODUCTOS Y SERVICIOS.

CONTROL DE COSTES DE ESTRUCTURA.

Principales barreras de entrada

1. ECONOMÍAS DE ESCALA.
2. ECONOMÍAS DE ALCANCE.
3. DESVENTAJAS DE COSTE INDEPENDIENTES DE LA ESCALA (curva de experiencia).
4. NECESIDADES DE CAPITAL.
5. REGULACIÓN POR LAS AUTORIDADES ECONÓMICAS Y MONETARIAS.
6. GRADO DE DIFERENCIACIÓN DEL PRODUCTO.

FUENTE: Porter, M.: *Estrategia competitiva,* México, 1982.

El entorno competitivo global

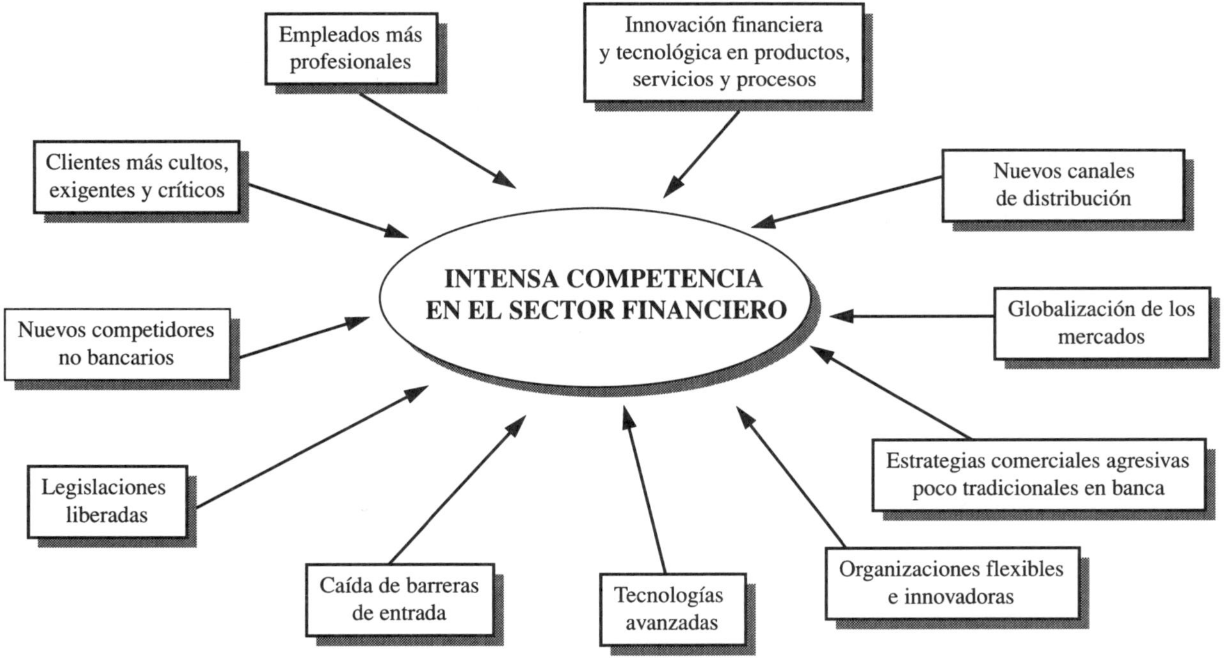

FUENTE: Elaboración propia.

Décima nota. Sistemas e intermediarios financieros en Iberoamérica*

Introducción

Un sistema económico es mucho más que una constelación de mercados; presupone la existencia de un marco institucional, dentro del cual, actúa una estructura de poder capaz de ejercer control y coordinar las actividades que nosotros llamaremos económicas.

En *Iberoamérica,* actualmente, los *mercados* y los *sistemas financieros* están sufriendo las consecuencias de la crisis económica que atraviesan diversos países de la región (México, Argentina, Venezuela...). Esta situación ha puesto de manifiesto *la gran vinculación y estrecha relación de los intermediarios financieros con la estructura empresarial, formada principalmente por pequeñas y medianas empresas,* lo que viene a demostrar que estos intermediarios *(especialmente los bancos)* desempeñan un papel activo y, quizá, dominante en la organización de la industria. Con sus actuaciones en estos tiempos de *inestabilidad financiera,* determinan qué empresas sobrevivirán y cuáles no, qué tipo de inversiones serán acometidas y cuáles no y qué nuevos productos podrán ser introducidos en los mercados por las empresas y cuáles no podrán serlo. Por consiguiente, es pertinente preguntarnos:

–¿Qué importancia tienen los mercados para la construcción de un sistema económico iberoamericano que fomente el crecimiento, el desarrollo y el comercio internacional?

---

* Trabajo publicado en la revista *Situación del Banco Bilbao Vizcaya,* núm. 1, Bilbao. 1996.

La aproximación a la relación entre *mercados financieros* y *desarrollo económico* surge de dos de los campos más dinámicos en la actividad económica. En la actualidad, los economistas tienen una perspectiva esencialmente nueva sobre lo que los intermediarios financieros hacen y cómo funciona el proceso de crecimiento económico.

La *opinión tradicional es que los mercados financieros son, simplemente, «las criadas de la industria»,* aunque las investigaciones económicas más recientes sugieren algo diferente. Desde esta nueva perspectiva, los mercados financieros desempeñan un *papel central en la determinación de los patrones de comercio y de crecimiento de un país.* En la actualidad, los economistas tienen una perspectiva esencialmente nueva sobre lo que los mercados, sistemas e intermediarios financieros hacen y sobre cómo funciona el proceso de desarrollo económico. No siendo ajenos a esta visión, los procesos de integración y globalización a los que se encuentran sometidos los mercados financieros y de productos, que junto a los efectos de las crisis industriales, *repercuten directamente sobre los mercados, sistemas financieros y sus intermediarios,* lo cual viene a demostrar que las interrelaciones entre la economía real y financiera son mutuas e intensas. Todo ello justifica la conveniencia de buscar fórmulas que permitan afrontar con éxito las nuevas realidades de una *economía global* e *interactiva.*

Función y objetivos del sistema financiero

Sin duda y de manera creciente, la economía de nuestros días es cada vez más compleja. Su análisis y entendimiento requieren procesos sofisticados y grandes dosis de imaginación. *Las interrelaciones entre los sistemas financieros y la economía real* son de tal tenor que, no solamente la actividad y comportamiento de uno afecta sensiblemente a la conducta del otro, sino que determinadas entidades financieras y agentes productivos de otros sectores, son parte integrante de una misma unidad de decisión. Todo ello ha de entenderse como una respuesta al proceso de crecimiento seguido por el sistema económico en el que nos encontramos inmersos.

Tradicionalmente, la función de un sistema financiero para el desarrollo económico de un país ha sido aceptada desde hace tiempo. Así, la función última de la existencia de un sistema financiero *está en la necesidad de ajustar el comportamiento de las variables ahorro e inversión* —mediando entre las decisiones tomadas por ahorradores e inversionistas, de forma que la canalización de los fondos se produzca sin tensiones ni ineficiencias— y facilitar los pagos e intercambios en el sistema económico. *Un sistema financiero es un todo estructurado,* compuesto por un conjunto de instituciones, activos, mercados y técnicas específicas, cuyo objetivo principal es el de canalizar el ahorro desde las unidades económicas con superávit (prestamistas) hacia aquellas unidades que tienen déficit (prestatarios).

De esta manera, la función última de su existencia está en ajustar el comportamiento de las variables ahorro e inversión —mediando entre las decisiones tomadas por los ahorradores e inversionistas de forma que la canalización de los fondos se produzca sin tensiones ni ineficiencias— y, también, facilitar los pagos e intercambios en el sistema económico nacional e internacional.

Todo sistema financiero debe perseguir al menos tres objetivos, cuyo grado de consecución, además de ser responsabilidad compartida de los poderes públicos y de las entidades privadas, constituye fiel contraste de su eficacia. Estos tres objetivos son los siguientes:

— *Fomentar* el ahorro privado.
— *Asignar eficazmente* los escasos recursos financieros, con el fin de obtener la acumulación más eficiente posible de capital existente en la economía.
— *Actuar con la flexibilidad necesaria* para que las instituciones, los instrumentos y los mercados se adapten a los cambios precisos para obtener los dos primeros objetivos.

En cuanto a su *complejidad,* los sistemas financieros dependen fundamentalmente de tres factores, como son:

— El número de instituciones financieras existentes.
— El grado de especialización. A mayor especialización, mayores innovaciones.
— El número o paridad de activos que se emitan. Cuantos más activos se emitan en el mercado, más fácilmente se capta el ahorro.

Sin embargo, pese a lo expuesto, la trascendencia del sistema financiero hay que situarla con relación a los *efectos que se derivan de su funcionamiento sobre oferentes y demandantes de fondos.* Es claro que las implicaciones entre la economía real y el sistema financiero son mutuas e intensas. *Una estructura financiera adecuada acelera el crecimiento económico, desde el momento en que facilita la movilidad de los fondos hacia su mejor uso, no es menos cierto que el grado de desarrollo de un país condiciona sustancialmente el de sus sistemas de financiación, tanto en lo que hace a su dimensión cuantitativa y renovación técnica, como a la diversificación de instituciones y activos financieros.*

Por tal motivo, podemos afirmar que *cuanto más avanzada esté una economía, más relevancia tendrán en ella los mercados mobiliarios y los nuevos tipos de entidades de financiación especializada* como: leasing, factoring, sociedades de inversión, de financiación, de capital de riesgo, etc. De acuerdo con esto, la banca verá reducido su peso específico sobre el total de las entidades que actúan en el sistema financiero a medida que la economía de un país avanza. *Su predominio total indicaría un síntoma de subdesarrollo financiero,* sin que por ello deje de constituir, entiéndase bien, el más importante de los intermediarios en los sistemas financieros.

En este sentido, *los sistemas financieros de los países subdesarrollados se caracterizan por la reducida gama de activos financieros y por la ausencia o debilidad de los mercados secundarios.* Esta situación conlleva que la financiación a medio y largo plazo no esté lo suficientemente desarrollada[1], y esto es de gran trascendencia para el buen funcionamiento de las empresas, *muy especialmente de las pymes.* Es este problema algo que aún reclama una solución eficaz y perdurable, si se desea que las empresas cuenten con la financiación adecuada que les permita su estabilidad y viabilidad económica. Tanto es así, que *sin esta premisa, no habrá competitividad posible, ni en los mercados nacionales ni mucho menos en los internacionales.*

Por consiguiente, estando de acuerdo en que el *objetivo central* de un sistema financiero debe fijarse en alcanzar una *estabilidad monetaria* y *financiera,* al menos supone llevar a cabo dos tipos de medidas:

- *Establecer reformas precisas,* que permitan alcanzar la flexibilidad suficiente para que las instituciones puedan adaptarse a las necesidades de la política financiera.
- *Dotar a las autoridades financieras* de los instrumentos suficientes para poder llevar a cabo el control monetario.

Premisas para el desarrollo financiero en Iberoamérica

Es un hecho constatado que los países que tienen economías estables y mercados financieros razonablemente evolucionados y competitivos, se benefician de dejar que las fuerzas del mercado influyan más en los tipos de interés. En los casos en que esas condiciones no existan, los gobiernos quizá elijan controlar los tipos de interés, pero a menos que ese control sea lo suficientemente flexible para tener en cuenta la inflación y las presiones del mercado, *impedirá el desarrollo financiero.* La alineación adecuada de los tipos de interés reviste particular importancia para las economías que tienen mercados de capital abiertos.

En el pasado, generalmente los gobiernos han asignado el crédito ampliamente, pero en el mundo en el que los precios relativos cambian con rapidez, las estructuras económicas son complejas y los mercados financieros son cada vez más intrincados, el riesgo de administrar mal esos controles ha

[1] Según los países, la financiación a medio y largo plazo prácticamente no existe.

aumentado. Esta *lección* la han aprendido sobradamente los diferentes *países iberoamericanos* y sus *gobiernos,* y han optado decididamente por una asignación más eficiente de sus recursos reduciendo el número de los programas de crédito dirigido, la proporción del crédito total afectado y el grado de subvención de los tipos de interés. Por consiguiente, los gobiernos que continúen con la práctica del crédito dirigido deberían especificar las prioridades de manera más restringida. Apoyarse en la disponibilidad de crédito es preferible a la subvención de los tipos de interés, que socava el proceso financiero.

Liberar a las instituciones financieras de los controles de los tipos de interés o la asignación del crédito no puede por sí solo garantizar que los sistemas financieros evolucionen en la forma pretendida. La adecuación de los sistemas jurídicos y contables debe desempeñar un papel decisivo en pos de prestar un *respaldo adecuado* a los procesos de modernización financiera emprendida por la mayoría de los países iberoamericanos. Si los regímenes jurídicos son anticuados y las leyes relativas a las garantías y los procedimientos de ejecución de deudas no se hacen cumplir plenamente, debido a que el cobro de deudas puede ser tarea ardua y a que la observación y el control de los prestatarios es difícil, *las entidades de préstamo se mostrarán renuentes a celebrar ciertos tipos de contratos financieros.* Si los gobiernos, para superar esa renuencia, ordenan a los bancos otorgar préstamos que éstos consideran demasiado arriesgados, cabe que ya haya pérdidas. Los gobiernos pueden aumentar la oferta de préstamos a largo plazo y otros tipos de financiamiento mediante la reducción de los riesgos para los prestamistas, por ejemplo, exigiendo una mayor transparencia en materia de información financiera y defendiendo mejor los derechos de los prestamistas. A fin de asegurar la estabilidad del sistema financiero y desalentar el fraude en los prestamistas, es igualmente importante que los gobiernos supervisen los mercados e instituciones financieras. En el pasado, en la mayoría de los países, los supervisores han empleado demasiado tiempo comprobando que los bancos cumplieran las directrices relativas a la asignación del crédito, y *demasiado poco inspeccionando la calidad de los préstamos y la suficiencia de las tenencias de capital.*

La nueva teoría de los intermediarios financieros

En cuanto a los intermediarios financieros, la visión tradicional que se tenía era que estas instituciones *canalizaban de modo pasivo el ahorro de las familias hacia la inversión empresarial.* La nueva teoría sobre la intermediación financiera tiene una visión mucho más rica de la naturaleza y la función económica de estas instituciones. De hecho, *en esta nueva teoría, los intermediarios financieros desempeñan un papel activo, y quizá dominante, en la organización de la industria.*

Aunque todo esto se debe tomar con la *debida cautela,* pues la investigación teórica y empírica sobre la intermediación financiera y el desarrollo económico está en sus primeras etapas, aunque pienso que hay buenas razones para sospechar que *las conexiones pueden ser muy importantes.*

En primer lugar, desarrollos teóricos independientes en ambas áreas de investigación sugieren interacciones importantes, pese a que el objetivo inicial de la investigación en cada una de ellas *no era desarrollar los lazos entre intermediación financiera y desarrollo.*

En segundo lugar, la evidencia empírica *sugiere que ha existido una relación histórica importante entre intermediación financiera y desarrollo económico.* Los países con sistemas financieros mayores y más eficientes obtienen, de modo sistemático, *mejores resultados durante todo período posterior a la Segunda Guerra Mundial.*

Todo lo cual nos lleva a contrastar que la realidad de los países en los que el sistema financiero funciona mejor, *demuestra que también serán mejores en la evaluación de los empresarios y de las innovaciones.* Así, países con sistemas financieros superiores asignarán el ahorro a proyectos más eficientes y productivos que países con sistemas financieros menos efectivos. Por consiguiente, la asignación eficiente de los recursos se traduce en un *incremento de la productividad y el crecimiento* a través de la acumulación de capital físico, de mejoras en los tipos de capital intangible y del desarrollo del capital humano.

Los objetivos de la intermediación bancaria

Como ya he indicado en otros trabajos[2], la justificación de la *misma existencia de la banca* radica en el propósito de captar una parte creciente del ahorro financiero del público, que, por lo general, se presenta en forma dispersa y en cantidades, en su mayoría, casi atomizadas, *para transformarlo en instrumento útil para la financiación de la economía, concentrando los fondos en cantidades más importantes.* Este trabajo de transformación exige un coste que, naturalmente, hay que añadir al precio de la materia prima —los depósitos— para determinar el precio del producto —el crédito—. Parece, a primera vista, que el papel de la banca sería el de intentar obtener la materia prima al menor precio y reducir al máximo los gastos de transformación, para lograr un producto barato. *Cuanto más reducidos sean los gastos de transformación por unidad de producto, tanto más eficiente será el sistema.*

[2] *Sistema Financiero Español,* Alianza Editorial, LB 1574, Madrid, 1992.

En los próximos años, *la banca iberoamericana deberá realizar un esfuerzo importante y necesario* para reducir el precio de sus costes de transformación, lo que, unido al *descenso de la inflación y los déficits públicos, permitirá mejorar las condiciones de su financiación.* No obstante, queda aún un largo camino por recorrer para acercarse a la realidad de países más desarrollados económicamente y, por consiguiente, *financieramente.*

Por otra parte, no cabe duda de que existen otras formas de aproximar al tomador y suministrador de fondos, que pueden suponer mayor remuneración para el segundo con menor coste para el primero. Es por ello por lo que el papel de la banca está sufriendo una cierta transformación parcial, para ofrecer al mercado activos financieros e instrumentos de financiación distintos de los habituales, que rompan el conocido esquema de juego entre los depósitos atomizados y préstamos tradicionales de laborioso otorgamiento.

Es de prever que en el futuro, también en los sistemas financieros iberoamericanos, continúe el proceso de reducción en una clase de intermediación en favor de otra, la cual puede resultar más beneficiosa para los ahorradores y empleados de fondos.

Mercados e instituciones financieras

Seguramente, traspasada la crisis financiera reciente en algunos países de la región, nuevamente en éstos —como en los demás— serán los *bancos comerciales* quienes continúen siendo las instituciones dominantes durante un largo tiempo. También, seguramente se conseguirá que sean más eficientes, mejorando sus sistemas de dirección y gestión, condición central para enfrentarse a la dura y creciente competencia. Sin duda, una gestión de calidad exige nuevas políticas crediticias, mejores procedimientos de recuperación de préstamos, sistemas de información más avanzados y personal mejor capacitado. Igualmente, la incorporación de nuevos bancos al sistema, ya sean nacionales o extranjeros, puede indudablemente estimular a la competencia.

Será necesario que los países establezcan instituciones financieras de otro tipo cuyos servicios compitan con los bancos y los complementen. Los *intermediarios financieros no bancarios,* como las instituciones financieras de desarrollo, las compañías de seguros y las cajas de pensiones, constituyen posibles *fuentes importantes de financiamiento a largo plazo.* Sin embargo, la mayoría de las instituciones financieras de desarrollo actualmente existentes son poco seguras (solventes). Sería deseable que allí donde vayan a ser reestructuradas, en lugar de cerrarlas o fusionarlas con bancos comerciales, se pensará en su función y viabilidad futuras. Toda diversificación deberá basarse en la *experiencia de su personal* y en las relaciones que tengan con sus clientes.

Es sumamente deseable que a medida que se extienden nuevas modalidades de sistemas de pensiones[3], un mayor número de ciudadanos pueda y quiera establecer reservas para su jubilación; las instituciones de ahorro contractual aumentarán de tamaño. Permitir que las cajas de pensiones y las compañías de seguros inviertan en instrumentos financieros distintos de los títulos del Estado, de bajo interés, puede incrementar en gran medida la oferta de financiamiento a largo plazo para el sector privado.

Muchos países iberoamericanos se han beneficiado de la creación de mercados monetarios y de capital. El mercado monetario puede proporcionar competencia con los bancos, un medio flexible para administrar la liquidez, un punto de referencia para los tipos de interés basados en las condiciones del mercado y un instrumento de la política monetaria. También puede ser una fuente de financiamiento a largo plazo —tanto en forma de deuda como de capital accionario— y contribuir a fomentar estructuras de capital social sólidas.

En su mayoría, los países tienen una larga tradición de un sector financiero informal que proporciona servicios al sector no empresarial, es decir, a las unidades familiares, a los pequeños artesanos, agricultores y empresas de pequeña escala (microempresas).

Por consiguiente, considero que los países iberoamericanos tienen unos referentes de primerísimo nivel en países cuyos sistemas financieros están más evolucionados (como puede ser, entre otros, el *español*), de los que pueden aprovechar la experiencia en la formulación de instrumentos, servicios y productos, tanto para empresas como para particulares.

Ahora bien, en algunos casos hay que valorar adecuadamente estas experiencias, las cuales contienen serias advertencias. Una lección es que los mercados financieros, si bien son eficaces en la movilización y asignación de los fondos o en la gestión de riesgo, también están sujetos a errores, como lo atestiguan el excesivo volumen de préstamos a los países en desarrollo en el decenio de 1970 y *la crisis*[4] *de las instituciones de ahorro y crédito en*

---

[3] El caso de reforma del sistema público de pensiones de Chile (reparto), en otro sistema que se caracteriza por su privatización (capitalización) y que varios países de la región están adoptando o adaptando.

[4] Crisis que, como bien es conocido, también se ha producido en Europa, siendo la crisis bancaria española una de las más serias y profundas de los últimos tiempos (1977-1983), que afectó a 52 entidades, nada menos que el 53 por 100 de los 110 bancos españoles existentes en 1977, con el 27 por 100 de los recursos (tanto propios como ajenos) de la banca, un 28 por 100 de sus trabajadores y un 19 por 100 del total de oficinas bancarias. Una estimación conservadora de los costes directos de esta crisis, valora los mismos en más de 1,6 billones de pesetas, correspondiendo un 77 por 100 al sector público y el resto al sector privado.

Estados Unidos, así como la actual que se cierne sobre los bancos japoneses[5]. Otra lección es que los sistemas financieros basados en el mercado pueden ser inestables y susceptibles al fraude, lo que subraya la importancia que tienen unas normas adecuadas de disciplina y control y buena supervisión. Debido a que en el campo financiero los cambios se producen con gran rapidez, los responsables de su reglamentación deben esforzarse continuamente por conseguir el equilibrio idóneo entre estimular la competencia y el crecimiento, por un lado, y limitar el fraude y la inestabilidad, por el otro.

Las relaciones banca-industria[6]

Respecto a las *buenas consecuencias para la banca y la economía de los países de una implicación estable con empresas comerciales e industriales,* a nadie se le escapa que esta relación es en principio aconsejable. En efecto, *el establecimiento de un entorno institucional que favorezca el compromiso de las entidades bancarias de facilitar una financiación estable a las empresas,* en una relación a largo plazo que puede contemplar las participaciones accionariales e incorporar una posición activa y vigilante respecto a las empresas comerciales e industriales, representa sin duda, un complemento positivo para el crecimiento industrial.

Un esquema que ilustra este funcionamiento es el caso de la banca alemana (modelo continental) y japonesa, en donde se produce una *estrecha relación entre intermediarios financieros que actúan como interlocutores* privilegiados ejerciendo tareas de supervisión y control financiero, proporcionando de esta manera una mayor flexibilidad y resistencia en momentos de crisis. En cuanto a la banca española, *su modelo de referencia era básicamente el germano,* en donde los bancos tenían directamente importantes participaciones accionariales en empresas, *constituyendo grupos industriales de primerísimo nivel.*

Actualmente, se han producido *cambios estratégicos en la composición de las carteras industriales,* al desinvertir en aquellas empresas y grupos que

[5] También Japón. Sobre este particular deseo destacar el hecho que se cierne sobre la banca japonesa, cuya solvencia tradicional era un obligado referente. Pues bien, en diciembre de 1995 ninguna de las 50 instituciones bancarias de Japón ha merecido la más alta clasificación de la agencia Moody's por solvencia (letra A).

Sólo un banco, el Shizouka, curiosamente de ámbito regional, fue considerado como fuerte. Los bancos Mitsubishi, Tokio y Sanwa recibieron la letra C+. La media para los 50 bancos era D. Todo lo cual indica claramente que la solvencia del conjunto de la banca japonesa no pasa por sus mejores momentos y todo parecer indicar que la crisis financiera es profunda como consecuencia de la muy seria crisis de la economía japonesa.

[6] Se toma como referencia la banca española y su cambio de modelo en los últimos años.

operan en sectores maduros, para hacerlo en las industrias que están situadas en sectores punta o emergentes. De esta manera, la *banca española* ha dado un vuelco estratégico, pasando a alinearse con las prácticas típicas del negocio *bancario inglés y americano —modelo anglosajón—*. Esto es, *puramente financiero,* sin ninguna participación en la gestión y compromiso accionarial con las empresas.

En cuanto al marco regulador y la conveniencia de orientarlo en la dirección que favorezca un modelo continental, es tanto más necesario cuanto más urgente sea la necesidad de acelerar el desarrollo económico, pero adviértase que, al mismo tiempo, son mayores los riesgos en que incurren los reguladores y las propias entidades bancarias, puesto que una característica esencial de los países que luchan para situarse entre las naciones industriales avanzadas es la escasa dimensión y rentabilidad de las empresas industriales capaces de soportar un entorno altamente competitivo. De ahí que, o bien la banca se sitúa en actividades a resguardo de la competencia internacional, o ha de asumir un riesgo importante, puesto que su estabilidad está en función, en definitiva, del éxito empresarial. Toda una estrategia, que merece una serena, *sopesada y contrastada reflexión.*

Interacciones entre política económica y desarrollo

Desde mi punto de vista, una de las implicaciones más importantes de la nueva teoría, es que sugiere una notable interacción entre las acciones de política económica diseñadas para favorecer el crecimiento y el desarrollo en el largo plazo. Dado que los diversos organismos internacionales, como el Fondo Monetario Internacional, el Banco Mundial y el Banco Interamericano de Desarrollo, han recalcado que la apertura al comercio internacional es una estrategia que favorece el crecimiento, me parece interesante centrarme en analizar las interacciones en esta área.

Consideremos un país con importantes barreras al comercio internacional en la forma de restricciones a las importaciones y exportaciones y de aranceles. Pensamos que es importante empezar preguntándose cuáles son las razones por las que ese país puede haber establecido tales restricciones al comercio. Parece plausible que una de ellas sea la protección de la posición de monopolio de los productores nacionales en industrias sometidas a la competencia exterior vía importaciones. Si esto es así, existen otras implicaciones de esta hipótesis de acuerdo con el modelo que tenemos en mente:

— Proteger la posición de un monopolio nacional existente requiere no sólo aislarlo del comercio internacional, sino también restringir la entrada de competidores nacionales potenciales.

En buena medida, esto puede hacerse mediante la regulación de las nuevas empresas. Por ejemplo, puede establecerse un sistema de licencias que obligue al entrante a revelar a sus competidores conceptos e ideas claves. Pero, desde nuestra perspectiva, ello requerirá, probablemente, *la regulación de la actividad bancaria nacional e internacional. La regulación de la actividad bancaria limita la capacidad de los competidores potenciales para entrar en los mercados protegidos.* La regulación de los bancos nacionales es importante pero no es suficiente; debe excluirse también la posibilidad de tomar prestado en el exterior. De otro modo, los empresarios nacionales que aspiran a ser rivales del monopolio podrían tener un fácil acceso a fuentes de capital exteriores mediante un proyecto conjunto (joint venture). Así, nuestra idea de sistema financiero y desarrollo predice que las restricciones al tráfico financiero internacional acompañarán a las restricciones comerciales.

Ahora bien, por el contrario, ¿qué ocurrirá si un país modifica determinadas políticas económicas, especialmente, políticas que fomentan las exportaciones, sobre la base de la constatación de que otros países con elevado volumen de exportaciones son países con un alto grado de crecimiento? Los monopolios nacionales ineficientes no serán capaces de competir en los mercados internacionales sin subsidios importantes, de modo que cambios en la política económica pueden tener consecuencias menores dada la capacidad existente. En vez de ello, los productores *deberán adoptar nuevas tecnologías y productos* que sean viables en los mercados mundiales.

De este modo, los mercados deberán reasignar sus recursos hacia un nuevo grupo de productores. En consecuencia, *el éxito de la política económica que fomente el comercio internacional, puede depender perfectamente del grado de efectividad con el que operen los mercados financieros nacionales e internacionales.*

El estado de la cuestión

El resultado del debate entre la teoría tradicional y la nueva teoría sobre las relaciones entre mercados financieros y desarrollo económico tiene implicaciones importantes de cara a las notables reformas que están llevándose a cabo en Iberoamérica. En general, *la teoría tradicional apenas prioriza la reforma del sector financiero,* por cuanto entiende que las mejoras en los mercados financieros tienen un efecto pequeño sobre la tasa de ahorro, mientras que los cambios en dicha tasa afectan escasa y transitoriamente al crecimiento económico. Esta teoría tradicional, que concedería una prioridad particularmente baja a las reformas financieras en los diferentes países de la región, al aplicar un escaso peso a los mercados financieros en la mejora de la asignación de los recursos, *minimizará la importancia de la reforma del sector financiero en relación con otras iniciativas de política económica.*

Sin embargo, la nueva teoría que se viene aplicando en el continente, fomenta el desarrollo, mediante aumentos en la *eficiencia* con la que se utilizan los recursos. Esta *nueva teoría asigna a los mercados financieros un papel dinámico a la hora de estimular el desarrollo económico.* El hecho de que el crecimiento de los mercados financieros puede mejorar la eficiencia económica, constituirá muy probablemente un alto estímulo para el *desarrollo sostenible en Iberoamérica.*

Participo de la idea de que *los países iberoamericanos con bancos bien administrados,* que asignan una fracción relativamente alta de recursos hacia el sector privado, tenderán a experimentar un *crecimiento económico más rápido durante los próximos años.* Asimismo, la potenciación de los mercados financieros estimulará el desarrollo, tanto al incrementar la tasa de acumulación de capital como al aumentar la eficiencia con la que la economía lleva a cabo la asignación de los recursos. En la medida en que es probable que las economías generen mayor crecimiento mediante la mejora en la asignación de los recursos, sugieren que una pronta mejora de los mercados financieros debe acelerar de modo significativo el crecimiento económico en las próximas décadas. De este modo, *los líderes de las economías iberoamericanas deberían asignar una elevada prioridad a la reforma de sus sistemas financieros.*

Esta prioridad, la recoge Enrique V. Iglesias al enumerar en qué consisten las reformas estructurales. Son diez las áreas en que se concentran éstas, *entre las cuales se halla la liberalización de los sistemas financieros.*

> «La liberalización del sistema financiero y de la tasa de interés es el cuarto punto al cual se refieren las reformas. En esta materia, también se han ejercido presiones encontradas que por un lado favorecen tasas reales excesivamente altas en detrimento de la actividad económica y de la estabilidad de precios, tasas muy bajas y hasta negativas que desestimulan la inversión y la solvencia del gobierno y de las empresas. El tema no se agota en la tasa de interés, *sino que incluye la liberalización y desregulación de los mercados financieros, conjuntamente con un mejoramiento de los correspondientes mecanismos de supervisión, así como la eliminación de los subsidios existentes.* Con algunas excepciones, poco se ha hecho en este último aspecto. Los sistemas de supervisión se han fortalecido en países como Bolivia y Chile. En varios de ellos, como Argentina, Chile, Brasil, México, Costa Rica y Colombia, durante la década de los años ochenta se hicieron progresos en el sentido de que fuese el mercado el que determinará la tasa de inte-

rés, si bien en Colombia hubo posteriormente un retroceso y en Venezuela se autorizó luego la fijación de tasas máximas para los créditos bancarios y mínimas para los intereses sobre los depósitos. La fijación de las tasas de interés por el mercado parece estar en el centro de este tipo de reformas.»

Además, el *éxito en la reforma del sistema financiero aumentará la efectividad de otras reformas de política económica.* Las políticas de liberalización de precios y de flujos comerciales tienen como objetivo el cambio en los precios relativos, de modo que los países puedan dedicar más recursos a aquellas áreas en las que disfruten de ventajas comparativas. Los enormes cambios en los precios relativos que están teniendo lugar en los países de la región, alentarán reestructuraciones en gran escala que, a su vez, *van a requerir una masiva reasignación de capital y trabajo.*

Un sistema financiero mejorado elevará la efectividad de esas políticas de liberalización de precios y flujos comerciales, al facilitar la reasignación eficiente de los capitales hacia los sectores más productivos.

Sin duda, un reto claro para la política económica va a ser cómo fomentar el desarrollo de instituciones financieras saneadas, orientadas hacia el sector privado y no contaminadas por la morosidad de las empresas en crisis; al tiempo que algunas instituciones financieras se verán obligadas, como consecuencia de la crisis económica (México-Argentina), a financiar a empresas con pérdidas durante la fase de su saneamiento.

Conclusiones

Si un país decide, como proyecto colectivo, orientar al sistema bancario en una línea de mayor implicación en la industria y el comercio, debe ser consciente del riesgo al que se expone, que es tanto mayor cuanto menor capacidad exista para disciplinar los costes internos que determinan la competitividad de las empresas en una economía abierta al exterior. Si, por el contrario, se elige la vía de evitar una implicación que puede resultar peligrosa, ya que de producirse una crisis del sistema bancario, debe tenerse conciencia de que la opción elegida desalienta el crecimiento económico en favor de la seguridad. *Los países que han tenido un modelo financiero de banca universal y un desarrollo económico sostenido han conseguido estos logros por la competitividad de su tejido empresarial,* aunque creemos que el modelo bancario ha favorecido, en buena medida, la robustez y la estabilidad del mismo. *Lo esencial es disponer de una estructura productiva competitiva, y ello exige disciplina en cuanto a costes, y el respeto hacia los equilibrios económicos.* Si esto se consigue, la colaboración de las entidades bancarias dará un impulso adicional al crecimiento económico e industrial, y el sistema bancario será estable; si el sistema bancario se involucra en la suerte de la estructura productiva y la economía no se dirige con rigor, *es posible un crecimiento económico temporal, pero «ficticio»,* porque engendrará una crisis de amplias proporciones, al embalsarse temporalmente en el sistema bancario los problemas derivados de la falta de rigor y de realismo en la conducción de la economía.

Como se habrá observado, a lo largo de este trabajo asumo algunos postulados que invocan la *teoría tradicional.* A tal respecto, *la teoría tradicional dice* que existe una *correlación básica entre el resultado de la influencia del desarrollo económico sobre el nivel de intermediación financiera. La nueva teoría cuestiona esta interpretación* y sugiere una mayor causalidad de grado de desarrollo de los mercados financieros.

¿Cómo debemos optar entre estos dos puntos de vista?

En situaciones como ésta, donde la dirección de la causalidad es difícil de determinar, los economistas han tratado de incorporar más información en un intento por comprender qué está pasando realmente.

De acuerdo con la teoría tradicional, el papel de los intermediarios financieros en la determinación del nivel de actividad económica es poco relevante y está restringido, tanto por el hecho de que la intermediación tiene una influencia débil sobre las tasas de ahorro e inversión, como por el hecho de que los cambios en la acumulación de capital físico tienen un efecto reducido sobre el desarrollo.

Por el contrario, gana terreno la *nueva teoría, según la cual los intermediarios financieros pueden ejercer una influencia notable sobre el crecimiento y el desarrollo.* Esta nueva teoría parte de una revisión en la forma de entender tanto la naturaleza de los intermediarios como los procesos de desarrollo económico. En el centro de esa revisión está el concepto de productividad:

— Los intermediarios financieros aumentan la eficiencia de las inversiones, que a su vez repercute favorablemente en el aumento de la productividad, y los países crecen más rápidamente, si obtienen mejores rendimientos para estas inversiones.

En este análisis, he planteado las relaciones entre *sistemas, intermediarios financieros y desarrollo económico* de acuerdo con la teoría tradicional y la nueva teoría. Mi valoración al respecto lleva implícita que *determinadas medidas de tamaño en las entidades financieras* (bancos) y su *eficiencia es tan decisiva, como significativa para el desarrollo económico.*

En conclusión, un desarrollado y eficiente sistema financiero se convierte en un determinante dinamizador del desarrollo económico. Los sistemas financieros y sus intermediarios a través de las finanzas influyen decisivamente sobre el desarrollo empresarial y su dinámica competitiva. Es necesario, pues, que la interacción entre los efectos de la política económica y otras políticas encaminadas al fomento del crecimiento económico, sean quienes identifiquen la posibilidad de reconocer aquellas políticas financieras que son particularmente importantes para el proceso del desarrollo económico.

Todo lo antedicho comporta, sin duda, un claro, decisivo y estimulante reto para los *mercados, sistemas e intermediarios financieros en su conjunto,* pero muy especialmente, representa una nueva ocasión para dar respuesta al *compromiso de la banca con la sociedad.* Como exponía con certeza y convicción el *presidente de uno de los grandes bancos españoles:* «Como empresarios, debemos poner toda nuestra atención e interés en las circunstancias que nos toca vivir, aplicar al máximo los recursos disponibles, agudizar nuestra creatividad y capacidad de innovación y ejercitar el liderazgo para mantener el rumbo elegido.»

Finalmente, si esta nota consigue inducir una visión de las bondades y los impulsos positivos que produce una buena estructuración y complementariedad de los sistemas e intermediarios financieros, en su contribución para lograr un desarrollo económico sostenible en Iberoamérica sería para mí un gran estímulo.

Desarrollo económico. Importancia de los mercados y sistemas financieros

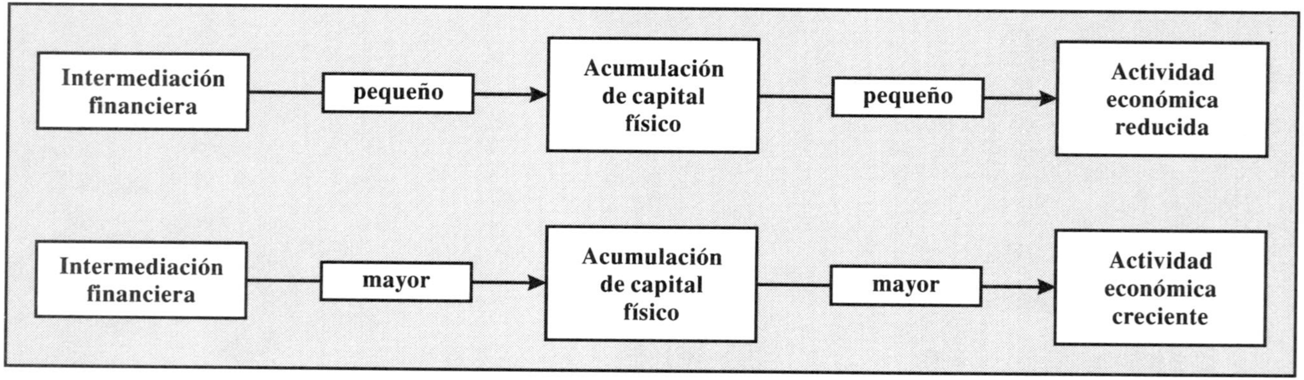

FUENTE: Elaboración propia y King G. Robert y Levine Ross: *Introducción finanaciera y desarrollo económico*, Fundación BBV, Bilbao, 1994.

Glosario*

* Agradezco la colaboración para la elaboración y selección de este glosario de Emilio Marconell Irisarri.

ACTIVO FINANCIERO: Cualquier tipo o valor que se posea. Activo intangible que representa un derecho legal sobre un beneficio futuro.

ALP: Activo líquido en manos del público. Corresponde al concepto del dinero en su más amplia acepción que incluye efectivo, depósitos de todas clases, en bancos y cajas de ahorro y otros intermediarios financieros, y otros activos como bonos de caja y letras del Tesoro en manos del público, etc.

APALANCAMIENTO: Relación entre el capital propio de la empresa y los recursos permanentes ajenos.

ARBITRAJE: Operación consistente en comprar y vender simultáneamente activos, a fin de obtener un beneficio aprovechando ciertas ineficiencias del mercado. Las dos transacciones pueden tener lugar en diferentes mercados, con diferentes clases de activos, o con un mismo activo con diferentes vencimientos.

BALANZA DE PAGOS: Saldo neto resultante de la suma de la balanza comercial, la balanza por cuenta corriente y la balanza de capitales de un país. Debido al sistema de contabilidad por partida doble utilizado, la suma de las columnas de ingresos y de gastos de la balanza de pagos deben ser idénticas.

BALANZA POR CUENTA CORRIENTE: Suma del saldo de la balanza comercial de un país más el saldo de los servicios y transferencias con el exterior. Si el saldo de la balanza por cuenta corriente de un país es negativo, el país ha otorgado financiación al exterior durante el período contabilizado.

BANCA ELECTRÓNICA: Conjunto de productos y procesos que permiten, mediante procedimientos informáticos, que el cliente pueda realizar una serie, cada vez más amplia, de transacciones bancarias sin necesidad de ir a la sucursal. Es un término amplio que engloba, y, a veces, se confunde con ellos, servicios como la banca telefónica, banco en casa, conexiones directas entre el ordenador del cliente y el ordenador central del banco, por medio de cintas o discos magnéticos, etc. En situación de auge de la calidad de servicio al cliente y su fidelización, la banca electrónica es un elemento fundamental en la estrategia competitiva de cualquier banco. Las pymes serán grandes beneficiarias de este servicio.

BANCA FEDERADA: Forma de organización del negocio bancario. Se estructura mediante la creación de un centro corporativo y la reordenación de las entidades en unidades de negocio diferenciadas por productos o por tipos de clientes. Las unidades de negocio profundizan en sus procesos de diferenciación y especialización, operando para la consecución de objetivos. El centro corporativo tiene por objeto mejorar la gestión de los distintos negocios, con un enfoque global, para explotar las oportunidades de coordinación, reasignando y facilitando la utilización conjunta de recursos. Ejemplo de banca federada en España es Argentaria, Corporación Bancaria de España.

BANCA INDUSTRIAL: En ella, la principal actividad es la financiación, principalmente a largo plazo, de la industria. La aportación de recursos permanentes la lleva incluso a participar en el accionario empresarial. Este tipo de banca fue muy popular en España en las décadas de los sesenta y los setenta, y también, por otras razones (quiebra), en los ochenta. Después, desaparecieron la mayoría de estos bancos.

BANCA MIXTA: Es la banca que conjuga las características de la banca comercial y de la industrial. Era, tradicionalmente, la clase de negocio global de la gran banca española.

BANCA PERSONAL: Tipo de banca que trata de dar un servicio más personalizado a clientes que tengan una cierta fortuna personal. Consiste en una gestión de la cartera de inversiones, unida a servicios bancarios con más alta calidad y valor añadido que los que se reciben en la banca al por menor.

BANCA PRIVADA: Puede tener, en España, ámbito local, regional o nacional. La banca extranjera tuvo un estatus especial de carácter restrictivo para su expansión hasta 1993, fecha a partir de la cual opera la plena liberalización en el Tratado de Adhesión de España a la Comunidad Europea.

BANCA TELEFÓNICA: Parte de los sistemas de banca electrónica, que permite a un cliente de un banco realizar ciertas operaciones por medio del teléfono. Su utilización se limita, casi exclusivamente, a clientes individuales, pues las empresas, al requerir una gama más amplia de transacciones, suelen utilizar el banco en casa y otros servicios de la banca electrónica.

BANCA UNIVERSAL: Organización del negocio bancario, que permite la oferta de todos los productos, servicios y operaciones financieras, a todos los clientes potenciales y en todos los mercados de posible actuación.

BANCO AGENTE: Banco que se encarga de administrar un préstamo y de gestionar la aplicación de los intereses de un préstamo sindicado durante la vigencia del mismo. Es el único banco autorizado a recibir del deudor sus pagos por intereses y devolución de la deuda.

BANCO ASEGURADOR: Entidad bancaria que se compromete a garantizar la colocación de una emisión de eurobonos o que directamente compra dicha emisión para distribuirla después entre el público.

BANCO CENTRAL EUROPEO: Se previó su creación por el Tratado de Unión Económica y Monetaria de Maastricht, suscrito el 7 de febrero de 1992. Cuando entre en funcionamiento (entre 1996 y 1999, según el ritmo final de la Unión Monetaria, y al principio de su tercera fase), tendrá el derecho exclusivo para autorizar la emisión de billetes de banco en la Comunidad Europea, y será el núcleo del Sistema Europeo de Bancos Centrales. Sus órganos rectores serán el Comité Ejecutivo y el Consejo de Gobierno; éste último, integrado por todos los miembros del Ejecutivo y por los gobernadores de los bancos centrales nacionales.

BANCO CODIRECTOR: Banco que participa, junto con el banco director, en la dirección de una emisión de obligaciones y en su posterior colocación.

BANCO COMERCIAL: Banco cuyo negocio principal es la toma de depósitos y el préstamo de fondos. En los países anglosajones dichas tareas no pueden realizarse por un banco de inversión.

BANCO DE INVERSIÓN: Banco especializado en la negociación de valores de todo tipo y en la prestación de servicios de asesoría y financiación a empresas.

BANCO DE NEGOCIOS: Categoría de bancos mercantiles del Reino Unido, equivalentes a los bancos de inversión americanos, y que están especializados en la prestación de servicios de asesoramiento y financiación a las compañías, así como en el negocio de valores y administración de fondos.

BANCO DE PAGOS INTERNACIONALES: Banco con sede en la ciudad suiza de Basilea, y cuyo accionariado está formado, entre otros, por los bancos centrales de los países europeos, Estados Unidos y Japón. Sus principales funciones son actuar como «banco central de los bancos centrales», servir como foro de reunión de éstos y actuar como vehículo de la cooperación monetaria internacional.

BANCO DE REFERENCIA: Banco cuyos tipos de interés sirven de referencia a un sindicato bancario para ajustar los tipos variables de interés de un eurocrédito en cada uno de los períodos fijados para ello.

BANCO DELLA PIAZA DI RIALTO: Primer ejemplo de banco público en Italia, entendiendo como tal la entidad crediticia cuyos depósitos estaban garantizados y controlados por las autoridades públicas. Fue autorizado en 1584 y abierto en abril de 1587.

BANCO DIRECTOR: Banco que se encarga de organizar una emisión de obligaciones y de buscar las instituciones que las suscriban para repartirlas entre ellas. Su función termina con la concesión del crédito.

BANCO EN CASA: Parte de la banca electrónica que, mediante un programa instalado en un ordenador personal, le permite intercambiar información con el sistema informático del banco. Puede incorporar diferentes funciones y servicios, dirigidos a distintos segmentos de clientes, principalmente particulares y pymes.

BENEFICIO ANTES DE IMPUESTOS: Es el obtenido al deducir de los ingresos todos los gastos, con excepción del impuesto de sociedades.

BENEFICIO DE EXPLOTACIÓN: Es la cifra resultante de deducir de los ingresos el coste de explotación.

BENEFICIO DEL EJERCICIO: Es el obtenido al deducir de los ingresos todos los gastos del ejercicio. Se le denomina también beneficio neto.

BOLSA DE VALORES: Lugar o institución donde se negocian acciones, bonos u otros activos financieros.

BONO: Obligación emitida por una empresa o por un ente público, para obtener fondos.

BONO BASURA: De la jerga financiera de Estados Unidos, título de renta fija y alto rendimiento emitido por compañías cuya solvencia no es de primera clase, sin que a pesar de ello existan expectativas de posible insolvencia.

CAMBIO TECNOLÓGICO: Introducción generalizada de nuevos métodos o procesos de producción, que reducen el coste y mejoran la producción, elevando la productividad.

CAPITAL: Cantidad de recursos disponibles en un momento determinado para la satisfacción de las necesidades futuras. Es decir, es el patrimonio poseído susceptible de generar una renta. Constituye uno de los tres principales elementos que se requieren para producir un bien o servicio; los dos restantes son los medios de producción y el trabajo. La cantidad de capital empleado en la producción puede dividirse en capital fijo y capital circulante o de funcionamiento.

CAPITAL SOCIAL: Es el conjunto de aportaciones que los propietarios de una sociedad ponen a disposición de la misma en modo permanente. Asimismo, es el valor nominal de las acciones de una sociedad en un momento dado, que puede denominarse «capital estructurado».

CAPITAL RIESGO: La inversión temporal en el capital de una sociedad, generalmente dedicada a actividades innovadoras o de tecnología punta. La inversión se materializa mediante la compra de una participación minoritaria del capital social, con la intención de revender dicha participación al cabo de un cierto tiempo obteniendo una plusvalía por el riesgo asumido.

CASH FLOW: Denominación americana que expresa la suma del beneficio neto ordinario y las amortizaciones del ejercicio. Equivale a fondos generados. También, flujo de dinero pagado o recibido.

CÉDULA: Documento en que se reconoce una deuda u otra obligación.

CESIÓN DE ACTIVOS: Operación por la cual el otorgante inicial de una financiación la cede total o parcialmente, ya sea conservando el riesgo de la misma (participación), o transmitiéndola al adquirente (transferencia).

CESIÓN DE CRÉDITO: Operación mediante la cual una entidad financiera cede a sus clientes créditos con pacto de recompra en una fecha posterior. La ventaja de dicha operación para las entidades financieras es que elimina la necesidad de cubrir coeficientes bancarios, aunque por lo general el riesgo de los créditos cedidos no se traslada a los clientes.

COBERTURA: Medida que se toma para reducir o eliminar el riesgo de pérdida debida a los movimientos adversos del precio de un activo.

COBERTURA CORTA: Estrategia para reducir el riesgo derivado de un descenso en el precio de un activo que se posee, mediante la venta de un contrato de futuros o la compra de una opción de venta sobre dicho activo.

COBERTURA LARGA: Estrategia para reducir el riesgo derivado de la subida en el precio de un activo del que se es vendedor, mediante la compra de un contrato de futuros o la adquisición de una opción de compra sobre dicho activo.

COEFICIENTE DE CAJA: Depósitos que las entidades de crédito están obligadas a mantener en sus cuentas corrientes en el Banco de España. Se calcula como un porcentaje de sus pasivos bancarios, y su finalidad es la de asegurar la liquidez de las entidades bancarias así como servir de instrumento de la política monetaria del banco central.

CONTRATO: Término utilizado para estipular el tamaño particular de cualquier activo contratado en un mercado de futuros, con un vencimiento y unas condiciones estandarizadas.

CONTRATO A PLAZO SOBRE TIPOS DE INTERÉS: Contrato entre dos partes para el establecimiento del tipo de interés que se va a pagar sobre un depósito teórico, con un determinado vencimiento, generalmente no superior a un año, y en una cierta fecha futura. El contrato no implica ningún desembolso inicial; únicamente al vencimiento del contrato hay un solo flujo de dinero en concepto de liquidación en beneficio de la parte a cuyo favor se hayan desplazado los tipos de interés de mercado. En este contrato el comprador, que se compromete a pagar un tipo de interés prefijado sobre un depósito a pagar en fecha futura, se protege contra una elevación de los tipos de interés, mientras que el vendedor, que se compromete a recibir una determinada remuneración por un depósito a realizar en fecha futura, se cubre contra una caída de tipos de interés.

CONTRATO DE FUTUROS: Contrato estandarizado mediante el cual las partes se obligan a comprar o a vender en una fecha futura, una determinada cantidad de un bien, denominado activo subyacente, a un precio acordado de antemano. Es un contrato negociado en bolsa que se refiere en general al suministro de una cantidad determinada de bienes o de instrumentos financieros, en una fecha fijada del futuro. Los contratos están normalizados y los agentes que participan en sus intercambios sólo tienen que acordar el precio y el número de contratos de cada transacción.

CONVENCIÓN KEYNESIANA: Hipótesis que afirma el precio de mercado de los activos que en él se negocian, refleja el conocimiento actual de los hechos que tienen los inversores, y que a medida que dicho conocimiento se vaya modificando, así también irán modificándose los precios de los activos.

COOPERATIVA DE CRÉDITO: En España, entidad financiera cuyo fin es facilitar crédito a sus socios. Las cooperativas de crédito pueden realizar servicios bancarios y operaciones pasivas con el público en general, pero sólo pueden realizar operaciones activas con sus socios. Se clasifican en cajas rurales y cooperativas no agrarias.

CORRESPONSAL: Banco que actúa en nombre de otro banco en una determinada plaza o país donde este último no tiene representación física.

COSTE DE CAPITAL: Tasa de rendimiento que la empresa debe ganar para poder remunerar los fondos propios y los ajenos.

COSTES FIJOS: Costes operativos en los que una empresa incurre con independencia de cual sea su nivel de producción.

CRÉDITO BLANDO: Crédito concedido a largo plazo y a un tipo de interés inferior al de mercado.

CRÉDITO CRUZADO: Crédito recíproco entre dos entidades, que se utiliza a menudo para superar las restricciones al libre movimiento de capitales.

CRÉDITO DE INMEDIATA DISPOSICIÓN: Línea de crédito abierta por un banco con una empresa por un plazo determinado, durante el cual es de disposición inmediata para el cliente.

CRÉDITO HIPOTECARIO: Crédito concedido, generalmente, para la compra de un bien inmueble, y en el que dicho inmueble queda como garantía del pago de los intereses y el principal del crédito concedido.

CRÉDITO HIPOTECARIO CON TIPO VARIABLE: Crédito hipotecario en el que se va ajustando periódicamente el tipo de interés según la evolución de un índice designado al efecto. Dicho índice se fija de modo que no pueda ser controlado por la propia entidad prestamista.

CRÉDITO INTERÉS VARIABLE: Crédito cuyo tipo varía de acuerdo a alguna referencia externa definida en el contrato, generalmente como un diferencial sobre el LIBOR o el MIBOR, aunque también puede hacerse sobre el referencial y el preferencial de los bancos.

CRÉDITO PARTICIPATIVO: Préstamo cuyo tipo de interés se ajusta según la variación de alguna magnitud económica de la empresa, como puede ser la cifra de beneficios, asumiendo de este modo el inversor riesgos asociados a la marcha de dicha empresa.

CRÉDITO PUENTE: Crédito a corto plazo que se concede para cubrir necesidades transitorias de liquidez a la espera de formalizar la financiación a largo plazo. Los créditos puente han sido utilizados a menudo por los grandes bancos de inversión americanos para financiar operaciones de adquisición de empresas.

CRÉDITO RENOVABLE: Crédito a medio plazo que se instrumenta a través de créditos a corto plazo que se renuevan periódicamente, revisando cada vez el tipo de interés según la evolución del tipo de referencia.

CULTURA ORGANIZATIVA: Se dice del conjunto de valores compartidos, normas, pautas de conducta y símbolos, que cohesionan socialmente a los miembros de una organización. Todo ello actúa como factor de socialización organizativa, integrando actitudes y logrando la identificación de los diversos agentes empresariales con los objetivos de la empresa.

CUOTA PARTICIPATIVA: Valores emitidos por las *cajas de ahorro* desde 1988, que tienen características similares a las de las *acciones preferentes,* sin derechos políticos. No tienen vencimiento, el interés que se cobra depende de los beneficios obtenidos y están subordinadas a cualquier otra deuda.

DEFLACIÓN: Caída a nivel general de precios de un país, generalmente como consecuencia de un exceso de la demanda de dinero sobre la oferta del mismo.

DEFLACTOR: Diferencia entre el valor real y el valor nominal de un determinado indicador o medida, como por ejemplo, el Producto Nacional Bruto.

DEMANDA AGREGADA: Cantidad total de bienes y servicios producidos en un país durante un período específico de tiempo.

DEPÓSITO A PLAZO: Cuenta abierta en una institución financiera en la cual se depositan fondos remunerados a un cierto tipo de interés y por un determinado plazo. Generalmente, se establece una penalización si el depositante decide retirar los fondos antes de la fecha acordada.

DEPÓSITO BANCARIO: Contrato por el cual un cliente deja a una entidad financiera una suma de dinero con el objeto de que ésta lo custodie y le pague un interés por él.

DEPÓSITO DE VALORES: Contrato por el cual un cliente encomienda la custodia y administración de unos determinados títulos a una entidad financiera, a cambio de pagarle una comisión.

DESCAPITALIZACIÓN: Operaciones por las que se va mermando el capital de la empresa, bien por repartirse, consumirse o no reponerse. En algunas sociedades puede ser operación inevitable cuando su vida expresamente se ha limitado en el tiempo.

DESCUENTO COMERCIAL: Operación mediante la cual el titular de una letra de cambio u otro documento mercantil presenta éste ante una entidad financiera para que le anticipe el importe del mismo, deducidos los intereses que faltan hasta su vencimiento. El objeto fundamental de la operación suele ser conseguir liquidez.

DESINTERMEDIACIÓN: Es el proceso por el que la banca, intermediaria por excelencia, es sustituida por las relaciones directas entre los que disponen de fondos y quienes los solicitan para utilizarlos en inversiones o gastos.

Esto ocurre recientemente, entre las grandes empresas en las que los ahorradores confían, acudiendo directamente a ellas. También estas compañías pueden acudir directamente a los mercados financieros y otros intermediarios especializados que compiten con los bancos (brokers, sociedades de bolsa...).

DESREGULARIZACIÓN: Liberalización de los mercados financieros mediante la eliminación o atenuación de las normas que los rigen, con el fin de aumentar la competencia y la eficiencia de dichos mercados.

DIFERENCIAL: Diferencia entre los precios de dos contratos de futuros sobre el mismo activo pero con distintos vencimientos, o entre dos contratos de futuros sobre activos distintos pero con el mismo vencimiento.

DIFERENCIAL DE PRECIOS: Margen que se añade al tipo de interés de un bono o crédito sobre el tipo de referencia.

DIFERENCIAL DE TIPOS DE INTERÉS: Diferencia entre el tipo de interés ofrecido por dos divisas para operaciones semejantes.

DINERO: Cualquier mercancía ampliamente aceptada como un medio de cambio y medida de valor en pago de bienes y servicios, o como descargo de deudas y obligaciones. Se denomina «dinero barato» a la política de tipos de interés bajo para estimular la inversión y el crecimiento económico. Se llama «dinero errante» (hot money) al capital a corto plazo que pasa de país en país debido a la incertidumbre en los tipos de cambio y la seguridad del capital.

DINERO BANCARIO: El saldo deudor de una cuenta corriente o de crédito queda cancelado por entrega de un cheque a cargo de otra cuenta. Se produce una transferencia de la deuda, pero de hecho una deuda de dinero ha sido saldada y en la cuenta donde va a parar el cargo del cheque la deuda también puede quedar saldada, si hay un saldo disponible como cobertura del cheque, y ello sin usar la moneda de curso legal, puesto que se ha empleado la compensación bancaria.

DIVIDENDO ACTIVO: Parte que, al distribuir la totalidad o una fracción de los beneficios netos de una compañía mercantil, corresponde a cada acción.

DOBLE IMPOSICIÓN: Es el resultado de la aplicación de impuestos semejantes en dos Estados diferentes sobre la misma materia imponible y por el mismo período de tiempo, por darse la circunstancia de ser sujeto pasivo residente simultáneamente en los dos Estados. Para evitar lo anómalo de la duplicación de gravamen, se concluyen convenios de doble imposición que establecen la normativa para que sólo se pague una vez por cada concepto.

ECONOMÍA DE MERCADO: Expresión para hacer referencia a las relaciones de producción y de cambio de libre empresa que se dan en los países del sistema económico generalmente conocido como capitalista; y más correctamente denominable de economía mixta, por la importancia que en todos ellos tiene el sector publico.

ECU: Unidad de cuenta del Sistema Monetario Europeo (SME).

EFICACIA: En economía, grado en que se alcanzan los objetivos propuestos.

EFICIENCIA: En economía, uso eficaz de los recursos económicos disponibles. La eficiencia global se consigue al situar a la economía en la frontera de posibilidades de utilidad.

En teoría de mercado de capitales, situación en que las cotizaciones o precios de los activos financieros incorporan toda la información disponible acerca de los mismos.

EMPRÉSTITO: Operación de préstamo en la que el capital prestado se representa por un número elevado de títulos valores que serán reembolsados con un plan general y unitario de amortización, teniendo todos a priori unas condiciones financieras equivalentes.

ENDOSAR: Ceder a favor de otro una letra de cambio u otro documento de crédito expedido a la orden, haciéndolo constar así al respaldo o dorso. Se utiliza para el pago de deudas a terceros.

ESCUELA AUSTRÍACA: Se denomina así al conjunto de la obra de, fundamentalmente, tres economistas que se sucedieron sucesivamente en la cátedra de Viena: Menger (1840-1921), que aportó teoría de la utilidad marginal; Wieser (1851-1926), que formuló la idea del coste de oportunidad, y Böhm-Bawerk, autor de *Capital e Interés.*

ESCUELA CLÁSICA DE ECONOMÍA: Sus tres grandes maestros fueron Adam Smith, David Ricardo y John Stuart Mill.

ESCUELA DE CAMBRIDGE: Nombre generalmente utilizado para denominar al conjunto de economistas formados por Alfred Marshall y sus seguidores, a quienes también se les agrupa bajo la rúbrica de escuela neoclásica.

ESCUELA DE CHICAGO: En torno a la Universidad de Chicago se identifica un conjunto de aportaciones y actitudes doctrinales, de autores opuestos al keynesianismo que, retomando planteamientos de la escuela neoclásica, se pronuncian por el «laisez faire» y el monetarismo. Su principal protagonista es Milton Friedman.

ESCUELA DE ESTOCOLMO: Nombre que en ciertas ocasiones se aplica para englobar a los tres economistas suecos Knut Wicksell, Gustav Cassel y Gunnar Myrdal. Cabe destacarlos como pre-keynesianos y keynesianos preocupados por las vertientes sociales y del desarrollo.

ESCUELA DE LAUSANA: Por el nombre de la ciudad de Suiza en cuya Universidad enseñaron los economistas Leon Walras y Vilfredo Pareto, ambos partidarios del método del análisis del marginalismo. La escuela contribuyó al instrumental utilizado por Alfred Marshall y la Escuela Neoclásica, en general.

ESCUELA DE SALAMANCA: Según José Larraz, la integrada por una serie de autores españoles, de alguna manera vinculados con la Universidad de Salamanca, que en los siglos XVI y XVII formularon por primera vez la relación entre la masa monetaria y el alza de precios. Destacan Azpilicueta, Caja de Leruela, González de Cellórigo, Fernández de Navarrete y Fray Tomás de Mercado.

ESCUELA HISTÓRICA: La que surgió en Alemania con Roscher, Hildebrand y Knies, y que fue proseguida por Schmoller y Sombart. Pretendía encontrar en la historia la explicación de los hechos económicos y sociales mediante el método inductivo; en clara oposición al deductivismo de la Escuela Clásica.

EURODIVISA: Moneda de cuenta que corresponde a un depósito en cualquier moneda, efectuado en un banco europeo, siempre que no sea la moneda del país en donde se encuentra el banco.

EURODÓLARES: Depósitos efectuados en dólares en bancos europeos.

FACTORING: Conjunto de operaciones de contabilidad, cobros de créditos y litigios con terceros que una sociedad especializada (llamada factor) lleva a cabo por cuenta de su cliente, encargándose de realizar el cobro, cuyo buen fin garantiza en caso de morosidad o fallido.

FECHA VALOR: Día en el que se liquida una transacción financiera, efectuándose y recibiéndose los pagos o cobros.

FONDO DE INVERSIÓN: Son comunidades de bienes sin personalidad jurídica propia, en las que los partícipes ostentan un derecho de propiedad sobre el patrimonio del Fondo, representado por un certificado de participación.

FONDOS PROPIOS: Están constituidos por el capital, las reservas y los resultados pendientes de aplicación, forman parte del pasivo del balance y tienen la característica de su no exigibilidad, puesto que son aportaciones realizadas por los accionistas propietarios de la empresa y los beneficios generados por la misma.

FONDOS PROPIOS EN LA BANCA: El Banco de Pagos Internacionales (BPI) creó una comisión para realizar una definición fundamental del concepto de «fondos propios». La Comisión fijó como coeficiente de capital frente a los activos, el 8%, que deberá alcanzarse a más tardar en 1992. En tal definición se considera que al menos el 50% del coeficiente debe corresponder al «capital nuclear», formado exclusivamente por el capital escriturado más las reservas constituidas con beneficios sin distribuir y después de deducir los impuestos, aceptando también en reciente modificación la inclusión en el capital nuclear de las obligaciones perpetuas subordinadas.

FORWARD PARTICIPATIVO: Contrato para comprar o vender divisas en una fecha futura, con la característica de que su titular obtiene un tipo de cambio mínimo garantizado a cambio de permitir a la contraparte participar en un porcentaje de los beneficios en el caso de movimientos favorables del tipo de cambio.

FRA: Siglas inglesas utilizadas también en español para referirse al contrato a plazo sobre tipos de interés.

FUTUROS FINANCIEROS: Contratos de futuros sobre activos intangibles, tales como los tipos de interés, las divisas o los índices de bolsa.

GESTIÓN DE ACTIVOS Y PASIVOS (GAP): Técnica de gestión global del balance de una entidad financiera, que pone especial énfasis en el estudio de las interrelaciones entre las partidas de activo y de pasivo y la sensibilidad de éstas ante variaciones de los tipos de interés. Su objetivo es maximizar los beneficios de la entidad dentro de un límite de riesgo prefijado por ésta.

GESTIÓN DE TESORERÍA: Conjunto de técnicas destinadas a agilizar el sistema de cobros y pagos de una empresa, minimizar las necesidades de fondos para atender sus pagos y actividades, e invertir los excedentes de tesorería en activos fácilmente liquidables.

GESTIÓN FINANCIERA: Gestión integral de los recursos financieros de una empresa. Comprende la captación de fondos propios y ajenos, política de cobros, control de capital circulante, criterios de distribución de beneficios, elección de oportunidades de inversión, etc.

GESTIÓN PASIVA DE CARTERA: Política de gestión de una cartera, consistente en formar la misma con arreglo a unos adecuados criterios de diversificación y según las preferencias en cuanto a riesgo del inversor, para posteriormente mantener la composición de la misma. Se basa en la teoría del mercado eficiente.

INFLACIÓN: Elevación del nivel general de precios. Se habla de inflación de costes cuando en lo fundamental se debe al alza de los factores de producción (salarios, tipos de interés...) y de inflación de demanda cuando es imputable, principalmente, al aumento de las intenciones de consumo, que por las rigideces de la oferta no tiene otra respuesta que la elevación de precios. También puede conceptuarse, por su intensidad, como larvada, cuando sin cambiar los precios unitarios se rebajan los pesos o las calidades; reptante, cuando está frenada artificialmente por controles de precios; de dos dígitos, cuando se dispara por encima del 10% anual; hiperinflación, etc. La inflación se mide normalmente con el índice de precios al consumo (IPC).

INGENIERÍA FINANCIERA: Conjunto de productos, herramientas, servicios, técnicas e instrumentos desarrollados con el objetivo básico de gestionar el riesgo financiero.

INSTITUCIONES FINANCIERAS: Con esta expresión se designan a todos los agentes económicos cuya misión principal —a la inversa que las empresas (que producen bienes y servicios mercantiles) o las familias (que los consumen) o las administraciones públicas (que producen bienes y servicios mercantiles)— es realizar operaciones financieras.

INSTRUMENTO DEL MERCADO MONETARIO: Título a corto plazo, con gran liquidez y escaso riesgo.

INTERÉS ACUMULADO: Interés devengado por un activo desde la última fecha de pago de intereses todavía no satisfechos. El comprador de un bono en el mercado secundario deberá pagar a su vendedor el interés acumulado hasta la fecha.

INTERÉS COMPUESTO: Tasa que se aplica cuando no sólo se computan los intereses que genera una cantidad inicial, sino también los intereses que generan los propios intereses que se van devengando.

LEASING: Financiación de bienes de equipo comerciales o industriales a través de un contrato de arrendamiento con cláusula de opción de compra.

LEGISLACIÓN BANCARIA DE LA UNIÓN EUROPEA: La legislación bancaria de la Unión Europea (antes Comunidad Europea) abarca todas las instituciones de crédito que reciben depósitos y fondos similares reembolsables y que también otorgan créditos, a menos que existan normas específicas que planteen excepciones a esta normativa. Este principio fundamental, cuya importancia se estableció en la Primera Directiva Bancaria del Consejo de 1977.

LETRA DE CAMBIO: Documento representativo de un crédito privado entre el librador o acreedor y el librado o deudor, en el que se ordena al librado el pago, en cierto tiempo y determinado lugar, de la cantidad de dinero a que asciende.

LETRA DEL TESORO: Título a corto plazo emitido por el Estado.

LIBOR: (Tipo ofertado del mercado interbancario de Londres) En el mercado interbancario de depósitos de Londres, tipo de interés al cual un banco está dispuesto a prestar dinero a otro. La divisa puede ser dólares o cualquier otra eurodivisa negociada. Suele tomarse como referencia en la mayoría de los créditos y emisiones de bonos del euromercado.

LIQUIDACIÓN: Cierre de una posición abierta en un mercado de futuros mediante la ejecución de una operación contraria (esto es, vendiendo si se había comprado, y comprando si se había vendido), lo cual elimina la obligación de hacer entrega del activo subyacente en la fecha de vencimiento del contrato de futuros.

MARGEN DE EXPLOTACIÓN: Desde el punto de vista del análisis del riesgo crediticio, es importante estudiar su evolución en el tiempo, y compararlo con el de otras empresas del mismo sector. Así, una evolución decreciente puede implicar una mayor competencia en el mercado, o un aumento de costes que no puede repercutirse sobre el cliente.

MARGEN DE INTERMEDIACIÓN: Primer escalón de la cuenta de resultados analítica de bancos y cajas de ahorros, formado como diferencia entre el resultado de una serie de productos (crédito, inversión en valores y colocaciones en otros intermediarios financieros) y los costes financieros de los depósitos, de la financiación y de los empréstitos. También suele denominarse margen financiero.

MASA MONETARIA: Cantidad de dinero existente en una economía.

MERCADO DE CAPITALES: Mercado financiero, especialmente aquel donde se negocian títulos a largo plazo, tales como acciones u obligaciones privadas y del Estado.

MERCADO DE RENTA FIJA: Es el mercado financiero en el que se negocian títulos de renta fija. Puede hablarse de mercados de pagarés, de bonos y obligaciones, de deuda pública, etc. En España, el mercado de deuda pública, el mercado bursátil de deuda fija y el mercado de renta fija de la AIAF.

MERCADO DE RENTA VARIABLE: Es el mercado financiero en el que se negocian títulos de renta variable. En España, las bolsas de valores.

MERCADO DE VALORES: Es sinónimo de bolsa de valores.

MERCADO FINANCIERO: Aquel en que se negocia la compraventa de dinero u otros activos financieros. El objeto de transacción es en realidad el tiempo, pues se compra o se vende capacidad adquisitiva en el futuro. Sus cuatro núcleos fundamentales son: mercado monetario, mercado de deuda pública, mercado de capitales y las instituciones de inversión colectiva. Dependiendo del tiempo en que se ha realizado la emisión de los activos financieros, puede hablarse de mercado primario y mercado secundario.

MERCADO MONETARIO: Es aquel mercado financiero en el que se negocian activos financieros que tienen un corto plazo de vencimiento, una alta liquidez y un bajo riesgo, debido a la solvencia de los emisores. Son mercados de mayoristas, por el importe medio de las operaciones que se cruzan (en España superior a los mil millones de pesetas). Su importancia radica en su estrecha vinculación a la política monetaria y económica. Así, el control de las magnitudes monetarias, la estructuración de los tipos de interés y la financiación del déficit público se practican por los bancos centrales, principalmente a través de estos mercados. Atendiendo al activo objeto de compra-venta, se distingue entre mercado de dinero y mercado de pagarés.

MERCADO PRIMARIO: Mercado donde se negocian los títulos de nueva emisión.

MERCADO SECUNDARIO: Mercado donde se negocian títulos emitidos anteriormente y ya en circulación.

MIBOR: Tipo de interés interbancario para depósitos en el mercado de Madrid. El MIBOR se obtiene por la media ponderada de las operaciones cruzadas en los distintos plazos de un día determinado. Sirve como tipo de referencia para créditos en pesetas con interés variable.

MINUSVALÍAS: Pérdidas de capital.

NIF (Note Issuance Facility): Instrumento de financiación en los euromercados, fundamentado en la suscripción sucesiva de títulos a corto plazo (1, 3 ó 6 meses), durante un período de tiempo que oscila entre los 5 y 7 años. Se emiten mediante subasta y están asegurados.

OBLIGACIONES: Títulos de crédito que devengan un interés, reembolsables por amortización o sorteo, emitidos con la garantía de un Estado, una colectividad pública o una sociedad, y negociables en bolsa.

OPCIÓN: Contrato que confiere el derecho, que no la obligación, de comprar o vender una cantidad específica de un determinado activo en, o antes de, una fecha futura, denominada fecha de vencimiento del contrato, a un precio fijado de antemano, a cambio del pago de una prima.

OPCIÓN DE COMPRA: Instrumento financiero que confiere el derecho a comprar el activo subyacente durante un período dado y a un precio determinado.

OPEN MARKET: Expresión inglesa que literalmente significa mercado abierto. Expresa el conjunto de operaciones que la autoridad monetaria de un determinado país realiza en el mercado de dinero, a fin de frenar la inflación, retirando *liquidez* (para lo cual ofrece la venta de determinados valores), o con el objetivo de inyectar liquidez y estimular la *demanda* (adquiriendo valores de los particulares).

OPERACIONES A MERCADO ABIERTO: Son las ventas (compras), por parte de un banco central de valores de su propia cartera, con el objetivo de drenar (dar) liquidez al sistema. Normalmente se requerirá que esta deuda pública se venda (compre) a un precio superior (inferior) al existente en el mercado, produciéndose así la subida (bajada) de tipos de interés que acompaña a una reducción (aumento) de la cantidad de dinero.

OPERACIONES DE REPO: Consisten en la compra de títulos de cualquier clase, incluidos bonos, simultáneamente con el compromiso de su venta a largo plazo a un precio determinado. En los mercados secundarios son frecuentes estas operaciones.

OPERACIONES FUERA DE BALANCE: Operaciones que, como los contratos de forward, los contratos de futuros o las opciones, no aparecen en el balance de situación de una empresa, y, sin embargo, pueden plantear un riesgo para la misma. Su existencia puede alterar la estructura de capital que muestran los estados contables.

PAGARÉ: Documento representativo de una promesa, mediante el cual el emisor se compromete a pagar, en una fecha de vencimiento perfectamente predeterminada, la cantidad expresada en él. Los pagarés se emiten mediante el sistema de descuento y con vencimiento a corto plazo.

PARIDAD: Precio de una divisa respecto a otra o respecto a cualquier valor central fijado por las autoridades competentes.

PLUSVALÍA: Aumento de valor de los bienes, experimentado sin adición de nuevas inversiones en los mismos.

POLÍTICA MONETARIA: Control, por parte de las autoridades de un país, del dinero y el sistema crediticio del mismo, especialmente a través del control de los agregados monetarios. El papel básico que hoy se asigna a la política monetaria es el control de la tasa de inflación, junto a la vigilancia de los tipos de interés a corto plazo, tendente a evitar fluctuaciones bruscas generadas por tensiones indeseables en la liquidez del sistema.

POSICIÓN: Situación creada mediante contratos de cambio exterior (posición de cambio) o mediante contratos del mercado de dinero, en que las variaciones que puedan producirse en los tipos de interés o los tipos de cambio pueden crear beneficios o pérdidas para el agente que interviene en las operaciones.

POSICIÓN COMPRADORA: Posición de un comprador de contratos de futuros o de opciones.

POSICIÓN CORTA: Sinónimo de posición vendedora.

POSICIÓN LARGA: Sinónimo de posición compradora.

POSICIÓN VENDEDORA: Posición de un vendedor de contratos de futuros o de opciones.

PRESTAMISTA EN ÚLTIMA INSTANCIA: Actuaciones del banco emisor de un país en las que, de forma discrecional, concede créditos personales o realiza compras temporales de activos financieros a aquellas entidades financieras con problemas transitorios de liquidez.

PRÉSTAMO MULTIDIVISAS: Préstamo que puede ser dispuesto en cualquiera de las divisas estipuladas en el convenio de préstamo, a opción del prestatario.

Crédito internacional concedido en diversas monedas, según los tramos del mismo.

PRÉSTAMO SINDICADO: Préstamo organizado y concedido por un sindicato bancario. Generalmente, la empresa prestamista encarga a una entidad financiera que actúe como banco agente, encargándose de estructurar y llevar adelante la operación crediticia. El banco agente, a su vez, selecciona un conjunto de bancos directores, que actúan como cabezas de fila, suscribiendo una fracción del crédito y responsabilizándose de colocar el resto de la parte que hayan asumido entre otras instituciones de crédito.

PRODUCTO INTERIOR BRUTO: Valor de los bienes y servicios producidos dentro del territorio de un país, tanto por residentes como por no residentes, en un período determinado.

PROFUNDIDAD DE UN MERCADO: Grado de liquidez de un mercado. Puede ser medida por el volumen de transacciones que pueden realizarse sin producir distorsiones en los precios negociados.

PROVISIÓN: Cuenta de pasivo que representa disminuciones probables del valor de determinados activos o incrementos de pasivos, y que se lleva a la cuenta de resultados de un ejercicio como previsión de gasto.

RECOMPRA DE DEUDA: Recompra en el mercado secundario de las obligaciones emitidas, por el propio emisor de las mismas.

RECURSOS PROPIOS: Suma del capital social y las reservas de una empresa. El coste de los recursos propios para una empresa puede definirse como el rendimiento mínimo, después de impuestos, que esa empresa debe obtener de la parte de sus inversiones financiada con esos recursos propios para que no disminuya el valor en mercado de sus acciones.

REESTRUCTURACIÓN DE LA DEUDA: Modificación de las condiciones de un crédito, con el objetivo de permitir que el deudor pueda hacer frente a su compromiso de devolución del principal y los intereses en unas condiciones más favorables que las inicialmente pactadas.

RENTA FIJA: Cualquier instrumento de deuda cuyo pago de intereses está previamente fijado y no se hace depender de los resultados de la compañía que lo emite.

RENTA VARIABLE: Cualquier acción de una sociedad anónima. Se denomina así porque la rentabilidad de las acciones no está fijada de antemano, sino que depende de los resultados de la empresa que representa.

RENTABILIDAD ESPERADA: Cantidad de dinero que un inversor espera ganar de un determinado activo financiero dividida por la cantidad total invertida, generalmente expresada en tanto por ciento.

RENTABILIDAD NOMINAL: Tasa de rentabilidad de un activo en términos monetarios, sin ser ajustada por el nivel de los precios.

RENTABILIDAD REAL: Tasa de rentabilidad de un activo después de ser ajustada a las variaciones en el nivel de los precios.

REPO: (Es la abreviatura inglesa de la expresión repurchase agreement): Operación de venta de valores en la que el vendedor se compromete a recomprar los títulos a un plazo determinado.

RESERVAS: Conjunto de medios de pago internacionales que poseen las autoridades monetarias de un país (o haberes en divisas, créditos contra el FMI).

RIESGO: Posibilidad de que el rendimiento efectivo que se obtiene de una inversión financiera sea menor que el rendimiento esperado. Por convención, se suele utilizar como medida del riesgo la variabilidad en la tasa de rendimientos que se obtienen de la inversión, medida por la desviación típica o el coeficiente de variación.

RUF (Revolving Underwriting Facility): Emisión NIF, en la que se disocian las tareas de aseguramiento y distribución. De esta forma, las entidades financieras que actúan como bancos agentes, no pueden realizar labores de compra de los títulos no colocados.

SISTEMA EUROPEO DE BANCOS CENTRALES (SEBC): Se creará, al igual que el Banco Central Europeo, en virtud del Tratado de Unión Económica y Monetaria, suscrito en Maastricht el 7 de enero de 1992, y cuya entrada en vigor se prevé para el inicio de la tercera fase de la Unión, el 1 de enero de 1999; o antes, si se cumplen las condiciones de convergencia establecidas, y si media el oportuno acuerdo entre los países miembros. Entre sus funciones, se incluyen definir y ejecutar la política monetaria de la Comunidad Europea, realizar operaciones de cambio, poseer y gestionar las reservas oficiales de oro y divisas de los estados miembros, y promover el funcionamiento fluido de los sistemas de pagos. Estará compuesto por el Banco Central Europeo y por los bancos centrales de los estados miembros.

SISTEMA MONETARIO: Es el conjunto de normas legales e instituciones por medio de las cuales se regula el funcionamiento de las distintas formas de dinero y de los medios de pago. Todo sistema monetario tiene como base una unidad, y su regulación (incluido el cambio exterior) corresponde a las autoridades económicas, que delegan muchas de sus funciones en los bancos centrales. El sistema monetario español actual tiene su origen en 1868, fecha de creación definitiva de la peseta.

SISTEMA NACIONAL DE COMPENSACIÓN ELÉCTRICA: En España, el conjunto de procedimientos electrónicos, medios técnicos y normas de actuación, mediante los cuales las entidades de depósito llevan a cabo, a escala nacional y por cuenta propia, de sus clientes o de otras entidades, el intercambio de instrumentos y otros documentos relativos a pagos, el establecimiento de los saldos de efectivo resultantes de ellos, y la liquidación de saldos sobre sus cuentas abiertas en el Banco de España.

SOCIEDAD DE CARTERA: Sociedad cuyo objeto exclusivo es la tenencia de acciones de otras sociedades, con fines de control o de inversión.

SOCIEDAD DE CRÉDITO HIPOTECARIO: Entidad financiera que obtiene su pasivo mediante la emisión de títulos hipotecarios y la captación de depósitos a través de las cuentas de ahorro-vivienda, y cuyo activo está formado por la cartera de préstamos hipotecarios concedidos a sus clientes.

SOCIEDAD INSTRUMENTAL: Sociedad que crea la compañía adquiriente de otra u otras compañías, para realizar las transacciones a través de ella y limitar así las posibles responsabilidades de la sociedad matriz.

SUBASTA DE DINERO: Es el sistema mediante el cual el Banco de España asigna las cantidades que presta, a muy corto plazo, a los intermediarios financieros para que éstos puedan cubrir sus necesidades de liquidez.

SWAP: Transacción financiera entre dos partes que acuerdan intercambiarse flujos de pagos durante un período de tiempo determinado siguiendo una regla pactada. Los swaps se utilizan normalmente para evitar el riesgo asociado a la concesión de un crédito, a la suscripción de títulos de renta fija (siendo el interés fijo o variable) o al cambio de divisas. Ver swap de divisas y swap de tipos de interés.

SWAP DE DIVISAS: Es una transacción en la cual dos partes intercambian cantidades especificadas de distintas divisas en un primer momento, para reembolsarlas a plazo, de acuerdo a condiciones determinadas que reflejarán los abonos de intereses y la amortización del principal. Los flujos de un swap de divisas (en el que los pagos se basan en intereses fijos de cada divisa) son generalmente similares a los de las transacciones de divisas al contado (spot) y a plazo (forward).

SWAP DE TIPOS DE INTERÉS: Acuerdo entre dos partes para intercambiar su riesgo de tipos de interés de tipos fijos variables o viceversa. Un swap de tipos de interés implica intercambio de flujos de capitales que representan pagos por intereses relacionados con el importe de un principal nocional (o teórico). En todo caso, no existe transferencia de principales.

TASA ANUAL EQUIVALENTE (TAE): Expresión del coste del dinero que se toma en préstamo, o de la rentabilidad de una operación financiera, incluyendo todos los recargos, comisiones bancarias y demás gastos repercutibles que, en general, supongan ingresos para la entidad financiera, de modo que se haga equivaler al tipo de interés efectivo anual, calculado éste con arreglo a las disposiciones establecidas por el Banco de España.

TECNOLOGÍAS DE LA INFORMACIÓN: Denominación que abarca un amplio sistema de tecnologías basadas en la informática y las telecomunicaciones relativas al tratamiento, reconocimiento, almacenaje y proceso de la información.

TIPO DE CAMBIO EFECTIVO REAL: Tipo de cambio de la moneda de un país frente a la de los países con los que comercia, ponderando cada una de ellas por el peso que tiene en el comercio exterior del país en cuestión y considerando el diferencial medio ponderado de inflación entre el país local y los extranjeros. Se calcula multiplicando, para cada período, el tipo de cambio efectivo nominal de la divisa del país por el índice de inflación relativa en dicho país frente a los demás.

TIPO DE CAMBIO FIJO: Sistema en el que se fija una paridad para las divisas, de modo que si el tipo de cambio se desvía más allá de ciertos límites respecto a dicha paridad, los bancos centrales intervienen comprando y vendiendo sus monedas para restablecerla.

TIPO DE DESCUENTO: Tipo de interés que los bancos comerciales norteamericanos pagan a la Reserva Federal en los préstamos con garantía de valores. Equivale al tipo Lombardo aplicado en Alemania.

TIPO DE INTERÉS FIJO: Tipo de interés de un activo, que permanece invariable a lo largo de toda la vida del mismo.

TIPO DE INTERÉS FLOTANTE: Tipo de interés que se ajusta a un tipo de referencia en los períodos señalados para ello.

TIPO DE INTERÉS INTERBANCARIO: Tipo de interés aplicado en las operaciones de préstamo a corto plazo entre dos bancos.

TIPO DE INTERÉS NOMINAL: Tipo de interés expresado en términos monetarios.

TIPO DE INTERÉS PREFERENCIAL: Tipo de interés que los bancos cobran a sus mejores clientes.

TIPO DE INTERÉS REAL: Tipo de interés corregido con la inflación.

TIPO DE INTERÉS VARIABLE: Es sinónimo de tipo de interés flotante.

TÍTULO VALOR: Es el documento expresivo de la tenencia de un derecho sobre una sociedad *(acción, obligación)* o sobre un deudor *(deuda pública, letras del tesoro, cheque)*. Puede ser *nominativo* o al *portador.*

VOLATILIDAD: Medida de la variabilidad de los precios o las rentabilidades de un activo financiero. A mayor volatilidad, mayores oscilaciones en los precios.

Bibliografía

Amusátegui de la Cierva, J. M.: «Exigencias de un marco de competencia para la Banca Española ante el Mercado Único Europeo», *Boletín Círculo de Empresarios,* núm. 56, Madrid, 1992.

— «Productividad y costes en la banca española», Ponencia presentada en la Jornada sobre El Futuro de la Banca, Claves Estratégicas, Madrid, 1995.

Banco Bilbao Vizcaya: *Informe económico 1994,* Servicio de Estudios, Bilbao, 1995 y 1996.

Banco Central Hispano: *La competitividad bancaria,* Documento del Servicio de Estudios, Madrid, 1994.

— *Pulso económico,* informe mensual, Madrid, 1995 y 1996.

Banco de España: *Informe económico 1994,* Madrid, 1995.

Banco Mundial: *Informe sobre el desarrollo mundial 1989. Los sistemas financieros y el desarrollo. Indicadores del desarrollo mundial,* Washington, 1989.

Bengoechea, J.; Arriaga, M., y Pizarro J.: *La banca y el cambio,* Serie Documenta, Fundación BBV, Bilbao, 1992.

Bueno Campos, E., y Rodríguez Antón, J. M.: *La banca del futuro,* Pirámide, Madrid, 1990.

Bueno Campos, E., y Rodríguez Antón, J. M. (coordinadores): *La banca del futuro. Un desafío para el 2000,* Pirámide, Madrid, 1995.

Casilda Béjar, R.: «Consideraciones sobre el nuevo rol de los bancos en el mundo», *Revista ICADE,* Universidad de Comillas, núm. 28, Madrid, 1993.

— «Cambios y estrategias competitivas de la banca española», *Revista Banca y Finanzas,* núms. 2 y 3, Madrid, junio-julio de 1995.

— «Sistema financiero y economía real. Un nuevo paradigma para la financiación empresarial», *Revista de Derecho y Economía, ICADE,* Universidad de Comillas, núm. 35, Madrid, 1995.

— «Estrategias e innovación tecnológica en la banca española», *Expansión,* Madrid, 3 de mayo de 1995.

— «Mercado monetario e innovación financiera», *Boletín del Círculo de Empresarios,* núm. 51, Madrid, 1990.
— *Sistema financiero español. Banca y cajas de ahorro ante un entorno competitivo,* Alianza Editorial LB 1574, Madrid, 1992.
— *La banca en España. Opciones y tendencias,* Eudema Universidad, Madrid, 1993.
— «El nuevo paradigma del directivo. Qué significa dirigir en el siglo XXI», *Éxito sin Límite,* núm. 30, Madrid, diciembre 1995.
— «Desarrollo económico. Sistemas e intermediarios financieros en la economía iberoamericana», *Revista Situación,* BBV, núm. 1, 1996.
Casilda Béjar, R., y Romero, M.: *Informe técnico del cambio. Propuesta para discusión,* documento inédito, Madrid, 1995.
Caixa de Ahorros y Pensiones: *Informe mensual,* Barcelona, 1995.
CECA: *Informes de conyuntura económica,* Madrid, 1994 y 1995.
Colling, A.: *Banque et banquiers. De Babylone a Wall Street,* Plon, París, 1962.
Cuervo-Arango Martínez, C.: «La banca privada española en el contexto europeo», en el libro homenaje a Ignacio Herrero Garralda: *Economía y empresa en Asturias,* Cívitas, Madrid, 1994.
Chris, S.: *Forms on change management,* enero, 1994.
Davies, D.: *Las finanzas de la empresa,* Ediciones Deusto, Bilbao, 1993.
De Dios Tomás, J. M.: *El teléfono como canal de relación con el cliente,* NorSistemas, Madrid, 1995.
Drucker F. P.: *La sociedad postcapitalista,* Apóstrofe, Barcelona, 1993.
Ezquiaga, I., y Fernández de la Buelga, L.: *El sistema financiero español ante el Mercado Único,* libro que recoge las comunicaciones presentadas en el seminario que se celebró en el mes de julio de 1992, en la Universidad Internacional Menéndez Pelayo de Santander. En el que pueden encontrarse aportaciones valiosas como las de Emilio Ontiveros, Rafael Termes y Manuel Martín, Cívitas, Madrid, 1993.
Fernández Gayoso, J.: Ponencia en la Convención de Marketing de las Cajas de Ahorros, Palma de Mallorca, 1995.
FIES: *Perspectivas del Sistema Financiero. Los retos de la competitividad. Sistema Financiero Español 1994.* Este estudio aporta un amplio análisis sobre el estado de la competencia como consecuencia de las características de la competitividad y universalidad en las líneas de negocio de las entidades financieras.
Fundación BBV; García Cestona, M. A., y Tarrazón Rodón, M. A.: *Economía industrial y finanzas,* Serie Documenta, Bilbao, 1995.
Fundación BBV; King, G. R., y Levine R.: *Intermediación financiera y desarrollo económico,* Serie Documenta, Bilbao, 1994.
Fundación BBV, y Gual, J.: *La competencia en el sector bancario español,* Serie Documenta, Bilbao, 1992.
FUNDESCO: *Las nuevas tecnologías de la información y el futuro del sistema financiero español,* Madrid, 1988.
García Solanes, J., y Beyaert Stevens, A.: *La economía española en un escenario abierto. Transmisión de efectos de las políticas macroeconómicas,* Fundación Argentaria, Madrid, 1996.

Gasalla Dapena, J. M.: *La nueva dirección de personas,* 3.ª ed., Pirámide, Madrid, 1996.

Iglesias, V. E.: *Reflexiones sobre el desarrollo económico,* Banco Interamericano de Desarrollo, Washington, 1992.

Kohli, A. K., y Jaworski, B. J.: «Market orientation: antecents and consequences», *Journal of Marketing,* 57, 53-70, 1990.

Le Saget, M.: *El directivo intuitivo,* Deusto, Bilbao, 1995.

Mateche, P.; Mira, R., y Castrillo, J.: «Para crecer en la década de los noventa», *Marketing & Ventas,* 6, Harvard-Deusto, 1994.

Mateche, P.; Mira, R., y Castrillo, J.: «Evolución del marketing en el sector financiero», *Marketing & Ventas,* 6, Harvard-Deusto, 1994.

Nin, J. M.: *La oficina bancaria del futuro,* Madrid, 1995.

Ontiveros, E., y Valero, J. V.: *Introducción al sistema financiero español,* Cívitas, Madrid, 1995.

Ponce, J. M., y Rodríguez Parada, S.: *Competir con calidad en el entorno financiero. Una aproximación a la realidad española. Nuevos enfoques de gestión bancaria. Aula de Banca 1994,* Maestre-Ediban, Madrid, 1995.

Porter, E. M.: *Ventaja competitiva,* CECSA, Méjico, 1987.

Porter, E. M.: *La ventaja competitiva de las naciones,* Plaza y Janés, Barcelona, 1991.

Price Waterhouse: *La oficina bancaria del futuro,* Madrid, 1995.

Rodríguez Parada, S.: *Calidad de servicio. Exigencia actual para entidades financieras competitivas,* Club Gestión de Calidad, Madrid, 1994.

Romero, M., y Casilda Béjar, R.: *Informe técnico del cambio,* propuesta para discusión, documento inédito, Madrid, 1995.

Roth, A. V., y Van der Velde, M.: *Retal Banking Strategies,* Ed. Bank Administration Institute, USA, 1990.

Quintás de Seone, J. R.: «Tecnologías y estrategias en la banca de fin de siglo», *Papeles de Economía Española,* núm. 58, Madrid, 1994.

Sáenz, A.: *Distintos aspectos de la gestión de organizaciones en procesos de transformación,* ponencia presentada en la Jornada sobre El Futuro de la Banca, Claves Estratégicas, Madrid, octubre de 1995.

Sánchez, J. M., y Sastre de Miguel, T.: *¿Es el tamaño un factor explicativo de las diferencias entre entidades bancarias?,* documento de trabajo núm. 9.512, Servicios de Estudios, Banco de España, Madrid, 1995.

Sánchez Asiaín, J. A.: *Reflexiones sobre la banca. Los nuevos espacios del negocio bancario,* Real Academia de Ciencias Morales y Políticas, Madrid, 1987.

Schein, E. H.: *Organizational Culture and Leadership,* Jossey-Bass, San Francisco.

Slater, S. F., y Naver, J. C.: «Does competitive environment moderal the marketing orientation-performance relationship?», *Journal of Marketing,* 58, enero, páginas 46-55, 1994.

Smith, R. C.: *The Global Bankers,* Penguin Books, Nueva York, 1989.

Soufi, S.: *Diccionario de los nuevos negocios financieros,* Instituto Superior de Técnicas y Prácticas Bancarias, Madrid, 1994.

Tamames, R., y Gallegos, S.: *Diccionario de economía y finanzas,* Alianza Editorial, Madrid, 1994.

Tolffer, A.: *La tercera ola,* Plaza y Janés, Barcelona, 1991.
Torrero, A. (dtor.): *Relaciones banca-industria,* Espasa Calpe, Biblioteca de Economía, Madrid, 1991.
Wendell, R. S.: «Product differentiation and market segmentation as alternative marketing strategies», *Journal of Marketing,* 21, julio, págs. 3-8, 1996.
Ybarra Churruca, E.: «La Banca y la innovación tecnológica», *Cuadernos Cedeti,* número 3, Madrid, 1992.

TÍTULOS PUBLICADOS

ACTIVOS Y MERCADOS FINANCIEROS. LAS ACCIONES, *J. Mascareñas y J. E. Cachón.*
AL OTRO LADO DE LA ECONOMÍA. Cómo funciona la economía sumergida en España, *S. M. Ruesga.*
BANCA ESPAÑOLA, LA. Análisis y evolución, *R. Casilda Béjar.*
BANCA DEL FUTURO, LA. Un desafío para el 2000. *E. Bueno y J. M. Rodríguez Antón.*
COMERCIO INTERNACIONAL. INCERTIDUMBRES Y SOLUCIONES, EL, *R. Boixadós.*
COMERCIO INTERNACIONAL Y PARAÍSOS FISCALES, *P. Arrabal.*
COMERCIO INTERNACIONAL EN LA PEQUEÑA Y MEDIANA EMPRESA, *J. Wilson.*
CULTURA DEL DINERO, LA, *M. Lewis.*
DIEZ ENSAYOS SOBRE ECONOMÍA ESPAÑOLA, *J. M.ª Serrano y A. Costas* (coordinadores).
DIRECCIÓN EFICIENTE, LA, *E. Bueno y P. Morcillo.*
ECONOMÍA PARA ENTENDER. Una guía de temas económicos de actualidad, *A. Pulido.*
EMPRESA Y MEDIO AMBIENTE, *S. M. Ruesga y G. Durán* (coordinadores).
FACTORING Y FRANCHISING. Nuevas técnicas de dominio de los mercados exteriores, *M. Bescós Torres.*
FINANZAS INTERNACIONALES. ACTIVOS FINANCIEROS Y NO FINANCIEROS, *J. Mascareñas, M.ª del C. de la Orden, L. Costa y M. Font.*
GESTIÓN DE DESARROLLO EN LA PEQUEÑA Y MEDIANA EMPRESA, *C. Gray.*
GESTIÓN FINANCIERA EN LA PEQUEÑA Y MEDIANA EMPRESA, *P. Wilson.*
GESTIÓN DE VENTAS, *T. Adams.*
IMAGEN POSITIVA, *J. Villafañe.*
IMAGEN Y RELACIONES PÚBLICAS, *T. Greener.*
MARKETING DIRECTO, *F. Jefkins.*
MARKETING EN LA PEQUEÑA Y MEDIANA EMPRESA, *L. Rogers.*
MERCADO DE DIVISAS Y ANÁLISIS TÉCNICO DEL MERCADO FINANCIERO, *J. Mascareñas, S. González, J. R. Aragonés y A. Álvarez.*
MERCADOS DE FUTUROS Y OPCIONES, LOS. Estrategias para ganar, *S. Soufi.*
1993. ESPAÑA ANTE EL MERCADO ÚNICO, *S. M. Ruesga* (coordinador).
NUEVA DIRECCIÓN DE PERSONAS, LA. Marco paradójico del talento directivo, *J. M.ª Gasalla.*
OPCIONES Y FUTUROS FINANCIEROS, *R. Adell y R. Romeo.*
ORGANIZACIÓN DE LA EMPRESA Y NUEVAS TECNOLOGÍAS, *J. E. Navas López.*
PLANIFICACIÓN ESTRATÉGICA DE RECURSOS HUMANOS, *F. J. Barranco.*
POLÍTICA INDUSTRIAL EN ESPAÑA. Un análisis multisectorial, *J. de Quinto.*
RENTA FIJA Y FONDOS DE INVERSIÓN, *J. Mascareñas y J. López.*
RETO INFORMÁTICO, EL. La gestión de la información en la empresa, *I. de Pablo López.*
SECRETOS DE LA DIRECCIÓN, LOS. Manual práctico para dirigir organizaciones y equipos, *M. Costa y E. López.*
SISTEMA JUST IN TIME Y LA FLEXIBILIDAD DE LA PRODUCCIÓN, EL, *T. M. Bañegil.*
SISTEMAS DE INFORMACIÓN PARA LA DIRECCIÓN, *M. Monforte.*
TRIUNFAR EN UNA MULTINACIONAL. Carta abierta a todos los ejecutivos, *E. Louapre.*
VENDEDOR PROFESIONAL, EL, *M. Artal.*
VENTA POR TELÉFONO, *C. de Winter.*